IKUINEN VIISAUS

1. osa

Ikuinen Viisaus

Upadeshamritam

1. osa

Koonnut

Swami Jnanamritananda Puri

Käännös alkuperäisestä malajalamin kielestä englanniksi

tri. M.N. Namboodiri

Mata Amritanandamayi Center, San Ramon
Kalifornia, Yhdysvallat

Ikuinen Viisaus — Upadeshamritam
1. osa

Julkaisija:
Mata Amritanandamayi Center
P.O. Box 613
San Ramon, CA 94583
Yhdysvallat

——————— *Eternal Wisdom 1 (Finnish)* ———————

Saatavissa myös: www.amma.fi

Intiassa:
www.amritapuri.org
inform@amritapuri.org

Äiti,

Olkoon jokainen tekoni
antaumuksentäyteinen
palvelus sinulle.

Olkoon jokainen sana huulillani
sinun suuriarvoisen mantrasi toistamista,

Olkoon jokainen käteni liike
sinua ylistävä mudra.

Olkoon jokainen askeleeni
kunniakierros sinun ympärilläsi,

olkoon nauttimani ruoka ja juoma
uhrilahja pyhään tuleesi,

olkoon leponi
kumarrus sinulle.

Äiti, olkoon kaikki tekoni
ja kaikki iloni
sinun palvontaasi.

Sisältö

8

Esipuhe

Harvinaisia ovat *mahatmat* (suuret sielut), jotka näkevät koko maailmankaikkeuden *atmanissa* (Itsessä), ja *atmanin* maailmankaikkeudessa. Vaikka heidät tunnistettaisiinkin, he eivät välttämättä tunne halua olla yhteydessä meihin eikä neuvoa meitä, koska he ovat sulautuneet Itsen ikuiseen hiljaisuuteen. Sen tähden me olemme onnekkaita, kun täyden oivalluksen saavuttanut *mahatma* on halukas neuvomaan ja ohjaamaan meitä äidin lempeällä rakkaudella ja gurun selittämättömällä myötätunnolla. Sri Mata Amritanandamayin, Amman *darshan* (halaus) ja nektarin kaltaiset sanat saavat aikaan muutoksen sadoissatuhansissa ihmisissä eri puolilla maailmaa. Tämä kirja, epätäydellisyydessään, on arvokas kokoelma Amman ja hänen opetuslastensa, oppilaidensa ja ashramin vierailijoiden välisiä keskusteluja kesäkuusta 1985 syyskuuhun 1986.

Maailmaa kohottamaan tulleiden *mahatmojen* viisaus sisältää sekä välittömän että ikuisen merkityksen. Vaikka he selventävätkin ikuisia arvoja, he ovat samanaikaisesti sopusoinnussa sen aikakauden kanssa, jossa he elävät. Heidän sanansa ovat vastauksia heidän kuuntelijoidensa sydämenlyönteihin.

Amma lausuu yhteiskuntaa muuttavat kuolemattomat ajatuksensa aikana, jolloin ihminen on menettänyt perinteiset arvonsa, jalot tunteensa ja mielenrauhansa pyrkiessään kiihkeästi saavuttamaan aistimaailman nautintoja, valtaa ja kunniaa. Ihmisen järjetön pyrkimys tavoittaa itselleen näitä häiriötekijöitä samalla, kun hän on tietämätön omasta Itsestään, on kostautunut hänelle oman elämänsä tasapainon ja armollisuuden menettämisellä. Uskon puute, pelko ja kilpailuhenkisyys ovat tuhonneet perhesuhteet ja ihmissuhteet. Rakkaudesta on tullut kuin kangastus kulutusyhteiskunnan keskellä.

Jumalaan kohdistuva epäitsekäs rakkaus on joutunut väistymään itsekkäisiin haluihin pohjautuvan antaumuksen tieltä.

Ihminen antaa älylle liian suurta merkitystä, hakien vain välitöntä hyötyä kaikesta, ja unohtaen todellisen viisauden lahjoittaman kestävän loiston. Korkeat henkiset arvot ja jalot kokemukset eivät loista ihmisten elämässä vaan ilmenevät vain sanojen tasolla. Tällaisessa vaiheessa Amma puhuu meille puhtaan antaumuksen kielellä, sydämen ja viisauden kielellä, ja sillä rakkaudella, joka on hänen koko elämänsä. Hänen nektarin kaltaiset sanansa sisältävät sekä välittömän että ikuisen merkityksen.

Amma on kuuntelemalla satojentuhansien ihmisten ongelmia osoittanut viisautensa ja syvän ymmärryskykynsä ihmisten tilanteesta. Hän tunnistaa heidän tarpeensa ja laskeutuu rationalistin, uskovaisen, tiedemiehen, kadunmiehen, perheenäidin, liikemiehen, oppineen ja lukutaidottoman – miehen, naisen tai lapsen – tasolle ja antaa kullekin sopivan vastauksen täyttämällä jokaisen henkilökohtaisen tarpeen.

Viitaten omaan elämäänsä Amma sanoo:

"Näen kaikessa totuuden tai Brahmanin, niinpä kumarran tuolle totuudelle, kumarran omalle Itselleni. Palvelen kaikkia nähden kaiken Itsenä."

Hän pitää *advaitaa* (ei-kaksinaisuutta, ykseyttä) lopullisena totuutena. Tästä huolimatta, tie, jota hän yleensä suosittaa on tasapainoinen kokonaisuus *mantra-japaa* (mantran toistamista), jumalallisen hahmon mietiskelyä, antaumuksellisia lauluja, *archanaa* (mantraresitaatiota), *satsangia* (luentojen kuuntelua) ja epäitsekästä palvelutyötä maailmalle.

Hänen neuvonsa eivät ole teoreettisia vaan hyvin käytännöllisiä ja arkielämään soveltuvia. Ohjeet valaisevat henkistä polkua ja *sadhanaa* (henkisiä harjoituksia) ottaen huomioon yksilön ja yhteiskunnan tarpeet, ja sen mikä merkitys epäitsekkäällä työllä, vilpittömällä, antaumuksellisella rukoilulla ja puhtaalla rakkaudella on Itsen etsinnässä. Hän puhuu myös perheelliselle sopivasta elämäntavasta, arkielämän ongelmista, miehen ja naisen suhteen *dharmasta* (velvollisuuksista) sekä antaa käytännöllisiä ohjeita henkiselle etsijälle, esittäen toisinaan filosofisia arvoituksia.

Saamme kuulla hänen kehottavan opetuslapsiaan noudattamaan henkisyyttä elämässään, luopumaan ylimääräisistä mukavuuksista ja huonoista tavoista ja palvelemaan heitä, jotka kärsivät. "Lapseni, Jumalan oivaltaminen on elämän todellinen päämäärä."

Henkisyys ei ole sokeaa uskoa, se on elämäntapa, joka poistaa pimeyden. Se opettaa meitä kohtaamaan hymyillen vaikeat tilanteet ja esteet. Se on mielen kouluttamista. Amma osoittaa, että voimme käyttää oppimaamme tietoa tehokkaasti vain, jos hankimme tueksemme henkistä tietoa.

Amman ääretön viisaus ilmenee hänen lohduttavissa sanoissaan heille, jotka etsivät helpotusta elämänsä ongelmiin. Hänen viisautensa tulee esiin myös vastauksissa henkisyyttä koskeviin kysymyksiin ja aika ajoin neuvoissa opetuslapsilleen. Hänen vastauksensa ottavat huomioon kysyjän luonteen ja olosuhteet. Vaikka kysyjä ei kykenisikään ilmaisemaan ajatuksiaan täysin, Amma, joka tuntee sydämen kielen, antaa sopivan vastauksen. Moni on saanut kokea sen, että Amma vastaa jo ennen kuin kysymys on lausuttu ääneen.

Vastatessaan yhden ihmisen esittämään kysymykseen, hän antaa usein samalla neuvon vieressä kuuntelevalle. Vain hiljainen kuuntelija ymmärtää, että tämä vastaus oli tarkoitettu hänelle. Tutkittaessa Amman opetuksia nämä seikat on hyvä pitää mielessä. *Mahatman* sanat ovat monitasoisia. Meidän tulee omaksua se merkitys, joka sopii parhaiten meille. *Upanishadien* tunnettu tarina kertoo siitä, miten Brahma-jumala sanoi kerran sanan 'da', silloin demonit tulkitsivat sen neuvoksi harjoittaa myötätuntoa (*dayaa*), ihmiset ymmärsivät sen tarkoittavan hyväntekeväisyyttä (*danaa*) ja taivaalliset olennot ymmärsivät sen neuvoksi harjoittaa itsekuria (*damaa*).

On hienoa saada kuunnella Ammaa ja katsella hänen ilmeitään ja eleitään, kun hän käyttää yksinkertaista kieltä ja elävöittää puheitaan sopivilla tarinoilla ja vertauskuvilla, joita hän ammentaa ympärillä olevasta elämästä. Rakkaus, joka loistaa Amman silmistä ja hänen myötätuntoa säteilevät kasvonsa säilyvät elävinä kuuntelijan mielessä, joita hän voi sitten jälkikäteen mietiskellä.

Henkisestä kirjallisuudesta ei ole puutetta tänä päivänä, mutta surullinen tosiasia on, että korkeimmat ihanteet ovat vain ihmisten puheissa, mutta eivät ilmene heidän elämässään. Amma sen sijaan puhuu oman jokapäiväisen elämänsä pohjalta. Hän ei koskaan anna ohjetta, jota hän ei itse toteuta omassa elämässään. Hän muistuttaa meitä jatkuvasti siitä, että henkisten periaatteiden ja mantrojen ei ole tarkoitus olla vain kielellämme vaan niiden tulee ilmetä myös elämässämme. Sen seikan salaisuus, että syvät henkiset viisaudet virtaavat jatkuvasti Amman suusta, joka ei ole opiskellut pyhiä kirjoituksia eikä saanut ohjeita gurulta, on siinä että hän elää jatkuvassa Itsen kokemuksessa.

Pyhät kirjoitukset perustuvat *mahatmojen* omaan elämään. Sellaiset Amman sanonnat kuten "Koko maailma kuuluu hänelle, joka tuntee todellisuuden", "Ystävällisyys köyhiä kohtaan on meidän velvollisuutemme Jumalaa kohtaan", "Jos turvaudut Jumalaan, hän lahjoittaa sinulle sen mitä tarvitset, silloin kun sen tarvitset", ilmentävät Amman omaa elämää. Hän ilmentää kaikissa toimissaan myötätuntoa koko maailmaa ja rakkautta Jumalaa kohtaan. Tällainen ajatusten, puheiden ja tekojen ykseys muodostaa perustan hänen toteamukselleen, ettei hänen opetuslastensa tarvitse tutkia pyhiä kirjoituksia, jos he analysoivat ja tutkivat hänen elämäänsä tarkasti. Amma loistaa yhteiskunnan keskellä *vedantan* (ykseysfilosofian) elävänä ilmentymänä.

Mahatmat, jotka pyhittävät maailman läsnäolollaan ovat eläviä *tirthoja,* pyhiinvaelluskohteita. Säännölliset pyhiinvaellusmatkat ja temppelipalvelus puhdistavat mieltämme, kun harjoitamme niitä vuosikausia, mutta *mahatman* yksikin *darshan* (kohtaaminen), kosketus tai sana siunaa meidät ja kylvää meihin ylevöittävän *samskaran* (henkisyyden) siemenen.

Mahatman sanat eivät ole pelkkiä sointuja. *Mahatmat* antavat armonsa laskeutua meihin sanojensa myötä. Heidän sanansa herättävät tietoisuuden jopa henkilössä, joka ei ymmärrä niiden merkitystä. Kun nämä puheet ilmestyvät nyt kirjan muodossa, niiden tutkimisesta tulee mitä parhain *satsang* (henkinen opiskelu) ja meditaatio. Amman kaltaiset *mahatmat,* jotka kokevat todellisuuden, ylittävät ajan ja paikan. Amman kuolemattomien ajatusten lukeminen ja kuunteleminen auttaa meitä ylläpitämään näkymätöntä sidettä häneen ja tulemaan kypsiksi vastaanottamaan hänen siunauksensa. Siinä piilee tällaisten kirjojen opiskelun suuruus.

Tarjoamme nöyrästi tämän Amman kuolemattomien ajatusten kokoelman lukijalle, rukoillen, että ne innostaisivat häntä noudattamaan korkeimpia henkisiä periaatteita, jotka ovat aina loistaneet Amman elämässä, sekä kannustaisivat edistymään omalla polullaan kohti korkeinta totuutta.

Julkaisijat

Ensimmäinen luku

Maanantai 3. kesäkuuta 1985

Oli aikainen aamu. Amman huoneesta kuului *tamburan* (intialaisen kielisoittimen) suloisia sointuja. Sen jälkeen kun eräs oppilas oli antanut tamburan Ammalle hän oli soittanut sillä melko paljon aina aamuisin. Amma otti instrumentin käteensä vasta kun oli ensin koskettanut sitä kunnioituksella ja kumartanut sille. Ammalle kaikki on Jumalaa. Hän sanoo usein, että meidän olisi pidettävä kaikkia musiikki-instrumentteja *Devi Saraswatin* (opetuksen ja musiikin jumalattaren) ilmentyminä. *Bhajanien* aikana on mahdotonta sanoa tarkasti, milloin hän laittaa soittamansa kellot pois, sillä hän tekee sen sellaisella kunnioituksella ja tarkkaavaisuudella.

Äiti joka ei koskaan lepää

Amma tuli *darshanmajaan* heti yhdeksän jälkeen aamulla. Monta oppilasta oli jo siellä odottamassa häntä.

Amma: "Lapseni, oletteko olleet täällä jo kauan?"

Oppilas: "Vain hetkisen. Olimme onnekkaita saadessamme tänään kuulla Amman soittavan tamburaa."

Amma: "Äiti menetti ajantajun soittaessaan. Hänellä ei ollut aikaa nukkua *bhavadarshanin* jälkeen viime yönä. Saapuneita kirjeitä oli paljon, ja kun ne kaikki oli luettu, oli jo aamu. Gayatri[1] painosti häntä useita kertoja nukkumaan, mutta Amma sanoi jatkuvasti, että ʼvielä yksiʼ. Nähdessään seuraavan kirjeen Amma ei voinut vastustaa kiusausta avata ja lukea sitä. Hän tunsi noiden lasten surun lävistävän sydämensä. Moni lapsista ei odota edes

---

[1] Tuolloin Amman henkilökohtainen avustaja

15

saavansa vastausta, he vain haluavat Amman lukevan surustaan. Kuinka Amma voisi jättää huomiotta tuollaiset rukoukset? Milloin hyvänsä heidän surunsa tulee mieleen, hän unohtaa kokonaan omat vaikeutensa. Siinä vaiheessa kun hän oli lukenut kaikki kirjeet, oli jo aamu. Hän ei mennyt nukkumaan lainkaan. Suihkun jälkeen Ammasta tuntui, että hän tarvitsi hieman yksinoloa, joten hän ryhtyi soittamaan tamburaa. Sen sointu saa Amman menettämään tietoisuutensa. Hän ei tunne ajankulkua soittaessaan sitä. Kellon lyödessä yhdeksän te lapset tulitte mieleen, joten Äiti tuli tänne välittömästi!"

Amman päivärutiini ei ollut tuona päivänä mitenkään poikkeuksellinen. Useimmat päivät olivat tuollaisia. Useinkaan hänellä ei ole aikaa syödä tai nukkua. Bhavadarshanin jälkeen on yleensä hyvin myöhä, kun hän palaa huoneeseensa ja ryhtyy lukemaan kirjeitä. Monia kirjeitä saapuu päivittäin ja useimmat niistä kertovat kyynelten täyttämiä tarinoita. Äiti lukee ne kaikki ennen kuin menee nukkumaan. Toisina päivinä hänellä saattaa olla hieman aikaa lukea niitä päiväsaikaan. Mutta kuinka hänellä voisi olla aikaa levätä, kun hän antaa niin paljon huomiota satojentuhansien lastensa ongelmille? Hyvin harvoin hänellä on aikaa nukkua kahta tuntia pidempään. Toisinaan hän ei ehdi nukkua lainkaan. Kun hän muistaa, että seuraajat odottavat häntä, hän unohtaa kaiken ja tulee juosten huoneestaan alas Siinä vaiheessa kaikki väsymyksen merkit ovat kadonneet hänen kasvoiltaan.

Neuvoja perheellisille

Nuori nainen, jonka vaatteet olivat likaiset ja hiukset sotkussa, piti pienokaista käsivarsillaan, kun hän lähestyi Ammaa ja kumarsi. Hänen kasvonsa olivat surun vallassa.

Amma: "Lähdetkö tänään, tyttäreni?"

16

Nainen: "Kyllä, Amma. Olen ollut poissa kotoa jo kolme päivää."

Hän laittoi päänsä Amman rintaa vasten ja alkoi nyyhkyttää.

Amma kohotti hänen kasvonsa ja pyyhki hänen kyyneleensä ja sanoi: "Älä ole huolissasi, tyttäreni, kaikki tulee olemaan vielä hyvin."

Nainen kumarsi jälleen Amman edessä ja lähti.

Oppilas: "Tunnen tuon nuoren naisen. Hän on muuttunut niin paljon."

Amma: "Hänen miehellään oli hyvä työpaikka, mutta mies lankesi huonoon seuraan ja ryhtyi juomaan. Pian häneltä loppui käteinen, ja hän pyysi vaimoltaan koruja voidakseen maksaa juomisensa. Kun vaimo epäröi, mies ryhtyi hakkaamaan häntä. Pelosta vaimo antoi miehelleen lopulta kaiken. Mies myi korut ja käytti rahat väkijuomiin. Hän tuli juovuksissa kotiin joka yö ja repi vaimon hiuksista lattialle ja hakkasi häntä. Katso millaisessa kunnossa hän on kaiken tuon lyömisen jälkeen! Muutamia päiviä sitten he tappelivat pienestä kultaketjusta, joka roikkui vauvan kaulassa, ja vaimo sai pahasti selkäänsä. Nainen otti lapsen ja tuli tänne. Kuinka onnellinen perhe he olivatkaan aluksi! Voivatko päihteet saada mitään hyvää aikaan? Terveys, omaisuus ja rauha katoavat kaikki."

Toinen nainen: "Yksi naapureistamme juo. Jokin aika sitten mies tuli kotiin juovuksissa, otti vasta puolitoistavuotiaan tyttärensä ja paiskasi tämän rajusti alas. Minkälaisen mielenlaadun omaava ihminen kykenee toimimaan tuolla tavoin! Hänen vaimonsa on surullisessa tilassa saamiensa lyöntien takia."

Amma: "Lapseni, kun alkoholi ottaa aisteista vallan, mies ei kykene enää tunnistamaan edes vaimoaan ja lapsiaan. Mies saattaa tulla kotiin sen jälkeen, kun on itse tullut hakatuksi järjettömässä tappelussa. Minkälaisen onnen voi alkoholi ihmiselle antaa?

Ihminen vain kuvittelee saavansa nautintoa päihteistä. Asustaako onnellisuus savukkeissa, alkoholissa tai huumeissa? Jotkut ihmiset polttavat useiden satojen *rupioiden* edestä savukkeita kuukausittain. Tuo raha riittäisi yhden lapsen kouluttamiseen. Päihteet saattavat auttaa ihmistä unohtamaan kaiken pieneksi hetkeksi, mutta todellisuudessa keho menettää elinvoimaisuutensa, ihminen kohtaa perikadon ja romahtava terveys johtaa ennenaikaiseen kuolemaan. Niiden, joiden pitäisi olla hyödyksi perheilleen ja maalleen, tuhoavat sen sijaan itsensä ja vahingoittavat toisia."

Oppilas: "Amma, miksi nämä ihmiset tuhoavat tietoisesti itsensä?"

Amma: "Lapseni, ihmisen itsekäs nautinnon tavoittelu saa hänet antautumaan tupakanpoltolle ja juomiselle. Hän ajattelee, että se kaikki antaa hänelle onnea. Meidän pitäisi selittää ihmisille henkisyyden periaatteet. Mutta voidaksemme tehdä niin, meidän on itse elettävä noitten periaatteitten mukaisesti. Sen jälkeen toiset seuraavat esimerkkiämme, myös heistä tulee hyväsydämisiä ja heidän itsekkyytensä sulaa pois.

Näemme ihmisten käyttävän tuhansia ylimääräiseen mukavuuteen ja loisteliaisuuteen. Samaan aikaan heidän naapurinsa saattavat nähdä nälkää, tai tyttären häät joudutaan perumaan, kun hänen vanhemmillaan ei ole varaa tuhannen rupian myötäjäisiin. Toisessa perheessä avioon mennyt tytär lähetetään takaisin kotiin, koska hän ei saanut tarpeeksi suurta osuutta isänsä omaisuudesta. Naapurit käyttävät samaan aikaan miljoonia oman tyttärensä häihin. Ne, joilla on mahdollisuus siihen, mutta eivät halua auttaa hädässä olevia, tekevät yhteiskunnalle suurinta vahinkoa. He pettävät samalla oman sielunsa."

Henkinen elämäntapa oman käyttäytymisemme puhdistamiseksi

Amma tuli vakavan näköiseksi. Hän sanoi vakaalla äänellä: "Lapseni, tuollainen itsekäs mielenlaatu voidaan muuttaa jaloksi ainoastaan tällaisten henkisten ajatusten avulla kuten: 'Me kaikki olemme yhtä ja samaa Itseä, kaikki ovat yhden ja saman äidin – maailmankaikkeuden Äidin – lapsia. Me kaikki hengitämme samaa ilmaa. Kun minä synnyin, minulla ei ollut nimeä eikä yhteiskunnallista asemaa; luokkajako ja uskonto tulivat paljon myöhemmin. Siksi velvollisuuteni on murtaa tällaiset raja-aidat ja rakastaa kaikkia sisarinani ja veljinäni. Voin löytää todellisen onnen elämääni vain rakastamalla ja auttamalla muita. Todellista Jumalan palvelemista on kärsivien auttaminen. Meidän pitäisi vaalia tällaisia ajatuksia. Ne avartavat näkökulmaamme. Kun omaksumme tällaiset periaatteet, luonteessamme tapahtuu todellinen muutos. Me täytymme myötätunnolla.

Tänä päivänä suurimmalla osalla ihmisistä on ainoastaan asenne 'minä' ja 'minun'. He ajattelevat vain omaa ja perheensä onnellisuutta. Tuollainen on kuolemaa; se tuhoaa heidät ja yhteiskunnan. Lapseni, meidän pitäisi selittää tällaisille ihmisille: 'Teidän ei pitäisi elää tuolla tavoin. Ette ole pieniä vesilätäköitä, joissa vesi seisoo ja tulee yhä likaisemmaksi ajan myötä; olette jokia, joiden tulisi virrata maailmaa hyödyttäen. Ei teitä ole tarkoitettu kärsimään, teidät on tarkoitettu kokemaan autuutta!'

Kun lätäkön vesi virtaa jokeen, se puhdistuu; virtaamalla katuojaan siitä tulee vain entistä likaisempaa. 'Minä' ja 'minun' -asenne on tuo likaoja. Joki taas on Jumala. Lapseni, turvautukaamme Jumalaan. Niin me hyödymme, kohtasipa meitä sitten elämässämme voitto tai häviö. Turvautumalla Jumalaan koemme iloa ja mielenrauhaa. Rauha ja hyvinvointi lisääntyvät sekä perheessä että maailmassa."

Amma katsoi lähellään istuvaa oppilasta ja sanoi: "Kun tämä poikani tuli ensi kertaa tapaamaan Ammaa, hän oli niin vahvassa humalassa, että oli aivan tajuttomassa tilassa. Toiset tukivat häntä ja auttoivat hänet sisään." Äiti nauroi.

Oppilas: "Tavattuani Amman en ole ottanut ryyppyäkään. Jotkut ystävistäni lopettivat juomisen kun he näkivät, että minä luovuin tuosta huonosta tavasta. Nyt minua inhottaa jo pelkästään se, kun kuulenkin puhuttavan alkoholista."

Amma: "Poikani, kun muutuit paremmaksi, eivätkö toisetkin muuttuneet samaan aikaan? Eikö se tuonut rauhaa myös heidän perheilleen?

Lapseni, me synnymme ja tuomme tähän maailmaan omat lapsemme. Mutta mitä muuta hyvää teemme maailman hyväksi? On totta, että pidämme huolta omasta perheestämme, mutta onko se meidän ainoa velvollisuutemme? Kuinka voisimme saada rauhan vain tästä? Olemmeko tyytyväisiä, kun kuolema tulee? Koska emme elä tietäen oikeudenmukaisen elämän perusperiaatteita, emme koe ainoastaan itse surua vaan aiheutamme sitä myös muille. Saatamme tähän maailmaan lapsia, jotka kokevat myös tuskaa ja kärsimystä. Eikö elämä ole tällaista tänä päivänä?"

Oppilas: "Sanooko Amma, että meillä ei pitäisi olla vaimoa ja lapsia?"

Amma: "Ei, ei Amma niin sano. Hän sanoo, että meidän tulisi oppia saavuttamaan rauha tässä elämässä, sen sijaan että kulutamme elämämme eläimen tavoin eläen. Sen sijaan että juoksemme nautintojen perässä, meidän olisi ymmärrettävä elämän päämäärä ja elettävä sille. Eläkää yksinkertaista elämää. Antakaa muille se mikä jää yli, kun omat tarpeenne on täytetty. Eläkää aiheuttamatta muille harmia ja opettakaa toisillenne nämä periaatteet. Meidän pitäisi antaa oma osamme tällaisen suuren kulttuurin luomiseksi. Tehkäämme omasta sydämestämme hyvä ja auttakaamme siten myös toisia tulemaan hyviksi. Tätä me tarvitsemme. Jos toimimme näin, tunnemme aina sisäistä rauhaa ja tyytyväisyyttä, vaikka meiltä puuttuisikin ulkoisia mukavuuksia.

Vaikka emme voisikaan antaa muille apua, meidän pitäisi ainakin olla aiheuttamatta heille vahinkoa. Jo se itsessään on suuri palvelus. Se ei kuitenkaan riitä. Pyrkikää työskentelemään tavalla, joka hyödyttää toisia. Rajoittakaa kaikki siihen mitä todella tarvitsette, älkääkä ryhtykö mihinkään mikä ei ole todella välttämätöntä. Ruoka, ajatukset, uni ja puhuminen tulisi rajoittaa vain siihen, mikä on välttämätöntä. Jos elämme noudattamalla tällaista itsekuria, mielessämme tulee olemaan vain hyviä ajatuksia. Ne, jotka elävät näin, eivät saastuta ympäristöään, sen sijaan he pyhittävät sen. Meidän tulisi pitää tällaisia ihmisiä roolimalleinamme."

Oppilaitten kasvoista näki kuinka syvästi liikuttuneita he olivat Amman ohjeista, jotka hän antoi yksilön ja yhteiskunnan hyvinvoinnin lisäämiseksi. He kokivat hänen antaneen seuraajilleen selkeää ohjausta siitä, miten heidän tulisi elää loppuelämänsä. Kumarrettuaan Amman edessä he tunsivat täyttymystä saatuaan viettää nuo arvokkaat hetket hänen seurassaan.

Maanantai 10. kesäkuuta 1985

Kymmenen aikaan aamulla muutamat *brahmacharit* (selibaatissa elävät oppilaat) ja Amman seuraajat istuivat Amman seurassa *kalarin* (vanhan temppelin) edessä. Kalarin oikealla puolella oli rakennus, jossa oli toimisto, kirjasto, keittiö ja ruokasali. Rakennuksen takana oli kolme pientä brahmacharien huonetta. Amman perhe oli asunut tässä rakennuksessa siihen asti, kunnes se muutti uuteen taloon. Kalarin vasemmalla puolella oli *vedantakoulu*, muutamia majoja, Amman huone ja meditaatiohalli.

Gurun opastus

Amma: "Äiti nuhteli voimakkaasti yhtä poikaansa tänään." Hän viittasi yhteen brahmachareista.

Oppilas: "Miksi, Amma?"

Amma: "Hän meni Kollamiin muutamia päiviä sitten korjauttamaan autoa. Ennen kuin hän lähti Amma sanoi hänelle, että hänen olisi palattava samana päivänä riippumatta siitä, olisiko korjaukset tehty vai ei. Siitä huolimatta hän jäi sinne yöksi, koska auto ei ollut valmis. Kun hän sitten palasi seuraavana päivänä, Amma torui häntä. Eilen hän meni Kollamiin jälleen kertomatta Ammalle tai jättämättä hänelle edes viestiä. Tänään Amma sätti häntä jälleen tästä kaikesta. Amma on suruissaan, kun hän joutuu läksyttämään lapsiaan, mutta henkisen oppilaan ominaislaatu käy ilmi tavasta, jolla hän noudattaa ohjeita. Mitä Amma voi tehdä? Toisinaan hän vaikuttaa julmalta lapsiaan kohtaan.

Jotkut potilaista eivät salli lääkärin antaa heille pistosta, koska ovat peloissaan että se sattuu. Mutta lääkäri tietää, että he eivät parane ilman sitä. Joten hän antaa heille ruiskeen, vaikka joutuisi käyttämään voimaa ja pakottamaan potilasta näin tehdessään. Jos hän ei ystävällisyydessään anna pistosta, potilas voi kuolla. Hoito on välttämätön, jotta potilas voidaan parantaa. Samalla tavoin, todellinen guru pitää huolen, että opetuslapsi tottelee häntä. Tämä on välttämätöntä, jotta opetuslapsi voisi saavuttaa päämäärän.

Kuumentaessaan raudan kappaletta seppä hakkaa sitä useita kertoja – ei julmuudesta vaan antaakseen sille halutun muodon. Joku saattaa leikata paperin moneksi palaseksi tehdäkseen siitä kauniin kukkasen. Samalla tavoin guru nuhtelee ja kurittaa opetuslasta vain paljastaakseen tälle hänen oman Itsensä ominaislaadun. Jokainen rangaistus jonka hän antaa, osoittaa hänen suurta myötätuntoaan opetuslasta kohtaan. Opetuslapsen tulisi omaksua nöyrä, antaumuksellinen asenne ja ajatella, että hän on gurun palvelija. Vain silloin guru antaa armonsa virrata häneen

22

kohottaen hänet gurun omaan maailmaan. Opetuslapsella tulisi olla asenne, 'että minä en ole mitään, sinä olet kaikki, minä olen vain sinun'. Kaikki paitsi meidän egomme kuuluu Jumalalle. Vain ego on meidän omamme ja siitä ei ole helppo päästä eroon. Vain tottelemalla gurua ego voidaan tuhota. Kun seuraamme gurun ohjeita ja taivumme hänen tahtoonsa, egomme katoaa hänen armonsa vaikutuksesta. Tukki joka kelluu jokea alaspäin, liikkuu joen virran myötä. Samalla tavoin opetuslapsen tulee toimia gurun tahdon mukaisesti antaumuksen asenteella ja ajatella, että 'sinä olet kaikki'. Tämä on ainoa tapa poistaa ego. Mitä voimaa meillä muka on, jota voimme kutsua 'omaksi tahdoksemme'? Joku sanoo portaiden yläpäässä: 'Minä tulen nyt alas', mutta hän putoaakin kuolleena maahan otettuaan vain muutaman askeleen. Eikö tällaista ole sattunut lukemattomia kertoja? Jos kyse olisi 'meidän tahdostamme', eikö hän olisi tullut koko matkan alas asti niin kuin hän sanoi? Mutta ei hän kyennyt tekemään niin. Siksi meidän on ymmärrettävä, että kaikki on Jumalan tahtoa."

Laittaen kätensä yhteen Amma rukoili ääneen: "Oi Devi, älä laita minua enää tästä hetkestä eteenpäin sättimään lapsiani! Anna heille älyä ja erottelukykyä! Anna heille siunauksesi!" Amma oli tuossa asennossa hetkisen. Hänen ympärillään olevat liittivät hekin kätensä yhteen, sulkivat silmänsä ja rukoilivat.

Tiistai 11. kesäkuuta 1985

Myötätunnon lähde

Amma tuli neljän aikaan iltapäivällä alas darshanmajaan. Majan sivulla oli käärme, ja oppilaat ja brahmacharit yrittivät ajaa sitä pois. Amma tuli heidän luokseen ja sanoi: "Lapseni, älkää vahingoittako sitä! Heittäkää sen päälle hieman hiekkaa." Aivan kuin käärme olisi kuullut Amman sanat, sillä se luikerteli nyt hitaasti pois. Kirjoitukset sanovat: Lukemattomia kumarruksia Deville (Jumalalliselle Äidille), joka asustaa kaikissa olennoissa myötätunnon muodossa. Amma meni majaan, istuutui ja ryhtyi antamaan darshania. Oppilaat tulivat yksitellen ja kumarsivat hänen edessään laskien surujensa taakan hänen jalkojensa juureen. He kuiskasivat hänen korvaansa toiveensa ja ongelmansa, jotka nakersivat heidän mielenrauhaansa. Jotkut purskahtivat itkuun nähdessään Amman. Ne tulijoista, jotka joutuivat kamppailemaan elämän koettelemusten keskellä, lähtivät rauhallisina ja tyytyväisinä.

Kun kaikki oppilaat olivat lähteneet, brahmacharit kerääntyivät Amman ympärille.

Brahmachari: "Äiti ei puhunut tänään henkisyydestä lainkaan."

Amma: "Poikani, kaikki täällä istuneet olivat täynnä kärsimystä. Nälkäinen lapsi ei tarvitse esitelmää vedantasta tai henkisistä periaatteista. Vähentäkäämme ensin näiden ihmisten surua, sitten voimme puhua henkisyydestä. Kuinka he voisivat omaksua mitään tuollaista nyt?

Toisaalta ne jotka janoavat Jumalaa, eivät halua puhua mistään muusta kuin Jumalasta, vaikka heitä kohtaisikin suuri suru. Heidän mielensä on tasapainoinen sekä surussa että ilossa. Kun onni kohtaa heidät, he eivät anna mielensä rypeä siinä, eivätkä he myöskään romahda surun hetkellä. He hyväksyvät molemmat, sekä surun että ilon, Hänen siunauksenaan.

Jos okaan piikki lävistää jalkapohjasi, astelet sen jälkeen varovaisemmin. Sillä tavoin saatat välttyä putoamasta rotkoon, joka on vähän matkan päässä edessäsi. Jumala antaa meille surua ja murhetta pelastaakseen meidät. Tosiuskovaiset turvautuvat Jumalan jalkoihin jopa surussaan. Eivät he pyydä rukoillessaan onnellisuutta. Eivätkä he edes ajattele itsekkäitä hyötynäkökoh-

24

tia. Mutta kun joku kärsivistä tulee luoksemme, meidän pitää lohduttaa häntä. Meillä pitäisi aina olla aikaa puhua heille muutamia lohduttavia sanoja." Kokiessaan toisten surun omanaan Amma iloitsee voidessaan ottaa heidän surunsa taakan. Hän on uhrituli, johon kaikkien *prarabdha* (aiempien tekojen hedelmät) uhrataan ja toivon tuli niille, jotka kärsivät.

Amma tuli temppelistä bhava darshanin jälkeen, ja kaikki kerääntyivät hänen ympärilleen. Suurin osa seuraajista suunnitteli lähtevänsä aamubussilla, niinpä he parveilivat innokkaina Amman ympärillä voidakseen kumartaa hänelle vielä kerran ja saada hänen siunauksensa ennen kuin lähtisivät. Eräs nuori mies ei kuitenkaan lähestynyt Ammaa. Hän istui yksin meditaatiohallin verannalla, etäällä väkijoukosta. Yksi brahmachareista kysyi häneltä: "Etkö mene Amman luo?"

Nuori mies: "En."

Brahmachari: "Kun kaikki haluavat innokkaasti olla Amman lähellä ja puhua hänen kanssaan, miksi sinä istut yksin täällä?"

Nuori mies: "Minäkin olen ollut heidän kaltaisensa. Yleensä odotan kalarin ulkopuolella ja haluan olla ensimmäinen, joka kumartaa Ammalle kun hän tulee ulos, mutta tänään mieleni ei salli minun mennä hänen lähelleen. Minä kun olen tällainen syntinen."

Brahmachari: "En uskoa tuota. Sinä kuvittelet jotakin. Minkä virheen teit, joka estää sinua nyt menemästä Amman luo?"

Nuori mies: "Asun Kollamissa. Muutamia vuosia join säännöllisesti, ja se aiheutti tappeluita vaimoni kanssa. Lähetin hänet takaisin vanhempiensa luokse. Perheeni ja naapurini vihasivat minua. Minulla ei ollut enää yhtään ystävää tässä maailmassa. Niinpä päätin lopulta päättää elämäni. Siinä vaiheessa minua kohtasi valtavan hyvä onni saadessani vastaanottaa Amman darshanin.

25

Ensimmäisen darshanini jälkeen lopetin juomisen kokonaan. Käytöksessäni tapahtui muutos ja ihmiset alkoivat ajatella minusta eri tavoin. Mutta tänään join jälleen. Menin viinakauppaan joidenkin ystävieni painostuksesta. Menimme häihin, ja takaisintulomatkalla he halusivat juoda. He painostivat minua liittymään mukaan, ja minä annon periksi. En kuitenkaan kestänyt myöhemmin syyllisyydentunteitani, niinpä tulin suoraan tänne. Ennen en tuntenut syyllisyyttä, joinpa kuinka paljon hyvänsä. Mutta nyt tilanne on toinen (hänen äänensä särkyi). Nyt minun on vaikea edes katsoa Ammaa silmiin."

Brahmachari: "Katumuksesi itsessään on sovitus virheestäsi. Älä ole huolissasi. Kerro kaikki Ammalle ja murheesi ovat ohi."

Nuori mies: "Tiedän että minun tarvitsee vain kumartaa hänen edessään ja kaikki epämukavuuden tunteet katoavat, sellainen on kokemukseni. Mutta ei se minua vaivaakaan tällä hetkellä. Ystäväni eivät jätä minua rauhaan, jos oleilen kotosalla. Siksi haluaisin olla muutamia päiviä täällä, mutta minulla ei ole rohkeutta kysyä Ammalta. Tunnen itseni niin heikoksi, kun olen tehnyt jälleen virheen Amman silmien edessä, joka kylvettää minua suuremmassa rakkaudessa kuin äitini, joka synnytti minut."

Hänen silmänsä täyttyivät kyynelistä. Brahmacharilla ei ollut sopivia sanoja joilla lohduttaa nuorta miestä, mutta olihan paikalla joku, joka ymmärtäisi hänen sydämessään sykkivän tuskan…

Näytettyään toisille oppilaille missä nämä voisivat nukkua Amma meni nuoren miehen luo. Tämä nousi välittömästi ylös ja seisoi kädet kunnioittavasti yhteen liitettyinä. Amma piti hänen käsiään omissaan ja kysyi: "Oletko sinä niin heikko, poikani?"

Kyyneleet valuivat hänen poskilleen. Amma kuivasi ne ja jatkoi: "Poikani, älä ole huolissasi. Älä ole pahoillasi menneisyyden suhteen. Älä mene niiden ihmisten matkaan, kun he kutsuvat sinua, siinä kaikki."

26

Kerran sekä temppeli että viinakauppa pitivät papukaijaa lemmikkinään. Siinä missä temppelin papukaija toisteli vedisiä mantroja, viinakaupan papukaija lasketteli rivouksia. Poikani, ihmisen käytöksen määrittää seura, jossa hän on. Jos istumme huoneessa, missä televisio on auki, päädymme katsomaan sitä. Jos emme halua katsoa sitä, meidän täytyy sulkea se tai mennä toiseen huoneeseen. Jos olemme pahojen ihmisten seurassa, omaksumme heidän toimintatapojaan. Niinpä meidän on pidettävä erityistä huolta siitä, että emme lankea sellaiseen seuraan. Poikani, jos mielessäsi on ongelma, voit tulla Amman luo. Amma on täällä sinua varten. Ole täällä muutama päivä. Hae kirjastosta kirjoja ja lue niitä."

Amma kääntyi brahmacharin puoleen. "Tee valmistelut tämän poikani yöpymiseksi talon yläkerrassa, pohjoispäädyssä."

Kun nuori mies kuuli nämä rakkaudelliset sanat Ammalta, joka tiesi jokaisen hänen mielessään olevan ajatuksen, hän ei kyennyt hallitsemaan itseään. Hän puhkesi jälleen kyyneliin. Pyyhkien hänen kyyneleensä rakkaudellisin käsin Amma lohdutti häntä ja sanoi: "Poikani, mene nyt nukkumaan. Amma puhuu kanssasi huomenna."

Kun Amma oli lähettänyt nuoren miehen brahmacharin matkassa pois, hän meni ashramin edessä olevaan kookospuulehtoon naisen kanssa, joka oli odottanut pitkään saadakseen puhua hänen kanssaan kahden kesken. Siinä vaiheessa, kun Amma oli lohduttanut naista, hän meni lopultakin omaan huoneeseensa. Kello oli jo kolme aamuyöllä.

27

Keskiviikko 12. kesäkuuta 1985

Bhaktijooga

Äiti tuli kalariin neljän brahmacharin ja muutamien perheellisten oppilaitten seurassa, jotka olivat tulleet ashramiin ensimmäistä kertaa. Amma puhui heille, kuinka tärkeää oli omata puhdasta antaumusta Jumalaa kohtaan.

Amma: "Amman rukous tapasi olla tällainen: 'Oi Devi, tahdon vain rakastaa sinua. Ei ole väliä vaikka et antaisikaan minulle darshaniasi, anna minulle vain sydän, joka rakastaa jokaista! En välitä vaikka et rakastaisikaan minua, mutta pyydän, anna minun rakastaa sinua!' Joka todella rakastaa Jumalaa on kuin kuumeessa. Ruoka ei maistu hänelle. Hän ei välitä sen enempää makeista kuin suolaisistakaan ruoista, jopa makeat ruoat maistuvat happamilta hänen suussaan. Häntä ei kiinnosta ruoka lainkaan. Mutta on hyvin epätavallista, että etsijä tuntisi ensi alkuun tällaista rakkautta. Sen tähden, alkuvaiheissa hänen pitäisi pyrkiä hallitsemaan erilaisia tottumuksiaan *shraddhalla (tarkkaavaisuudella)*. Erityisesti kun kyse on ruoasta. Jos mieli vaeltaa ulkoisiin kohteisiin, se pitäisi tuoda, yhä uudelleen ja uudelleen takaisin ajatukseen Jumalasta. Yhtäkään hetkeä ei tulisi hukata."

Oppilas: "Amma, minä en hukkaa yhtäkään hetkeä. Tulen joko tänne ollakseni sinun kanssasi tai menen temppeliin. Eikö siinä ole kaikki mitä voin tehdä?"

Amma: "Tänne tuleminen ja temppeliin meneminen ovat hyviä asioita, mutta päämääränä pitää olla mielen puhdistaminen. Jos emme voi tehdä mielestämme puhdasta, kaikki on turhaa. Älä ajattele, että voimme löytää rauhan puhdistamatta mieltämme ja tekojamme. Meidän pitäisi muistaa tämä mennessämme tapaamaan mahatmaa tai vierailemaan temppelissä. Meidän pitäisi omaksua antautumisen asenne. Mutta tänä päivänä ihmiset ovat huolissaan majapaikan varaamisesta jo ennen kuin lähtevät kotoaan pyhiinvaellusmatkalle. Lähdon hetkestä alkaen, he ryhtyvät puhumaan perheestään ja naapureistaan. Tämä ei hellitä edes heidän palattuaan takaisin koteihinsa. Jumala unohtuu kaiken tämän keskellä.

Voimme vierailla mahatmojen luona tai temppeleissä vaikka kuinka monta kertaa, tai tehdä lukemattomia uhrauksia, mutta vain sadhanan kautta saamme hyödyn. Sydämemme pitää olla sopusoinnussa Jumalan kanssa. Tirupatiin tai Varanasiin (suosittuja pyhiinvaelluskohteita Intiassa) meneminen ei yksin tuo vapautusta. Et välttämättä saavuta paljoakaan, henkisessä tai aineellisessa mielessä, vain siksi että kierrät temppelin tai kylvet noissa paikoissa. Jos voisit saavuttaa vapautuksen vain Tirupatiin menemällä, kaikki liikemiehet siellä olisivat jo tähän mennessä vapautuneita. Eikö totta?"

Minne hyvänsä menetkin, älä unohda Jumalan nimeä. Katso metallia jota käytetään sementin seassa, kun katuja korjataan. Vain siinä tapauksessa, että metalli on puhdasta, sementti kovettuu oikealla tavalla. Samalla tavoin vain, jos puhdistamme sydämemme *japan* avulla, Jumala asettuu sisällemme. Mielen puhdistamiseen ei ole olemassa parempaa keinoa kuin jumalallisen nimen toistaminen.

Kun TV-ohjelmia lähetetään studiosta, voimme nähdä ne vain, jos laitamme television päälle. Eikö olisi hyödytöntä syyttää toisia, jos et näe mitään televisiostasi, koska et ole laittanut sitä päälle? Jumalan armo virtaa aina meihin, mutta voidaksemme hyötyä siitä meidän tulee olla virittyneitä hänen maailmaansa. Mitä hyötyä on oleskella sisällä kaikki ovet suljettuina ja valittaa pimeyttä, kun ulkona paistaa aurinko? Vain jos avaamme sydämemme ovet, voimme vastaanottaa Jumalan armon, jota hän lähettää meille kaiken aikaa. Missä määrin vastaanotamme sitä, riippuu omasta sisäisestä asenteestamme.

Lapseni, ennen kuin viritämme itsemme Jumalan maailmaan, tuotamme vain tietämättömyyden riitasointuisia sävelmiä, emme jumalallista musiikkia. Meidän on siedettävä näiden sävelten laadun heikkoutta. Ei ole mitään hyötyä syyttää niistä muita. Olemme valmiit odottamaan bussia kuinka kauan hyvänsä. Olemme valmiit viettämään koko päivän oikeustalossa lakiasiaa ajaen. Silti meillä ei ole kärsivällisyyttä vieraillessamme mahatman luona tai mennessämme temppeliin. Kun menet ashramiin tai temppeliin, vietä siellä jonkin aikaa muistaen Jumalaa antaumuksellisesti. Toista jumalallista nimeä ja meditoi vähän aikaa, tai tee epäitsekästä työtä. Vain siinä tapauksessa vierailustasi on jotakin hyötyä."

Oikean asenteen tärkeys

Amma jatkoi: "Jos mielemme on puhdas ja jos teemme kaiken muistaen Jumalaa, hänen armonsa on kanssamme, vaikka emme menisi koskaan temppeliin. Toisaalta lukemattomat matkat temppeliin eivät tee meille mitään hyvää, jos emme voi luopua itsekkyydestämme tai vihan tunteesta toisia kohtaan.

Kaksi naista olivat toistensa naapureita. Toinen oli Jumalan seuraaja ja toinen prostituoitu. Seuraaja tapasi sanoa naapurilleen: 'Se mitä teet on hyvin synnillistä. Se johtaa sinut vain helvettiin.' Muistaen aina tämän prostituoitu vuodatti kyyneleitä päivittäin ja ajatteli: 'Kuinka syntinen olenkaan! Minulla ei ole muuta elinkeinoa, siksi teen näin. Oi Jumala, olen niin pahoillani! Salli minun rukoilla ja palvoa sinua ainakin seuraavassa elämässä niin kuin naapurini! Anna anteeksi syntini!'

Toisen naisen ylenkatse prostituoitua ja hänen elämäntapaansa kohtaan jatkui, silloinkin kun hän oli temppelissä. Lopulta molemmat naiset kuolivat, ja avustajat taivaasta ja helvetistä saapuivat. Prostituoitua oltiin viemässä taivaaseen ja palvojaa helvettiin. Näennäisesti hurskas nainen ei kyennyt kestämään tätä.

Hän kysyi jumalallisilta avustajilta: 'Olette viemässä taivaaseen henkilöä, joka myi kehoaan koko elämänsä ajan. Minä palvoin ja rukoilin temppelissä päivittäin, silti viette minut helvettiin. Minkälaista oikeutta tämä on? Teidän on täytynyt erehtyä.' Taivaalliset avustajat vastasivat: 'Emme ole erehtyneet. Jopa silloinkin kun vierailit temppelissä ja harjoitit *pujaa* (ritualistista jumalanpalvelusta), ajattelit vain prostituoidun pahoja tekoja. Toisaalta vaikka hän olikin prostituoitu, hän ei samaistunut työhön jota teki, hänen ajatuksensa olivat aina Jumalassa. Hän ei viettänyt yhtäkään päivää tuntematta katumusta virheistään ja pyytämättä Jumalalta anteeksiantoa. Vaikka hän olikin pakotettu ansaitsemaan elantonsa prostituoituna, hän oli todellinen Jumalan palvoja. Siksi hän menee taivaaseen'."

Henkisille etsijöille

Illan bhajanit olivat päättyneet. Tultuaan kalarista Amma kävi makaamaan hiekalle, kalarin ja meditaatiohallin väliin. Kello soi ja Amma kehotti oppilaita menemään syömään. Yksi kerrallaan he lähtivät, vain yksi tai kaksi brahmacharia jäi meditoimaan Amman läheisyyteen.

Kaikki oppilaat palasivat illallisen jälkeen ja istuutuivat Amman ympärille. Yksi naisista asetti Amman jalat syliinsä ja alkoi hieroa niitä.

Amma: "Söittekö, lapset?"

Oppilas: "Kyllä, Amma, me kaikki söimme."

Amma: "Olisitte saaneet kotonanne syödäksenne maukkaita ruokia. Täällä ei ole mitään sellaista. Ette varmaankaan saaneet kylliksenne."

Toinen oppilas: "Me kaikki söimme tyytyväisinä, Amma. Kotonamme saattaa olla paljon erilaisia ruokalajeja, mutta mikään ei maistu niin hyvältä kuin täällä."

31

Amma (nauraen): "Poikani, sinä vain sanot noin rakkaudestasi Ammaan!"

Kaikki nauroivat.

Oppilas: "Amma, minulla on kysymys."

Amma: "Lapseni, voitte kysyä Ammalta mitä hyvänsä."

Oppilas: "Kuulin sinun sanovan brahmacharille eräänä päivänä, että meidän pitäisi vannoa *ahimsan* (väkivallattomuuden) vala. Meidän ei pitäisi olla vihaisia kenellekään. Vaikka joku olisi vihainen meille, meidän tulisi pyrkiä näkemään Jumala hänessä, ja olla rakastava häntä kohtaan. Eikö tuo ole erittäin vaativa harjoitus?"

Amma: "Poikani, tärkeää ei ole olemmeko täydellisesti menestyksellisiä tässä harjoituksessa, vaan se, että vilpittömästi yritämme parhaamme. Niiden, jotka ovat omistaneet elämänsä henkisyydelle, pitäisi olla valmiit tekemään joitakin uhrauksia. Heidän elämänsä on jo saatettu tälle polulle. Jos joku vastustaa heitä, heidän tulisi ottaa se Jumalan luomana mahdollisuutena egonsa poistamiseksi. Heidän ei pitäisi taistella vastaan egonsa noitumana. Vain näkemällä Jumalan jokaisessa ja olemalla rakkaudellinen ja myötätuntoinen, *sadhaka* voi kasvaa."

Oppilas: "Amma, minä olen luopunut monesta asiasta Jumalan tähden, mutta en silti löydä rauhaa."

Amma: "Poikani, me kaikki puhumme tekemistämme uhrauksista. Mutta mitä sellaista meillä on, mistä voimme luopua? Mitä sellaista meillä on, joka on omaamme? Se mitä pidämme omanamme, ei ole huomenna meidän. Kaikki kuuluu Jumalalle. Vain hänen armostaan voimme nauttia asioista. Jos meillä on jotakin mikä on omaamme, niin omat mieltymyksemme ja vastenmielisyytemme, niistä meidän on luovuttava. Vaikka luovummekin monista asioista nyt, emme luovu riippuvuudestamme noihin asioihin. Tästä johtuu surumme. Todellinen luopuminen tapahtuu vain, kun olemme sydämessämme vakuuttuneita siitä, että perhe, omaisuus, asema tai kuuluisuus eivät anna meille pysyvää rauhaa. Mitä *Gita* (*Bhagavad*-Gita) opettaakaan? Toimimaan ilman kiintymystä. Eikö niin?"

Omistamisen vaara

Amma ryhtyi kertomaan tarinaa. "Olipa kerran rikas mies. Eräänä päivänä muutamat hänen ystävänsä tulivat tapaamaan häntä. He näkivät talon ulkopuolella palvelijan ja kysyivät häneltä, missä hänen isäntänsä oli. Etsittyään sisältä palvelija palasi ja kertoi heille, että isäntä oli laskemassa pikkukiviä. 'Noin rikas mies ja laskee pikkukiviä?' vieraat ihmettelivät.

Kun rikas mies ilmestyi hetkeä myöhemmin, he kysyivät tästä. Hän vastasi: 'Minä laskin rahaa. Onko palvelijani niin tyhmä, että luulee minun laskevan pikkukiviä? Joka tapauksessa, olen pahoillani väärinkäsityksestä.' Kun ystävät olivat lähteneet, hän sätti palvelijaansa voimakkaasti.

Muutamia päiviä myöhemmin toinen ystävä tuli tapaamaan rikasta miestä. Tämä pyysi palvelijaa etsimään isäntänsä. Katsottuaan sisälle palvelija sanoi: 'Hän rakastaa vihollistaan.' Rikas mies itse asiassa laski rahaa ja laittoi sen turvasäilöön. Tuntien että palvelija oli tietoisesti loukannut häntä, hän oli suunnattoman raivoissaan. Hän hakkasi palvelijaansa ja antoi tälle potkut. Kun palvelija oli lähdössä, rikas mies antoi hänelle nuken ja sanoi: 'Jos näet kenet hyvänsä joka on tyhmempi kuin sinä, anna hänelle tämä nukke!' Palvelija lähti vaieten.

Meni muutamia kuukausia. Eräänä yönä rikkaan miehen talo ryöstettiin. Varkaat veivät miehen koko omaisuuden. Kun hän yritti estää heitä, he heittivät hänet talon ylemmästä kerroksesta alas, ja pakenivat kaikki mukanaan. Seuraavana aamuna miehen sukulaiset löysivät hänet maasta talon edestä. Mies ei päässyt ylös. Monenlaisia hoitoja kokeiltiin, mutta mikään ei palauttanut hänen terveyttään. Koko hänen omaisuutensa oli mennyt, ja tästä johtuen hänen vaimonsa ja lapsensa jättivät hänet. Hän eli tuskassa, eikä ollut ketään, joka olisi pitänyt hänestä huolta. Hänellä ei ollut edes ruokaa kotonaan, niinpä hän söi mitä naapurit antoivat. Hänen vanha palvelijansa kuuli hänen vaikeuksistaan ja tuli tapaamaan häntä. Hänellä oli nukke mukanaan. Heti kun hän saapui, hän antoi nuken isännälleen. Isäntä oivalsi oman mielettömyytensä ja kysyi: 'Miksi kaadat suolaa haavoihini?' Palvelija vastasi: 'Ainakin nyt sinun täytyy ymmärtää, mitä sanoin sinulle. Onko raha, jonka keräsit itsellesi, nyt edes pikkukiven arvoinen? Eikö omaisuudestasi tullut sinulle vihollinen? Varallisuutesihan saattoi sinut tähän tilaan. Etkö menettänyt kaiken rikkauksiesi takia? Ken on tyhmempi kuin sinä, joka teit omaisuudestasi rakkauden kohteen? Ne, jotka rakastivat sinua tähän asti, rakastivat itse asiassa rahojasi, eivät sinua. Kun rahasi olivat menneet, sinä olit yhtä kuin kuollut heidän silmissään. Kukaan ei rakasta sinua enää. Oivalla viimeinkin, että Jumala on sinun ainoa pysyvä ystäväsi. Kutsu Häntä apuun!'

Palvelija ryhtyi hoitamaan isäntäänsä suurella rakkaudella. Rikas mies oli täynnä katumusta. 'En tiedä mitä tekisin. Elämäni on ollut hyödytön tähän asti. Luulin, että vaimoni ja lapseni ja omaisuuteni olisivat kanssani ikuisesti, ja niin minä elin heille. En muistanut Jumalaa hetkeäkään. Nyt kaikki on mennyt. Ne, jotka kumarsivat ennen edessäni kunnioituksesta, eivät enää edes vilkaise minua. Sen sijaan he sylkevät minua halveksien.'

Palvelija lohdutti häntä: 'Älä ajattele, että sinulla ei ole ketään joka pitäisi sinusta huolta. Jumala on kanssasi.' Palvelija oli vanhan isäntänsä luona ja piti tästä huolta."

Amma päätti tarinan. Mies joka istui oppilasryhmän takaosassa, alkoi itkeä äänekkäästi. Tämä oli hänen ensimmäinen kertansa Amman luona. Hän itki katkerasti, kykenemättä hallitsemaan suruaan. Amma kutsui hänet lähelleen ja lohdutti häntä.

Mies sanoi nyyhkyttäen: "Amma, kerroit juuri minun tarinani. Kaikki minun rahani ovat menneet. Vaimoni ja lapseni vihaavat minua. Ainoa lohtuni on vanha palvelijani."

Amma pyyhki hänen kyyneleensä ja sanoi: "Mikä on mennyt, on mennyt, poikani. Älä sure sitä. Vain Jumala pysyy ikuisesti. Kaikki muu katoaa tänään tai huomenna. Riittää kun elät pitäen tämän ajatuksen mielessäsi. Älä ole huolissasi."

Äiti pyysi lähellä istuvaa Brahmachari Balagopalia[2] laulamaan *Manase nin svantamayi*-laulun. Hän lauloi:

Muista, oi mieli, tämä on korkein totuus:
kukaan ei ole sinun omasi!

Tehden merkityksettömiä tekoja
vaellat tämän maailman valtameressä.

Vaikka ihmiset arvostavatkin sinua,
kutsuen sinua: "Herra, Herra",
niin on vain hetkisen.

Kehosi, jota on kunnioitettu niin pitkään,
joudutaan heittämään syrjään, kun elämä kaikkoaa.

Sydänkäpysesi, jonka puolesta olet ponnistellut
kaiken tämän ajan, välittämättä edes omasta elämästäsi,
jopa häntä pelottaa sinun kuollut ruumiisi
eikä hän seuraa sinua.

Ollessasi mayan hienosyisen verkon vallassa
älä unohda Jumalallisen Äidin
pyhää nimeä.

Jumala vetää puoleensa antaumuksellisia sieluja,
niin kuin magneetti vetää puoleensa rautahippuja.

---

[2] Swami Amritaswarupananda.

Asema, kunnioitus ja omaisuus ovat katoavaisia,
ainoa todellisuus on maailmankaikkeuden Äiti.

Luopuen kaikista haluista
tanssikaamme autuudessa
laulaen Äiti Kalin nimeä.

Keskiviikko 19. kesäkuuta 1985

Maailmankaikkeuden Äiti

Nuori mies, jolla oli pitkät hiukset ja pitkä parta, tuli ashramiin. Hän lähestyi yhtä brahmachareista ja esitteli itsensä sanomalehden toimittajaksi. "Olemme kuulleet useita sekä hyviä että pahoja asioita Ammasta", hän sanoi. "Tulin ottamaan selvää, mitä täällä ashramissa oikein tapahtuu. Juttelin muutaman asukkaan kanssa. On muutamia asioita, joita en lainkaan ymmärrä."
Brahmachari: "Mitä niin?"
Toimittaja: "Kuinka kaltaisenne koulutetut ihmiset voivat uskoa sokeasti Jumalaan ihmisen hahmossa?"
Brahmachari: "Mitä tarkoitat Jumalalla? Tarkoitatko olentoa, jolla on neljä kättä, kruunu päässään ja joka istuu taivaassa pilvien tuolla puolen?"
Toimittaja: "En. Jokaisella on oma käsityksensä Jumalasta. Yleensä ajattelemme Jumalan olevan kaikkien niiden ominaisuuksien ruumiillistuma, joita pidämme ylevinä ja täydellisinä."
Brahmachari: "Mitä vikaa sitten on siinä, jos palvoo jumalallisena henkilöä, jossa näemme kaikki nuo jumalalliset ominaisuudet? Jos emme hyväksy tätä sanomme, että Jumala on rajoitettu niihin jumalkuviin, jotka ihminen on veistänyt kivestä ja asettanut temppeleihin palvottaviksi.

36

Intian henkinen kirjallisuus julistaa, että ihminen, yksilösielu (*jivatman*), ei ole tosiasiassa erillinen Jumalasta; hän ymmärtää jumalallisuutensa, kun hänen egonsa (tunne siitä, että hän on rajallinen) on tuhottu jatkuvan harjoittelun avulla. Jos kaikkialla läsnä oleva korkein absoluutti voi ilmentyä temppelin jumalankuvan kautta, miksi se ei voisi loistaa yksilössä?" Toimittajalla ei ollut vastausta tähän.

Brahmachari jatkoi: "Ammassa näemme kaikki ne ominaisuudet, jotka mainitaan pyhissä kirjoituksissa Jumalan ominaisuuksiksi, kuten rakkaus, myötätunto, epäitsekkyys, anteeksiantavaisuus ja kaikkien tasapuolinen kohtelu. Tästä johtuen jotkut meistä pitävät häntä maailmankaikkeuden Äitinä. Toiset näkevät hänessä rakastavan äidin, joka on ollut kanssamme lukemattomien elämien ajan. Muutamat muut pitävät häntä guruna, joka herättää heissä tiedon Itsestä. Hän itse ei väitä olevansa Jumala tai guru tai mitään muutakaan. Jos haluat valtamerestä kalaa, voit saada sitä sieltä, mutta jos tahdot helmiä, voit saada myös niitä. Samaan tapaan Ammassa on kaikki. Jos ponnistelemme, voimme saada mitä haluamme.

Upanisadien viesti on, että jokainen meistä on ydinolemukseltaan korkein absoluutti. Eivätkö Rama, Krishna ja Buddha olleet kerran täällä maan päällä ihmisen hahmossa? Jos voimme palvoa heitä, miksi emme voi palvoa jotakuta, joka ilmaisee kaikki heidän äärettömät, loistokkaat ominaisuutensa, ollen ihmishahmossa ja vielä meidän keskellämme?"

Toimittaja: "Eikö riitä ajatella, että hän on guru? Miksi muuttaa hänet Jumalaksi?"

Brahmachari: "Se sopii. Silti pyhät kirjoitukset sanovat, että guru ei ole kukaan muu kuin Jumala ihmisen hahmossa. Tietyssä mielessä perinteemme asettaa gurun jopa korkeammalle kuin Jumalan."

Tässä vaiheessa Amma oli saapunut majaan ja ryhtynyt antamaan darshania oppilaille. Brahmachari kutsui toimittajan hänen luokseen. "Menkäämme sisään. Voit asettaa kysymyksesi suoraan Ammalle."

Asettuen istumaan lähelle Ammaa toimittaja katseli ihmeissään, miten oppilaat lähestyivät häntä yksitellen ja miten hän hyväili ja lohdutti jokaista ylitsevuotavalla rakkaudella. Kun toimittaja esiteltiin hänelle, Amma nauroi.

Amma: "Amma ei lue sanomalehtiä eikä mitään muutakaan, poikani. Useimmat lapseni täällä eivät edes näe sanomalehtiä."

Toimittaja: "Kysyin brahmacharilta, onko Amma Jumala."

Amma: "Hän on vain hullu nainen! Kaikki nämä ihmiset kutsuvat häntä Ammaksi (äidiksi), ja niinpä hän kutsuu heitä lapsikseen."

Suurimman osan aikaa, kun Amma puhuu ihmisten kanssa hän piilottaa todellisen Itsensä. Vain hän, joka on saavuttanut tietyn määrän henkistä ymmärrystä, kykenee arvostamaan edes hieman hänen sisäistä olemustaan. Moni kuvittelee mielessään gurun henkilöksi, joka istuu loistavalla tuolilla, hymyilee, ja jota opetuslapset palvelevat koko ajan ja joka siunaa heitä kaiken aikaa. Ne, jotka tulevat ashramiin, joutuvat kuitenkin luopumaan tällaisesta ajatuksesta. Joka näkee Amman ensi kertaa, näkee hänet tavallistakin tavallisempana, sellaisena kuin suurin osa normaaleista ihmisistä. Hänet voi nähdä puhdistamassa etupihaa, leikkaamassa vihanneksia, keittämässä, viemässä vieraita huoneisiinsa tai kantamassa hiekkaa. Siitä huolimatta ken tietää mitä pyhät kirjoitukset sanovat, hänen on helppo tunnistaa todellinen Amma. Hänen nöyryytensä osoittaa selkeästi hänen suuruutensa.

Kerran eräs brahmachareista kysyi Ammalta: "Saavutettuaan pienenkin *siddhin* (yliluonnollisen kyvyn) suurin osa kulkee ympäriinsä teeskennellen olevansa Brahman ja hyväksyen itselleen opetuslapsia. Ja sitten ihmiset asettavat uskonsa heihin. Kun näin tapahtuu kaikkialla, miksi Amma huijaa lapsiaan sanomalla, että hän ei ole mitään?" Amma vastasi seuraavalla tavalla: "Täällä tänään asuvien rahmacharien pitää mennä huomenna ulos maailmaan. Heistä on tuleva maailman roolimalleja. Täällä he oppivat Amman jokaisesta sanasta ja teosta. Jos hänen sanoissaan tai teoissaan on aavistuskaan egosta, se tulee kymmenen kertaa suuremmaksi teissä kaikissa. Te alatte ajatella: "Jos Amma voi tehdä noin, miksi minäkin en voisi?" Ja se tulee vahingoittamaan maailmaa. Lapseni, tiedättekö miten vaikeaa Amman on pysytellä teidän tasollanne? Isä yrittää parhaansa voidakseen kävellä pikkuisen lapsen kanssa ottamalla pikkuriikkisiä askeleita. Ei hän tee tätä itsensä tähden, vaan lapsen tähden. Vain siksi että hän ottaa pieniä askeleita, lapsi pysyttelee hänen rinnallaan. Tämä rooli jota Amma näyttelee, ei ole häntä varten, vaan teitä varten. Se on teidän kasvuanne varten.

Kun lapsella on keltatauti, rakastava äiti ei laita mausteista ja suolaista ruokaa. Hän piilottaa sellaiset ruoat, sillä lapsi saattaisi syödä niitä, jos löytäisi ne. Silloin hän saisi kuumeen ja saattaisi kuolla. Lapsen takia myös äiti syö maustamatonta ruokaa. Vaikka hän ei olekaan sairas, hän luopuu omista mieltymyksistään. Samalla tavoin kaikki Amman sanat ja teot ovat teidän kaikkien hyväksi. Hän ajattelee jokaisella askeleellaan teidän kasvuanne. Vain siinä tapauksessa että lääkäri ei polta tupakkaa, potilas hyväksyy hänen ohjeensa luopua tupakoinnista. Vain siinä tapauksessa että lääkäri ei juo, potilas innostuu luopumaan juomisesta. Amma ei tee mitään itseään varten, kaikki on maailmaa varten. Kaikki on tarkoitettu sitä varten, että te voisitte kehittyä."

Toimittaja kysyi Ammalta: "Amma, etkö sinä ohjaa ihmisiä täällä heidän gurunaan?"

Amma: "Se riippuu kunkin asenteesta. Ammalla ei ollut gurua eikä hän ole ottanut ketään opetuslapsekseen. Amma sanoo vain, että kaikki tapahtuu Jumalallisen Äidin tahdon mukaisesti."

Toimittaja: "Minulla on ystävä, joka on J. Krishnamurtin innokas seuraaja."

Amma: "Monet lapset ovat tulleet tänne, jotka ovat olleet hänen seuraajiaan. Erityisesti länsimaiset lapseni pitävät hänestä."

Toimittaja: "Krishnamurti ei ota itselleen opetuslapsia. Kukaan ei asu hänen kanssaan. Voimme mennä tapaamaan häntä ja voimme jutella hänen kanssaan. Uskotaan, että saamme keskustelusta sen mitä haluamme. Hänen läsnäolonsa sinänsä on innostava. Hän on hyvin hilpeä eikä hänen ympärillään ole gurun *auraa*."

Amma: "Mutta hänen toteamuksensa, että et tarvitse gurua on opetusta. Eikö? Ja kun joku on hänen lähellään kuuntelemassa, eikö meillä silloin ole siinä opettaja ja opetuslapsi?"

Toimittaja: "Hän ei anna neuvoja ja ohjeita."

Amma: "Mutta entäpä hänen puheensa, poikani?"

Toimittaja: "Ne ovat ikään kuin keskusteluja, hyvin kevyitä luonteeltaan."

Amma: "Ei kukaan guru vaadi, että toisten pitäisi totella häntä tai elää hänen sanojensa mukaisesti. Mutta jokainen gurun sana on eräänlainen ohje. Hänen elämänsä itsessään on hänen opetuksensa. Kuuntelemme Krishnamurtin sanoja, ja kun elämme noiden puheiden mukaisesti, opimme tuntemaan oman tosiolemuksemme. Eikö totta? Tuo valmius elää opetuksen mukaisesti on nimenomaan opetuslapselle tyypillistä asennetta. Se ravitsee nöyryyttä ja hyvää käytöstä meissä. Yleensä vain sellaisista lapsista, jotka kasvavat toteuttaen vanhempiensa ohjeita, tulee hyviä aikuisia."

"Vanhempiemme totteleminen istuttaa meihin velvollisuudentunteen ja oikeanlaisen käyttäytymisen. Amma ei sano, että Krishnamurtin metodi olisi väärä. Hän on lukenut monia kirjoja.

Hän on tavannut viisaita ihmisiä ja oppinut heiltä paljon. Hän on opettanut itseään paljon. Vain sillä tavoin hän saavutti tason millä on, sillä hän oivalsi, että kaikki on hänen sisällään. Mutta poikani, sinä et ole saavuttanut tuota tasoa.

Tänä päivänä huomiomme on pääasiallisesti ulkoisissa asioissa. Emme juuri koskaan katso sisimpäämme. Kun lapset ovat koulussa, heitä kiinnostaa kaikkein eniten leikkiminen. He opiskelevat lähinnä vanhempiensa pelosta. Mutta kun heidän elämälleen tulee päämäärä, valmistua korkein arvosanoin, tulla insinööriksi ja niin edelleen, he alkavat opiskella kenenkään kannustamatta. Vaikka meillä olisikin henkinen tavoite, mieli lipsuu siitä syrjään *vasanoittemme* (kielteisten tottumustemme) takia. Jotta tällaista mieltä voitaisiin hallita, *satguru* on välttämätön. Mutta tietyn tason jälkeen apua ei enää tarvita. Siinä vaiheessa sisäinen guru herää.

Laulu jonka kerran osasimme saattaa unohtua ajan kuluessa, mutta jos joku muistuttaa meitä sen ensimmäisestä säkeestä, kykenemme jälleen muistamaan koko laulun. Samalla tavoin kaikki viisaus on sisällämme. Guru muistuttaa meitä tästä, herättää sen mikä meissä on piilevänä.

Guru sisältyy jopa lauseeseen, että et tarvitse gurua. Jonkunhan piti kertoa meille, että emme tarvitse gurua. Guru on hän, joka poistaa tietämättömyytemme. Jos emme ole saavuttaneet tiettyä mielen puhtautta, on tärkeää viettää aikaa gurun ohjauksessa. Jos sinulla on vaikkapa musikaalisia lahjoja, voit hyödyntää lahjaasi kokonaan vain, jos harjoittelet pätevän opettajan johdolla.

Tavallinen guru voi vain selittää henkiset periaatteet. Mutta satguru joka on oivaltanut Itsen, siirtää osan henkisestä voimastaan opetuslapselle. Tämä auttaa opetuslasta saavuttamaan päämäärän nopeammin. Aivan niin kuin kilpikonna, joka hautoo muniaan ajatustensa voimalla, satgurun ajatukset herättävät henkisen voiman opetuslapsessa.

Satsangilla ja henkisillä kirjoilla on voima kääntää mielemme kohti hyviä ajatuksia. Se yksin ei kuitenkaan saa meitä kulkemaan eteenpäin ripein askelin. Tavallisesti lääkäri tutkii potilaan ja määrää lääkkeet. Mutta mikäli tarvitaan leikkausta, ihmisen täytyy mennä tapaamaan kirurgia. Samalla tavoin, vapautuaksemme mielen epäpuhtauksista ja kehittyäksemme kohti lopullista päämäärää, meidän on turvauduttava guruun."

Toimittaja: "Eivätkö kirjoitukset sano, että kaikki on sisällämme? Miksi sitten tarvitaan sadhanaa?"

Amma: "Vaikka kaikki onkin sisällämme, ei siitä ole mitään hyötyä ellemme todella koe sitä. Sitä varten sadhana on ehdottomasti välttämätöntä. Rishit (menneisyyden valaistuneet mestarit), jotka antoivat meille sellaiset *mahavakyat* (suuret sanonnat), kuten 'Minä olen Brahman' ja 'sinä olet se', olivat yksilöitä, jotka olivat saavuttaneet tuon kokemisen tason. Heidän elämäntapansa oli hyvin erilainen kuin meidän. He näkivät kaikki elävät olennot tasa-arvoisina, he rakastivat ja palvelivat kaikkia tasavertaisesti. Heidän silmissään mikään maailmankaikkeudessa ei ollut erillinen heistä. Siinä missä heillä oli Jumalan ominaisuudet, meillä on kärpäsen ominaisuudet. Kärpänen elää liassa ja ulosteessa. Samalla tavoin meidän mielemme näkee toisissa vain virheitä ja puutteita. Tämän on muututtava. Meidän on opittava näkemään hyvää kaikessa. Ennen kuin olemme oivaltaneet totuuden, sadhanan ja mietiskelyn avulla, ei ole mitään mieltä sanoa, että kaikki on jo sisällämme.

Ihmiset, jotka ovat opiskelleet pyhiä kirjoituksia ja vedantaa viisikymmentä vuotta, jopa he sanovat, että heillä ei ole mielenrauhaa. Emme saa valoa ripustamalla seinälle lampun kuvan. Jos meidän pitää nähdä jotain, meidän on laitettava oikea valo päälle. Kirjojen opiskeleminen ja puheiden pitäminen ei riitä. Kokeaksesi totuuden sinun on tehtävä sadhanaa ja löydettävä todellinen 'minä'. Tässä gurun apu on välttämätön."

Toimittaja: "Tällaista apuako Amma täällä antaa?"

Amma: "Äiti ei itse tee mitään. *Paramatman* (korkein sielu) laittaa hänet tekemään kaiken! Nämä ihmiset tarvitsevat Ammaa nyt, etsijä tarvitsee gurua. Miksi? Koska tässä vaiheessa heidän mielensä ei ole tarpeeksi vahva. Pienet lapset haluavat laittaa kätensä tuleen. Heidän äitinsä sanoo heille: 'Älä koske siihen, poikani, se polttaa kätesi!' Jonkun täytyy sanoa se lapselle kääntääkseen hänen huomionsa pois tulesta. Siinä kaikki mitä Amma tekee. Jossakin vaiheessa tarvitsemme jonkun, joka osoittaa meille virheemme."

Toimittaja: "Eikö se orjuuta ihmistä, jos hän seuraa gurua sokeasti?"

Amma: "Poikani, tunteaksemme totuuden meidän pitää päästä eroon 'minä'-tunteesta. Se on vaikea saavuttaa tekemällä sadhanaa yksin. Egon poistamiseksi on tärkeää tehdä henkisiä harjoituksia gurun opastuksella. Kun kumarramme gurun edessä, emme kumarra yksilölle vaan ihanteelle hänessä. Teemme näin voidaksemme saavuttaa hänen tasonsa.

Me voimme edistyä vain nöyryyden avulla. Siemen pitää sisällään puun, mutta jos se tyytyy lepäämään varastohuoneessa, hiiri syö sen. Vain laittamalla sen maanpinnan alle saamme sen todellisen muodon esille. Kun painat sateenvarjon nuppia, sateenvarjo avautuu; silloin se kykenee suojaamaan sinua sateelta.

Koska kunnioitimme ja tottelimme isää ja äitiä, vanhempia ihmisiä ja opettajiamme, kasvoimme ja omaksuimme tietoa. He rikastivat meissä olevia hyviä ominaisuuksia ja oikeita käytöstapoja. Samalla tavoin, tottelevaisuus gurua kohtaan kohottaa opetuslapsen laajemmalle, korkeammalle tasolle.

Tullakseen myöhemmin kuninkaiden kuninkaaksi opetuslapsi omaksuu tässä vaiheessa palvelijan roolin. Me laitamme aidan pienen mangopuun ympärille, ravitsemme ja kasvatamme sitä, jotta saisimme makeita hedelmiä myöhemmin. Opetuslapsi osoittaa kunnioitusta gurulle ja tottelee häntä saavuttaakseen totuuden, jota guru edustaa.

Tultuamme lentokoneeseen meitä pyydetään kiinnittämään turvavyöt, ei siksi, että lentokoneen henkilökunta voisi osoittaa valtansa meitä kohtaan vaan oman turvallisuutemme tähden. Samalla tavoin guru pyytää opetuslasta tottelemaan tiettyjä sääntöjä ja harjoittamaan kieltäymystä vain hänet kohottaakseen. Hän tekee näin vain suojellakseen opetuslasta tietyiltä vaaroilta, jotka hän saattaa kohdata. Guru tietää, että opetuslapsen ego-vetoiset yllykkeet saattavat hänet ja toiset vaaraan. Tie on kulkuneuvoja varten, mutta jos ajat autoasi miten haluat, onnettomuuksia sattuu varmasti. Siksi meitä pyydetään noudattamaan tien sääntöjä. Emmekö tottele poliisia, joka ohjaa liikennettä risteyksissä? Voimme välttää monta onnettomuutta tekemällä niin.

Kun 'minä' ja 'minun'-tunne on vaarassa tuhota meidät, pelastumme seuraamalla satgurun ohjeita. Hän antaa meille koulutuksen, joka tarvitaan voidaksemme välttää tuollaisia olosuhteita myöhemmin. Gurun lähellä oleminen antaa meille voiman tähän.

Guru on epäitsekkyyden ruumiillistuma. Voimme oppia mitä totuus, *dharma*, luopuminen ja rakkaus merkitsevät, koska guru elää noiden periaatteitten mukaisesti. Guru on noiden ominaisuuksien ydinolemus. Tottelemalla ja jäljittelemällä häntä nuo ominaisuudet juurtuvat meihin. Gurun totteleminen ei ole orjuutta. Gurun päämääränä on ainoastaan opetuslapsen turvallisuus. Hän todella näyttää meille polun. Todellinen guru ei koskaan näe opetuslasta orjanaan. Hän on täynnä rakkautta häntä kohtaan. Hän haluaa nähdä opetuslapsen onnistuvan, vaikka se tietäisikin tälle itselleen vaikeuksia. Aito guru on todellakin kuin äiti."

Äidin sanat painuivat syvälle kuulijoiden mieleen hävittäen epäilyksiä juurineen ja istuttaen uskon siemeniä. Toimittaja lähti tyytyväisenä omaksuttuaan paljon sellaista, mitä ei ollut ennen tiennyt.

Lauantai 22. kesäkuuta 1985

Meditaatio

Amma ja brahmacharit istuivat meditaatiohuoneessa. Muutama perheellinen oppilas istui lähettyvillä. Hukkaamatta tilaisuutta, saadessaan olla Amman lähellä tänä aamuna, vastatullut brahmachari tahtoi tietää lisää meditaatiosta.

Brahmachari: "Amma, mitä tarkoitetaan meditaatiolla?"

Amma: "Sanokaamme, että aiomme tehdä *payasamia* (makeaa riisivanukasta). Jos joku kysyy, miksi kaadamme vettä kattilaan, sanomme että payasamia varten. Sitten ryhdymme lämmittämään vettä. Samoin ottaessamme riisiä ja *jaggeria* (palmusokeria) sanomme, että nämä tarvikkeet ovat riisivanukasta varten. Itse asiassa payasam on vasta tulollaan. Samoin, istuessamme silmät kiinni, me sanomme että meditoimme. Tosiasiassa se ei ole meditaatiota vaan harjoitus, jonka tarkoituksena on saavuttaa todellinen meditaatio. Todellinen meditaatio on mielentila, kokemus. Sitä ei voi sanoin kuvata.

Emmekö puhu *sadhakamista* laulamisen yhteydessä? Se tarkoittaa laulamisen harjoittelua. Laulaaksemme hyvin meidän on harjoiteltava jatkuvasti ja saavutettava tietty taitavuuden aste. Samoin on asianlaita henkisellä tiellä, sadhana on harjoitus ja meditaatio on tila, johon ihminen pääsee sen seurauksena.

Jatkuva Jumalaan suunnattu ajatus on meditaatiota, niin kuin joen virta. Saavutat meditaation tilan todellisen keskittyneisyyden avulla. Aluksi sinun pitäisi puhdistaa mieli ja tehdä siitä keskittynyt sekä sulauttaa se japan ja antaumuksellisen laulamisen avulla, ja sitten harjoittaa meditaatiota.

Jos emme tunne rakkautta Jumalaa kohtaan, emme voi kiinnittää mieltämme Häneen. Se jolla on tuo rakkaus, hänen mielensä ei harhaudu enää maallisiin kohteisiin. Hänelle maalliset nautinnot ovat kuin koiran ulostetta. Pienet lapset ottavat mutaa ja likaa käteensä ja laittavat sen suuhunsa. Houkuttaako heitä enää vähääkään tehdä näin, kun he ovat kasvaneet aikuisiksi ja heidän älynsä on kehittynyt?"

Maallisen elämän surut

Brahmachari toi muutamia vastasaapuneita kirjeitä, ja Amma ryhtyi lukemaan niitä. Lukiessaan kirjeitä hän sanoi oppilaille: "Pelkästään lukemalla näitä voi nähdä elämästä kaiken. Suurin osa näistä kirjeistä on tarinoita kärsimyksestä."

Brahmachari: "Eikö siellä ole kirjeitä, joissa tiedusteltaisiin vastauksia henkisiin kysymyksiin?"

Amma: "Kyllä, mutta suurin osa kertoo surun tarinaa. Niin kuin kirje, joka saapui muutamia päiviä sitten eräältä tyttäreltä. Hänen aviomiehensä tulee joka päivä päihtyneenä kotiin ja hakkaa hänet. Eräänä päivänä heidän kaksivuotias lapsensa meni heidän väliinsä. Joka on täydessä humalatilassa, onko hänelle olemassa mitään eroa aikuisen ja lapsen välillä? Vain yksi potku ja lapsen jalka murtui. Jalka on nyt kipsissä. Jopa senkin jälkeen mies juo aivan yhtä paljon kuin ennenkin. Vaimon täytyy pitää huolta lapsesta ja kaikesta muusta kotona. Hän kirjoitti saadakseen Amman siunauksen sille, että mies lopettaisi juomisen."

Oppilas: "Amma, luetko sinä todella itse kaikki nuo kirjeet? Pelkästään tämän päivän posti toi niitä ison kasan."

Amma: "Kun Amma ajattelee heidän kyyneleitään, kuinka hän voisi jättää lukematta niitä kaikkia? Hän kirjoittaa vastauksen itse joihinkin niistä. Jos kirjeitä on paljon, hän antaa ohjeet jollekulle mitä kirjoittaa vastaukseksi. On vaikea lukea ja vastata niihin kaikkiin. Hän lukee kirjeitä lähes aamun sarastukseen asti. Hänellä on kirje kädessään jopa silloinkin, kun hän syö. Usein Amma sanelee vastausta kylpiessään."

Hän antoi kirjeet brahmacharille sanoen: "Laita kaikki nämä kirjeet Amman huoneeseen, poikani. Amma lukee ne myöhemmin."

Sadhanan yksityiskohdista

Amma kysyi hiljattain saapuneelta brahmacharilta: "Luetko nykyisin kirjoja, poikani?" Brahmachari: "Kyllä, Amma. Mutta suurin osa kirjoista puhuu samasta asiasta. Ja paljon samaa toistetaan pitkin yhtä ja samaa kirjaa."

Amma: "Poikani, on olemassa vain yksi asia sanottavana. Mikä on ikuista, mikä katoavaista? Mikä on hyvää, mikä pahaa? Kuinka oivaltaa ikuinen? *Gita* ja *Puranat* (muinaisia pyhiä kirjoituksia) yrittävät kaikki selvittää tätä samaa asiaa. Avainkohdat selitetään yhä uudelleen ja uudelleen. Tämän tarkoituksena on osoittaa, kuinka tärkeitä ne ovat. Jos ihmiset kuulevat ne yhä uudelleen ja uudelleen, nämä periaatteet pysyvät heidän mielessään. Kirjojen kesken on vain joitakin näennäisiä eroavaisuuksia, siinä kaikki. *Ramayana* kertoo Raman ja Ravanan välisestä taistelusta, *Mahabharata* kertoo Kauravien ja Pandavien välisestä sodasta. Pääperiaate on kuitenkin sama. Kuinka ihminen voi pitäytyä näissä periaatteissa ja kulkea niitä kohti tilanteissa, joita elämä tuo tullessaan? Sitä mahatmat ja kaikki nuo kirjat yrittävät opettaa."

Toinen brahmachari: "Amma, minun kehoni tuntuu hyvin heikolta näinä päivinä. Näin kävi aloitettuani joogatunneilla käymisen."

Amma: "Poikani, kun alat harjoittaa joogaliikkeitä, tunnet väsymystä ensimmäisten kuukausien ajan. Sinun pitäisi syödä hyvin. Kun kehosi tottuu harjoituksiin, tunnet itsesi normaaliksi jälleen. Sitten ruokailutottumuksesi pitäisi palata taas normaaleiksi." Amma nauroi.

"Älä anna minun saada sinua kiinni siitä, että täytät itsesi ruoalla sanoen: 'Amma on käskenyt minua syömään hyvin'."

Kaikki nauroivat.

Amma jatkoi: "Sadhakoiden pitäisi olla hyvin tarkkaavaisia ruokailutottumustensa suhteen. On parempi, ettei syö mitään aamuisin. Sinun pitäisi omistautua meditaatiolle noin kello yhteentoista asti aamupäivisin. *Tamasinen* energiasi lisääntyy, jos syöt liikaa ja mielesi täyttyy huonoilla pyrkimyksillä. Jos syöt jotakin aamulla, sen pitäisi olla jotakin kevyttä. Mieli tulisi keskittää meditaatioon."

Nuori mies istui lähellä meditaatiohallin ovea kuunnellen tarkkaavaisesti Amman sanoja. Hän oli koulutettu mies, jolla oli maisterin paperit, ja hän oli elänyt viimeiset neljä vuotta Rishikeshissä. Edeltävän kuukauden aikana hän oli kuullut Ammasta vieraillessaan ystävänsä luona Delhissä. Hän oli saapunut ashramiin pari päivää aiemmin voidakseen tavata Amman.

Nuori mies: "Amma, olen tehnyt sadhanaa muutaman viime vuoden ajan. Toistaiseksi se on ollut pettymys. Voimani katoavat kun ajattelenkin, etten ole voinut oivaltaa Jumalaa."

Amma: "Poikani, tiedätkö minkälaista takertumattomuutta tarvitaan Jumaloivalluksen saavuttamiseen? Kuvittele, että nukut sikeästi kotona. Yhtäkkiä heräät siihen, että sinun on todella kuuma. Havaitset, että tuli riehuu kaikkialla ympärilläsi. Etkö joutuisi mielettömän vimman valtaan yrittäessäsi paeta tulta? Ajattele, minkälaisen paineen vallassa huutaisit apua nähdessäsi kuoleman silmiesi edessä. Sinun on itkettävä samanlaisella voimalla nähdäksesi Jumala. Ajattele jotakuta, joka ei osaa uida; jos hän putoaa syvään veteen, kuinka hän taistelisi saadakseen ilmaa. Samalla tavoin sinun pitäisi taistella sulautuaksesi korkeimpaan absoluuttiin. Sinun pitäisi jatkuvasti tuntea surua siitä, ettet ole saavuttanut näkyä Jumalasta. Sinun sydäntäsi tulisi särkeä kaiken aikaa tämän takia."

Amma vaikeni hetkeksi ja jatkoi sitten: "Et saavuta oivallusta Jumalasta vain asumalla ashramissa. Sinun on harjoitettava sadhanaa äärimmäisellä takertumattomuudella. Sinun pitää tuntea, että 'en halua mitään muuta kuin Jumalan'. Kenellä on kuume, hänelle jopa makeat ruoat maistuvat pahalta. Samoin, jos olet Jumalan rakastamisen kuumeen vallassa, mielesi ei suuntaudu mihinkään muuhun. Silmäsi eivät halua nähdä mitään muuta kuin Jumalan. Korvasi eivät halua kuulla mitään muuta kuin jumalallista nimeä, muut äänet ärsyttävät ja polttavat korviasi. Mielesi taistelee niin kuin kala, joka on joutunut kuivalle maalle, kunnes saavutat Jumalan!" Amma sulki silmänsä ja vaipui meditaatioon. Kaikki istuivat katsellen häntä intensiivisesti.

Useita minuutteja myöhemmin Amma nousi ylös, meni ulos ja käveli meditaatiohallin ulkoseinän vieritse. Toisella reunalla oli vesitankin seinämä, vain muutamia metrejä meditaatiohallista, väliin jäi kapea käytävä. Vesi pumpattiin tästä tankista ylempänä olevaan säiliöön, mistä se jaettiin eri puolille ashramia.

Amma katsahti vesitankin sisälle ennen kuin hän jatkoi kulkuaan majaan antaakseen darshania ihmisille, jotka odottivat siellä, hän sanoi brahmachareille: "Lapseni, tankin sisäpuolella on alkanut kasvaa sammalta. Se täytyy puhdistaa pian."

Aurinko oli laskenut. Amma istui majassaan jumalallisen mielentilan vallassa ja lauloi bhajania. Iltahämärissä sytytettyjen öljylamppujen liekit pysyivät liikkumattomina, aivan kuin sulautuneina hänen lauluunsa, *Agamanta porule jaganmayi*:

Vedojen ydinolemus, joka läpäiset maailmankaikkeuden,
joka olet täynnä viisautta, tunteeko sinua kukaan?
Oi autuas Itse, ikuinen, surusta vapaa,
Oi perimmäinen korkein voima, suojele minua!

Sinä asustat kaikissa sydämissä, tietäen kaiken,
innokkaana tarjoamaan vapautuksen autuutta,
näkymättömänä pahoille, mutta aina loistaen
hyveellisten meditaatiossa.

Sinä säteilet ikuisen totuuden muodossa,
oi ikuinen Devi, osoita minulle tie pelastukseen;
loista minussa, hidasjärkisessä, ihmisten keskellä.

Kerron sinulle selkeästi, oi Äiti,
alennu astuaksesi sydämeeni ja loistaaksesi siellä.
Salli minun ylistää sinun tarinaasi
ja vapauta minut tästä mayasta.

Amman takana seinällä oli *Devi Saraswatin* kuva, missä hän soittaa *vinaa* (kielisoitinta). Alkoivatko Devin sormet soittaa vinaa, kun Amma ryhtyi laulamaan? Ennen kuin hänen laulunsa kaiku oli kokonaan vaimentunut, Amma otti kuvan seinältä ja suuteli Devin hahmoa yhä uudelleen ja uudelleen. Hän piti kuvaa sydäntään vasten ja istui hetkisen hiljaa.

Hän istui samassa asennossa liikahtamatta. Kun iltabhajanit alkoivat kalarissa, hän laittoi kuvan hellästi sängylle. Kaksi kyynelvanaa näkyi kuvassa. Hän nousi ylös ja ryhtyi kävelemään edestakaisin, edelleen jumalallisessa mielentilassa.

Bhajanit päättyivät ja *arati* (tulen heiluttaminen mestarin kuvan edessä) saatiin suoritetuksi. Amma meni ulos ja käveli pienellä pihalla meditaatiohallin edessä.

Neuvoja perheellisille

Muutamat oppilaat, jotka seisoivat etäällä, lähestyivät nyt Ammaa. Hän ohjasi heidät kalariin ja istuutui.

Oppilas: "Amma, minulla olisi kysymys koskien sitä mitä sanoit brahmacharille tänä aamuna."

Amma: "Minkälainen kysymys, poikani?"

Oppilas: "Amma, sanoit että maallinen elämä on samanlaista kuin koiran uloste. Pitäisikö meidän nähdä elämä noin huonona?"

Amma (nauraen): "Eikös Amma puhunut silloin brahmachareille? Heidän on omaksuttava sen kaltainen takertumattomuus pysyäkseen henkisellä tiellä. Brahmachari, jolla on vakaa näkemys päämäärästä, ei tunne vetoa maalliseen elämään lainkaan. Amman täytyy antaa hänelle alhainen kuva maallisesta elämästä, jotta hänellä olisi voimaa jatkaa päämääräänsä kohti. Muussa tapauksessa hän jää maallisten nautintojen ansaan ja menettää voimansa.

Sotilas saa työhönsä koulutuksen armeijassa, kun taas poliisi koulutetaan toisella tavoin omiin velvollisuuksiinsa. Samaten brahmacharin ja perheellisen tarvitsemat ohjeet eroavat toisistaan. Vaikka päämäärä onkin sama, intensiteetin tasossa on eroavaisuuksia. Brahmachari on jo luopunut suhteistaan ja omistanut itsensä kokonaan tälle polulle. Hän toistaa takertumattomuuden mantraa jokaisella askeleellaan.

Amma ei sanoisi ikinä, että *grihastashrama* (perheellinen) on alempiarvoinen. Eivätkö menneisyyden rishit olleet perheellisiä? Eivätkö Rama ja Krishna eläneet perheellisen elämää? Mutta se joka on vannonut brahmacharyan (selibaatissa elävän) valan, on nähtävä maallinen elämä samanarvoisena kuin koiran uloste. Silloin hän kykenee säilyttämään sellaisen takertumattomuuden tason, mikä tarvitaan tiellä pysymiseen.

Sen vuoksi brahmacharille pitäisi antaa neuvo, jonka hän tarvitsee täydelliseen takertumattomuuteen. Amma on hyvin onnellinen nähdessään takertumattomuuden tunteen heräävän perheellisissä lapsissaan. Heidän on vain valvottava sitä liekkiä, ettei se sammu, siten he voivat lopulta saavuttaa päämäärän. Amma ei pyydä ketään luopumaan kaikesta ja ryhtymään *sanjaasiksi* ennen kuin hän saavuttaa täyden takertumattomuuden tunteen.

Polku, jota Amma kuvaa, ei ole sellainen, jota kulkien menet Himalajalle ja istut silmät kiinni ajatellen vain *mokshaa* (vapautusta). On opittava elämään olosuhteiden mukaan. Shakaali ajattelee viidakossa istuessaan, ettei se ulisisi kohdatessaan koiran seuraavan kerran. Ja kuitenkin, heti kun se näkee koiran, se ei voi vanhasta tottumuksesta muuta kuin ulista. Todella rohkea ihminen on hän, joka ei ole takertunut eikä ole omistamisenhaluinen, vaikka hän eläisikin maallisten kokemusten keskellä. Todellisen grihastashramin (perheellisen) tulisi olla tällainen.

Niin kuin kukka, joka putoaa pois hedelmän muotoutuessa, maalliset halut katoavat, kun takertumattomuus kypsyy. Mikään halu ei voi sen jälkeen sitoa ihmistä, asui hän sitten kotona tai metsässä. Ken on ottanut Jumaloivalluksen päämääräkseen, ei anna merkitystä millekään muulle. Hän on jo ymmärtänyt, että mikään fyysinen ei ole pysyvää ja että todellinen autuus on sisässämme."

Oppilas: "Kuinka voimme palauttaa mielen takaisin, kun se lähtee etsimään ulkopuolella olevia nautintoja?"

Amma: "Kameli syö piikkipensaita ollessaan nälkäinen. Sen suu vuotaa verta piikkien takia. Oletetaan, että ollessasi nälkäinen syöt vain tulista pippuria, koska pidät pippurista. Suusi palaa, samoin vatsasi. Halusit tyydyttää nälkäsi, mutta nyt joudut sietämään tuskaa. Samaten, jos olet riippuvainen aineellisista asioista ollaksesi onnellinen, koet lopulta surua.

Ajatelkaamme esimerkiksi myskihärkää. Etsipä se sitten kuinka kauan hyvänsä myskin tuoksun lähdettä, se ei sitä löydä, koska tuoksu tulee sen itsensä sisältä. Autuus ei piile ulkoisissa asioissa, se asustaa sisällämme. Kun mietiskelemme tätä ja saavutamme riittävän määrän takertumattomuutta, mieli lakkaa juoksemasta ulkoisten nautintojen perässä.

Kun ymmärrämme, että mehu on hedelmän sisällä, kuorimme hedelmän ja heitämme kuoren pois. Tällainen tulee sadhakan asenteen olla. Sen jälkeen mieli ei suuntaudu enää ulkopuolelle. Me kykenemme arvostamaan kaiken ydinolemusta."

Oppilas: "Amma, eikö ole mahdollista nauttia henkistä autuutta, kun elää maallista elämää?"

Amma: "Kuinka voisit täydesti kokea hengellistä autuutta kiinnittämättä mieltäsi kokonaan Jumalaan? Jos sekoitat payasamia muiden ruokalajien kanssa, voitko nauttia täydesti sen mausta? *Vishnu*-jumala kehotti Sanakaa ja muita pyhimyksiä useita kertoja menemään naimisiin. Mutta he vastasivat: 'Jokaisen hetken, jonka elämme avioliitossa, vietämme muistamatta sinua. Me tarvitsemme vain sinut, Herra! Emme mitään muuta.' Koska mikään ei ole erillään Jumalasta, jotkut ihmiset väittävät, että maallisen elämän täytyy olla hyväksyttävää. Se on hyväksyttävää, jos voit muistaa Jumalan kaikissa tilanteissa. Mutta kykenemmekö toimimaan tällä tavoin? Kun syömme jotakin makeaa, nautimmeko sen mausta vai muistammeko Jumalaa? Jos et ajattele mitään muuta kuin Jumalaa tuolla hetkellä, silloin ongelmaa ei ole; voit seurata tuota tietä."

Oppilas: "Eivätkö pyhät kirjoitukset kuvaa neljää eri elämänvaihetta: *brahmacharyaa, grihastashramaa, vanaprasthaa* (metsässä eläjän vaihetta) ja *sannyasaa* (maailmasta luopumisen vaihetta)? Elettyään grihastan (perheellisen) elämää yksilö etenee vanaprasthaan, kun hän alkaa kokea takertumattomuutta. Ja hänestä tulee sanjaasi (maailmasta luopunut), kun hän omaa täydellisen takertumattomuuden. Kaikki siteet on katkaistu, ja hän antautuu kokonaan Jumalalle. Tämä on todellakin elämän päämäärä."

Toinen oppilas: "Sanotaan myös, että brahmacharyasta voi siirtyä suoraan sannyasaan, mikäli omaa täyden takertumattomuuden."

Amma (nauraen): "Varmasti, mutta vanhemmat eivät salli sitä, siinä kaikki. Joidenkin ashramin lasten täytyi ylittää voimallinen vastarinta voidakseen jäädä tänne."

Oppilas. "Amma, ansaitsemmeko me oivallusta lainkaan? Olemme pahoillamme, että olemme niin maallisen elämän vankeja."

Amma: "Älkää ajatelko tuolla tavoin, rakkaat lapseni! Ajatelkaa, että tämä on tarkoitettu poistamaan kaikki esteet tiellänne Jumalaan. Kun lähdemme matkalle ja näemme jonkin sulkevan tiemme, poistamme esteen ja jatkamme kulkuamme. Jos emme tee näin, se jää sinne ja on aina esteenämme. Maallinen elämä auttaa meitä poistamaan sisällämme olevat halut ja vihan. Toisinaan Amma suosittelee avioliittoa niille lapsilleen, joiden vasanat ovat hyvin voimakkaita. Jos vasanat painetaan väkisin alas, ne työntyvät ennemmin tai myöhemmin esille. Meidän tulee ylittää ne. Perhe-elämä tarjoaa tähän mahdollisuuden.

Mielen voimaa tulee lisätä mietiskelyn avulla. Jos lapsukainen kaatuu opetellessaan kävelemään, se nousee ylös ja jatkaa kävelemistä. Jos se jää siihen makaamaan, se ei koskaan edisty. Perhe-elämän tarkoituksena ei ole viedä meitä kauemmaksi Jumalasta vaan lähemmäksi Häntä. Käyttäkää sitä tähän tarkoitukseen, lapset, älkää kantako turhaan huolta.

Perhe-elämä sallii meidän voittaa vasanamme. Älkää hukkuko vasanoihinne; ymmärtäkää, mitä ne ovat ja menkää niiden tuolle puolen. Me pääsemme päämäärään vain, jos saavutamme täyden takertumattomuuden vasanoihimme nähden. Tunnemme tyytyväisyyttä saatuamme osuutemme payasamista, mutta hieman myöhemmin haluamme sitä kaksi kertaa enemmän. Kun olemme ymmärtäneet kaipuun todellisen luonteen, mieli ei enää mene tuohon suuntaan. Koskisiko kukaan enää payasamiin, kun sisilisko on pudonnut siihen?

Kun vasanat vetävät meitä puoleensa, mieli vastustaa niitä tietäessään, etteivät ne ole ilon todellinen lähde vaan että ne tuovat meille vain surua. Tämä tieto tulee kylvää voimallisesti mieleemme ja älyymme. Lapseni, älkää antako elämän mennä hukkaan olemalla mielen orjia! Älkää hylätkö mittaamattoman arvokasta jalokiveä karamellin takia. Mielemme hiljenee, jos emme anna aistinautinnoille niin paljon merkitystä kuin teemme nyt.

Älkää olko huolissanne, vaikka teillä ei olisikaan heti voimaa toimia näin. Istukaa päivittäin hetkinen yksinäisyydessä ja ajatelkaa tätä omaksuen tarkkailijan asenteen. Tehkää tästä säännöllinen tapa. Tulette varmasti saamaan voiman, jota tarvitsette. Teidän ei auta vain itkeä ja valittaa, että olette liian heikkoja. Kyllä te löydätte siihen tarvitsemanne voiman. Sitten kykenette kohtaamaan minkä tahansa haasteen epäröimättä. Lapseni, älkää vuodattako kyyneleitä ajatellen, että olette arvottomia. Sellainen vie vain voimanne.

Poikani, älä kadu sitä, että sinusta ei tullut brahmacharia tai ettet voi olla Amman kanssa kaiken aikaa. Te lapseni olette kuin kasvin lehdet. Jotkut lehdistä ovat lähellä kukkaa ja toiset kaukana siitä, mutta kaikki lehdet kuuluvat samaan kasviin. Samalla tavoin kaikki ovat Amman lapsia, älkää epäilkö sitä hetkeäkään. Älkää olko pahoillanne siitä, ettette voi nauttia Amman fyysisestä läheisyydestä olemalla hänen kanssaan. Myös te voitte saavuttaa päämäärän jonakin päivänä."

Oppilas: "Eikö meidän elämämme ole silti mennyt hukkaan, olemalla kaikkien näiden maallisen halujen vankina?"

Amma: "Miksi sinun pitäisi olla pahoillasi menneestä? Etene tiellä uskoen vakaasti.

Olipa kerran puunhakkaaja. Hän oli hyvin köyhä. Joka päivä hän meni metsään, hakkasi polttopuita, teki siitä hiiltä ja toi sen sitten varastoon myytäväksi polttoaineena. Tällä tavoin hän ansaitsi itselleen hyvin pienen toimeentulon, joka ei alkuunkaan riittänyt edes hänen vatsansa täyttämiseen. Hänen asumuksensa oli vanha, mätänevä ja vuotava maja. Koska hänen terveytensä ei sallinut hänen työskennellä yhtään enempää, hän oli aina epätoivoinen. Eräänä päivänä kuningas sattui kulkemaan kylän poikki. Hän kuuli köyhän puunhakkaajan surullisesta tilanteesta. Kuningas sanoi hänelle: 'Tästä eteenpäin sinun ei tarvitse enää kamppailla. Annan sinulle santelipuumetsän. Voit elää mukavasti niillä tuloilla, jotka saat siitä.'

Seuraavana päivänä puunhakkaaja meni metsään kuten ennenkin. Koska hänellä oli nyt metsänsä, hänen ei tarvinnut kulkea enää ympäriinsä etsimässä puuta, jonka olisi voinut hakata polttopuuksi. Hän kaatoi muutamia santelipuita, teki niistä hiiltä ja toi ne polttoainevarastoonsa niin kuin ennenkin. Hän ei kuitenkaan tienannut tästä yhtään aiempaa enempää. Muutamia vuosia myöhemmin kuningas tuli jälleen kylään. Hän tiedusteli miestä, jolle oli antanut santelipuumetsän. Kuningas odotti tämän olevan nyt rikas mies. Hän oli hämmästynyt nähdessään puunhakkaajan. Jos mahdollista mies oli entistäkin köyhempi. Onnellisuus ei loistanut hänen kasvoiltaan, ja hän oli jopa unohtanut miten nauretaan. Kuningas kysyi häneltä tyrmistyneenä: 'Mitä sinulle on tapahtunut? Mitä teit metsälle, jonka sinulle annoin?' Mies vastasi: 'Kaadoin puut ja myin ne edelleen hiilenä.' Kuningas ei voinut uskoa, että mies oli luovuttanut arvokkaat puut asiakkailleen mitättömästä rahasummasta. 'Onko puita enää jäljellä?' hän tiedusteli. 'On niitä vielä yksi', mies vastasi. Kuningas sanoi: 'Voi sinua hullua! Minähän annon sinulle metsän, joka oli täynnä santelipuuta. Ei sitä ollut tarkoitettu käytettäväksi polttoaineena! Hyvä on, edes yksi puu on jäljellä. Kaada se, mutta älä tee siitä polttoainetta vaan myy se sellaisenaan. Saat siitä tarpeeksi rahaa elääksesi lopun elämääsi mukavasti.' Seuraten kuninkaan neuvoa puunhakkaaja eli mukavasti siitä eteenpäin.

Lapseni, te haluatte tuntea Jumalan. Se riittää. Elämänne saa täyttymyksensä. Riittää, että elätte kunnollista elämää tästä eteenpäin."

Eräs nainen tuli kahden pienen lapsensa kanssa Amman luo. Hän laittoi päänsä Äidin syliin ja alkoi katkerasti itkien kertoa surullista tarinaansa.

Hänen aviomiehensä oli aloittanut liiketoiminnan rahalla, jonka oli lainannut kohtuuttomalla korolla. Liiketoiminta ei kannattanut. He myivät maansa ja panttasivat naisen korut maksaakseen velkansa. Heillä ei ollut rahaa hakea koruja pois, minkä tähden ne myytiin huutokaupassa. Luotonantajien painostuksesta he joutuivat myymään talonsa ja vuokrasivat toisen paikan. Nyt heillä ei ollut rahaa edes maksaa vuokraansa. Nainen oli päättänyt tehdä itsemurhan yhdessä lastensa kanssa, mutta sitten hän oli kuullut ystävältään Ammasta ja tuli tapaamaan häntä.

Hän sanoi silmät kyynelissä: "Amma, tiedätkö, kuinka mukavaa elämää me elimme? Mieheni on tuhonnut kaiken. En voi enää asua siellä, meillä ei ole rahaa vuokraan. Kaikilla sukulaisillani menee hyvin. Kuinka voin enää näyttää naamaani heille? Joten olen päättänyt lopettaa elämäni ja myös lasteni elämää."

Amma: "Tyttäreni, sinun ei tarvitse kuolla tämän takia. Onko kuolema meidän käsissämme muutenkaan? Ja onko sinulla oikeutta lopettaa lastesi elämä?

Lapseni, siellä missä on savua, on myös tulta. Siellä missä on haluja, on myös suru. Aivan niin kuin aurinko ja sen kuumuus. Te halusitte loistokkaan elämän, niinpä aloititte ison liiketoiminnan. Se aiheutti kärsimyksenne. Jos olisitte oppineet olemaan tyytyväisiä siihen mitä teillä oli, ongelmia ei nyt olisi. Elämä on täynnä onnellisuutta ja surua. Ei ole olemassa elämää, joka olisi vain täynnä onnea tai vain täynnä surua.

Kaikelle on aikansa. Tiettyinä aikoina elämässämme kaikki, mitä aloitamme epäonnistuu. Ei ole syytä romahtaa, kun niin käy. Turvaudu voimallisesti Jumalaan. Hän on meidän ainoa turvamme. Hän näyttää meille tien ulos vaikeuksistamme. Ainakin sinulla on terveytesi, voit tehdä työtä ansaitaksesi elantosi. Jumala järjestää asian. Ei ole syytä istua nurkassa itkemässä, se vain vie kaiken voimasi ja tuhoaa terveytesi. Älä murehdi sitä, mikä on ollutta ja mennyttä, tyttäreni! Menneen muisteleminen ja sureminen on kuin syleilisi kuollutta ruumista. Mennyt ei koskaan enää palaa. Emme tiedä tulevaisuudestakaan mitään. Sen sijaan että hukkaisit aikasi ja terveytesi mennyttä surren ja tulevaa murehtien, sinun tulisi voimistaa nykyhetkeä. Tuhoat nykyhetken märehtimällä mennyttä ja tulevaa. Vain Paramatman (korkein tietoisuus) tuntee nuo kolme – menneen, nykyisen ja tulevan. Siksi sinun pitäisi antaa nuo kaikki kolme Hänen käsiinsä ja mennä elämässäsi eteenpäin Häntä jatkuvasti muistaen. Tällä tavoin kasvoillasi loistaa aina hymy.

Kuvittele, että joku syö jäätelöä. Syödessään hän ajattelee: 'Mennessäni eilen ravintolaan ruokaa ei ollut peitetty. Putosikohan torakka tai sisilisko ruokaan? Johtuikohan tämänaamuinen päänsärkyni siitä, että söin tuota ruokaa ravintolassa? Aamulla poikani pyysi jälleen uusia vaatteita. Miten voisin ostaa hänelle niitä? Eihän minulla ole rahaa. Olen unelmoinut pitkään paremmasta talosta. Mutta en ansaitse riittävästi. Tilanne parantuisi, jos saisin paremman työpaikan!' Tässä vaiheessa jäätelö oli syöty. Oltuaan uppoutuneena ajatuksiinsa mies ei ollut kyennyt nauttimaan sen mausta. Mennyt häiritsi hänen mieltään ja tulevaisuus huolestutti häntä; näin hän menetti miellyttävän nykyhetken. Jos hän sen sijaan olisi unohtanut menneen ja tulevan ja elänyt nykyhetkessä, hän olisi voinut nauttia jäätelön mausta. Siksi maistele jokaisesta hetkestä, kun kuljet eteenpäin elämässäsi, lapseni. Luovuta kaikki Jumalalle ja toivota hymyssä suin kaikki tilanteet tervetulleiksi. Unohda mennyt ja tuleva, ja käsittele tarkkaavaisesti sitä mikä tapahtuu tällä hetkellä.

Jos epäonnistut, nouse ylös ja jatka innostuksella eteenpäin. Ajattele, että epäonnistumisesi tarkoitus oli tehdä sinusta entistä tarkkaavaisempi. Ajattele, että menneisyys on kuin mitätöity sekki. Ei ole mitään järkeä murehtia sitä. On hyödytöntä vain istua aloillaan ja surra saamiaan haavoja; sinun on laitettava haavoihisi lääkettä niin pian kuin mahdollista.

Tyttäreni, kukaan ei tuo tullessaan tähän maailmaan mitään, eikä kukaan vie täältä mukanaan mitään. Me saamme kaiken täällä ollessamme ja menetämme sen sitten. Siinä kaikki. Oivallettuamme, että elämän luonne on tällainen, emme menetä voimaamme murehtimiseen. Mielenrauha on todellinen omaisuutemme, tyttäreni. Tuota omaisuutta meidän tulisi oppia vaalimaan. Ole täällä kunnes miehesi saa töitä. Myös lapsesi voivat oleilla täällä. Lopeta huolehtiminen!"

Käsillään Amma pyyhki pois naisen kyyneleet ja kaikki hänen huolensa.

Toinen nainen sanoi: "Amma, olen hyvin suruissani tuntiessani kyvyttömyyteni liittää mieleni Jumalaan. Monet pahat ajatukset täyttävät mieleni ja häiritsevät minua."

Amma: "Tyttäreni, älä kiusaa itseäsi pahoilla ajatuksilla. Mieli on vain kasauma ajatuksia. Ajattele, että pahat ajatukset tulevat, koska niiden on aika kadota. Mutta ole varovainen, ettet samastu niihin.

Matkustaessamme bussilla näemme monia miellyttäviä asioita matkan varrella: mukavia taloja, sieviä kukkia, kauniita puutarhoja ja niin edelleen. Emme kuitenkaan kiinnity niihin, annamme niiden mennä ohitsemme, sillä ne eivät ole todellinen päämäärämme. Meidän on opittava näkemään samalla tavoin ajatukset, jotka kulkevat mielen poikki. Katsele niitä, mutta älä ole niihin yhteydessä. Älä kiinnity niihin. Voimme seistä rannalla ja katsella, kuinka joki virtaa. Jokea on mielenkiintoista katsella, mutta jos hyppäämme virtaan, menetämme voimamme. Kehitä itsellesi kyky seistä taka-alalla tarkkaillen, kun ajatukset kulkevat mielesi poikki. Se tekee mielestäsi vahvan."

Nainen, joka oli kuunnellut Äidin puhetta, sanoi: "Amma, kun joudumme perhe-elämän verkkoon, on vaikea pyristellä vapaaksi, yritimmepä kuinka paljon hyvänsä!" Amma: "Lintu istuu puun kuivalla oksalla ja syö hedelmäpalaa, jonka se on löytänyt jostakin. Se tietää, että oksa saattaa katketa milloin hyvänsä, niinpä se on kaiken aikaa tarkkaavainen oksalla istuessaan. Sinun pitäisi ymmärtää, että tämä maailma on luonteeltaan tuollainen. Kaikki on mahdollista menettää millä hetkellä hyvänsä. Muista se, lapseni. Pidä huoli siitä, että pitäydyt siihen tosiasiaan, että ainoastaan Jumala on ikuinen. Silloin sinulla ei ole syytä suruun.

Jos olemme tietoisia siitä, että ympärillämme räjähtelee ilotulitusraketteja, seuraava voimakas räjähdys ei saa meitä säpsähtämään ja menettämään tasapainoamme. Samalla tavoin, jos ymmärrämme maailman todellisen luonteen, emme kadota mielenrauhaamme. Meidän pitäisi tehdä velvollisuutena kaikki, mikä on määrätty tehtäväksemme, ja edetä samastumatta mihinkään.

Katso pankinjohtajaa. Katso ihmisiä, jotka työskentelevät hänen alaisuudessaan. Pankinjohtajan on huomioitava heidät ja hänen on oltava tekemisissä myös kaikkien lainananojien kanssa, jotka tuovat hänelle suuren määrän hakemuksiin liittyviä asiakirjoja. Jos johtaja hurmaantuu hakijoitten hymystä ja kohteliaisuuksista, ja antaa kaikille lainan tutustumatta asiapapereihin huolellisesti, hän päätyy vankilaan. Hän tietää, että osa näistä ihmisistä on tullut hänen luokseen pyrkien saamaan rahat kaikin mahdollisin keinoin. Hän tietää, että pankin rahat eivät ole hänen omiaan, silti hän ei anna niitä kenelle hyvänsä, joka sattuu pyytämään. Hän ei ole vihainen kenellekään eikä hän epäröi antaa lainaa niille, jotka sen ansaitsevat. Hän yksinkertaisesti huolehtii velvollisuuksistaan kunnolla, siinä kaikki, ja sen jälkeen hänellä ei ole mitään syytä olla huolissaan.

Meidän kaikkien pitäisi olla tuollaisia. Meidän pitäisi tehdä kaikki vilpittömästi ja innostuksella. Meidän ei pitäisi lannistua tai tulla laiskoiksi ajatellen, että mikään ei tule lopulta olemaan omaamme. Meidän pitäisi tehdä oma työmme velvollisuutenamme, shraddhalla. Emme saa tuntea vastenmielisyyttä sitä kohtaan. Näe kaikki Paramatmanin ilmentymänä. Kaikki on samaa Perimmäistä. Etkö ole nähnyt karamellejä, jotka on kääritty erivärisiin käärepapereihin – punaisiin, valkoisiin, sinisiin ja vihreisiin? Ne näyttävät erilaisilta ulkoapäin tarkasteltuna. Lapset taistelevat suosikkivärinsä puolesta: 'Minä tahdon sinisen', 'Minä tahdon punaisen' ja niin edelleen. Lapsi joka haluaa punaisen, ei ole onnellinen, jos hänelle annetaan sininen. Hän itkee kunnes saa punaisen. Mutta kun käärepaperit otetaan pois, kaikki karamellit maistuvat samalta. Me olemme noiden lasten kaltaisia. Emme ajattele karamellia, hurmaannumme erilaisista kääreistä ja taistelemme niistä. Todellisuudessa kaikkien elävien olentojen sisällä oleva tekijä on sama. Vaikka ulkoinen muoto ja väri saattaa vaihdella, korkein tekijä ei vaihdu. Emme kykene ymmärtämään tätä, koska olemme menettäneet lapsenkaltaisen viattomuutemme ja sisäisen puhtautemme.

Sanokaamme, että joku on vihainen meille tai käyttäytyy vihamielisellä tavalla. Jos reagoimme häneen tai rankaisemme häntä, on se kuin sohaisisimme haavaa, joka hänellä on kädessään, ja suurentaisimme sitä, sen sijaan että laittaisimme siihen lääkettä ja parantaisimme sen. Haavan mätä tahrii myös oman kehomme ja saa sen haisemaan. Hänen egonsa voimistuu ja meidän tietämättömyytemme syvenee. Jos sen sijaan annamme hänelle anteeksi, on se kuin laittaisimme lääkettä hänen haavaansa, mikä tekee samalla omasta mielestämme laaja-alaisemman. Sen tähden, lapseni, eläkää rakkauden ja anteeksiannon elämää. Tämä kaikki saattaa tuntua kovin vaikealta, mutta jos yritätte, onnistutte varmasti."

Oppilas: "Amma, kuinka voimme löytää aikaa meditaatiolle ja japalle perhe-elämän velvollisuuksien keskellä?" Amma: "Mikään ei ole vaikeaa hänelle, joka todella haluaa sitä. Sinulla täytyy olla vilpitön halu toimia siten. Sinun pitäisi viettää ainakin yksi päivä viikosta yksinäisyydessä sadhanaa tehden. Sinulla saattaa olla velvollisuuksia ja työtehtäviä. Silloinkin tulisi varata yksi päivä tähän tarkoitukseen. Etkö otakin sairaslomaa, jos et voi hyvin, vaikka sinulla olisikin keskeneräisiä töitä? Etkö ota vapaapäivän voidaksesi osallistua sukulaisesi häihin? Kuinka paljon tärkeämpää tämä on! Joten mene ashramiin ainakin yhtenä päivänä viikossa ja harjoita sadhanaa ja sevaa. Tuo päivä opettaa sinua voimistamaan rakkautta ja yhteenkuuluvuuden tunnetta myös perhettäsi kohtaan.

Kun lapsenne tekevät tuhmuuksia, selittäkää heille asiat rakastavasti. Lapsuus on elämän perusta. Jos emme huomioi lapsiamme ja osoita heille rakkautta ja myötätuntoa, he saattavat joutua harhateille. Vanhempien pitäisi muistaa olla erityisen rakkaudellisia pieniä lapsiaan kohtaan, aivan kuin kastelisivat haurasta nuorta kasvia. Kun lapset kasvavat ja ovat löytäneet töitä, vanhempien pitäisi luovuttaa perhevelvollisuudet heille ja vetäytyä elämään ashramissa ja harjoittaa sadhanaa yksinäisyydessä. Puhdista mieli palvelutyön avulla. Sinun ei ole viisasta takertua kotiisi ja lapsiisi siihen saakka, kun henkäiset viimeisen kerran. Kun lapsesi ovat kasvaneet aikuisiksi, halu nähdä lapsenlapsesi ja auttaa heidän kasvattamisessaan tulee voimakkaaksi. Kaikki elävät olennot maan päällä onnistuvat kasvamaan ja säilymään hengissä. Eikö? Eivät ne odota apua. Jätä lapsesi Jumalan käsiin. Niin rakastavien vanhempien tulee tehdä. Se on todellista rakkautta.

Tähän asti me olemme raataneet 'oman itsemme ja lastemme hyväksi'. Tässä suhteessa meidän ja eläinten välillä ei ole eroa. Mikä sitten on tämän arvokkaan ihmiselämämme hedelmä? Tästä eteenpäin meidän pitäisi työskennellä 'sinun hyväksesi'. Silloin 'minä' hiljalleen katoaa aivan itsestään. Samalla katoavat meidän huolemme ja murheemme.

"Miksi me junaan noustuamme kantaisimme matkatavaroitamme edelleen ja valittaisimme miten painavia ne ovat? Voimme laskea laukut alas. Samalla tavoin opettele turvautumaan Korkeimpaan, luovuttamaan kaikki Hänelle.

Jos kerran viikossa ei sovi, niin ainakin kaksi kertaa kuukaudessa pitäisi viettää ashram -ympäristössä japalle, meditaatiolle ja palvelutyölle omistautuen. Jumalan muistaminen on elämän todellinen perusta. Ajan kuluessa on mahdollista vapautua kaikista siteistä, aivan kuin käärme joka kuoriutuu nahastaan, ja sulautua Jumalaan. Noudata säännöllistä itsekuria. Jotkut sanovat, että maailma ympärillämme on myös Brahmania, miksi siis vetäytyä siitä? Kyllä, kaikki on Brahmania, mutta olemmeko saavuttaneet tuon tason? Jumala ei näe vikaa kenessäkään. Hän näkee vain hyvää kaikessa. Kun omaksumme saman asenteen, silloin sillä, että sanomme 'kaikki on Brahmania', on jotakin merkitystä. Mikäli tuhannen virheen joukossa on vain yksi asia oikein, niin Jumala näkee vain tuon yhden asian.

Gurulla oli kaksi opetuslasta. Hänellä oli tapana antaa toiselle heistä enemmän tehtäviä ashramissaan. Toinen opetuslapsista ei pitänyt tästä, koska hän piti itseään ashramin parhaana opetuslapsena. Hän alkoi vieroksua ensimmäistä opetuslasta. Eräänä päivänä hän kysyi gurulta: 'Miksi et anna minun hoitooni ashramin asioita. Voin hoitaa nämä asiat paremmin kuin hän.'

Guru kutsui molemmat opetuslapset luokseen ja pyysi heitä lähtemään ashramista ja tutkimaan ihmisten luonnetta. Kun ensimmäinen opetuslapsi oli kävelyllä, hän näki miehen, joka antoi makeisia ja lohdutti pientä lasta tien vierellä. Tiedusteltuaan asiaa hän sai tietää, että mies oli itse asiassa murhaaja. Silti opetuslapsi oli tyytyväinen miehen hyvään puoleen. Kävellessään eteenpäin hän näki jonkun antavan vettä vanhalle miehelle, joka makasi tien sivussa nälän ja janon heikentämänä. Opetuslapsi sai tietää, että mies joka toimi näin, oli varas. Hän oli iloinen siitä, että jopa varas tunsi myötätuntoa. Seuraavaksi hän näki naisen pyyhkivän toisen naisen kyyneleitä ja lohduttavan tätä. Ystävällinen nainen oli prostituoitu. Opetuslapsi ei voinut ylenkatsoa prostituoitua, sillä hän näki myötätuntoa myös hänen sydämessään. Opetuslapsi palasi gurun luo kertoen kaikesta, ylistäen erityisesti hyviä tekoja, jotka oli nähnyt. Myös toinen opetuslapsi palasi samoihin aikoihin. Hän kertoi erään miehen hakkaavan lasta. Seuraavaksi hän oli nähnyt jonkun moittivan kerjäläistä. Ja sitten hän oli nähnyt erään sairaanhoitajan, joka oli ollut hyvin karkea potilasta kohtaan. Tämä kaikki synnytti opetuslapsen sydämessä vihaa näkemiään ihmisiä kohtaan. Miehellä, joka oli lyönyt lasta, oli itse asiassa suuri sydän. Hän oli ruokkinut ja vaatettanut monta köyhää lasta ja maksanut heidän koulutuksensa. Tällä nimenomaisella lapsella oli taipumus varastaa tavaroita. Puhuminen ei auttanut ja niinpä mies päätti lopulta kurittaa häntä, jotta hän huomaisi virheensä. Mutta opetuslapsi ei kyennyt näkemään sille oikeutusta. Hän ajatteli itsekseen: 'Onko kellään, olipa tämä sitten kuinka hyväsydäminen tahansa, oikeutta lyödä lasta? Hän on paha mies!'

Toinen mies, jonka hän oli kohdannut, antoi aina jalomielisesti toisille. Hän oli nähnyt terveen miehen kerjäävän, ja niinpä hän yritti taivutella tätä käyttämään Jumalan antamia lahjojaan työn tekemiseen oman toimeentulonsa hyväksi. Opetuslapsi ei hyväksynyt tätäkään. Hän ajatteli: 'Olipa joku kuinka jalomielinen hyvänsä, mikä oikeus hänellä oli sättiä toista? Jos hän ei halunnut antaa tälle mitään, olisi vain lähettänyt kerjäläisen matkoihinsa.'

Ja viimein sairaanhoitaja, jonka opetuslapsi oli nähnyt, rakasti potilaitaan hyvin paljon. Hän hoiti heitä yötä päivää. Tämä potilas tapasi ottaa siteensä pois. Se hidasti haavojen parantumista. Sairaanhoitaja moitti häntä rakkaudesta. Opetuslapsi ei kuitenkaan pitänyt tästäkään: 'Sairaanhoitajan oli täytynyt laittaa jotakin lääkettä, joka sai haavat haisemaan pahalle, siksi potilas varmaankin otti siteet pois. Ja hän vieläpä sätti potilasta sen vuoksi. Ilkeä nainen!' Kuunneltuaan molempien opetuslastensa selityksiä guru sanoi: 'Tässä maailmassa kukaan ei ole kokonaan paha. Kuinka paha jonkun sanotaankin olevan, hänessä on silti jotakin hyvää. Toinen teistä kykeni näkemään hyvää murhaajassa, varkaassa ja prostituoidussa. Jos meissä on hyvyyttä, näemme sitä myös toisissa. Tuollaiset silmät me tarvitsemme.' Sitten guru sanoi toiselle opetuslapselle: 'Poikani, sinä näit oman luonteesi toisissa. Sinä näit vain pahoja asioita, jopa heissä, joissa oli paljon hyvää. Sinä päivänä, jolloin oma luonteesi muuttuu, kykenet näkemään hyvää kaikessa.'

Tällä hetkellä mielemme on tuon toisen opetuslapsen kaltainen. Vaikka olisi tuhat hyvää asiaa, emme näe niitä, näemme vain yhden virheen. Mutta Jumala näkee vain sen, mikä on hyvää änen lapsissaan. Vasta kun meillä on tällainen asenne, voimme sanoa, että kaikki on Brahmania tai kaikki on Jumalaa.

On ihmisiä, jotka sanovat: 'Eikö guru ole sisällämme? Eikö riitä, että seuraamme omaa mieltämme? Miksi meidän pitäisi turvautua johonkuhun toiseen? On totta, että guru on sisällämme, mutta tuo ´guru´ on tällä hetkellä vasanoittemme orja. Mielemme ei ole hallinnassamme, vasanamme hallitsevat sitä. Niinpä on vaarallista seurata omaa mieltämme.

Amma kertoo teille tarinan miehestä, joka lähestyi useita eri guruja. He kaikki puhuivat hänelle nöyryydestä, uskosta ja antaumuksesta. Mies ei pitänyt tästä. 'En halua olla kenenkään orja', hän päätti. Hän istuutui tien vierelle ja sanoi itselleen: 'Yksikään näistä guruista, jotka olen tavannut, ei ole sopiva ohjaamaan minua.' Ajatellessaan näin hän katsahti ylös ja näki lähettyvillä laiduntavan kamelin nyökkäävän. Mies oli hämmästynyt siitä, että kameli ymmärsi mitä hän ajatteli. 'Tässä täytyy olla guru, jota olen etsinyt', hän ajatteli. Hän meni kamelin luo ja kysyi: 'Oletko sinä minun guruni?' Kameli nyökkäsi jälleen. Mies oli onnellinen. Tämän jälkeen hän ei tehnyt enää mitään kysymättä ensin kameligurulta. Kameli antoi hyväksyntänsä kaikelle nyökyttämällä päätään. Eräänä päivänä hän kysyi kamelilta: 'Olen tavannut tytön. Voinko rakastaa häntä?' Kameli nyökkäsi. Muutaman päivän kuluttua hän palasi kamelin luo ja kysyi: 'Menenkö hänen kanssaan naimisiin?' Kameliguru antoi suostumuksensa myös tähän. Muutamia päiviä kului. Seuraava kysymys kuului: 'Sopiiko, että juon hieman?' Kameli nyökkäsi jälleen. Mies tuli kotiin joka päivä juovuksissa. Pian siitä tuli tapa. Hänen vaimonsa ei pitänyt siitä. Mies meni gurun luo ja kysyi, sopisiko hänen tapella vaimonsa kanssa. Jälleen guru antoi luvan. Pian mies tuli takaisin kysyäkseen: 'Vaimoni ei pidä juomisestani. Tapanko hänet?' Kameli nyökytti päätään jopa tässä tilanteessa. Mies kiirehti kotiin ja puukotti vaimoaan haavoittaen tätä vakavasti. Poliisi tuli ja pidätti hänet. Hänelle annettiin elinkautinen.

Mielemme on kuin tämä kameliguru. Sille ei ole olemassa oikeaa eikä väärää. Se hyväksyy kaiken mikä vain miellyttää sitä. Eikä se ajattele seurauksia. Jos olemme riippuvaisia mielestä, joka on vasanoittemme orja, joudumme kokemaan ikuista vankeutta. Tällä hetkellä älymme ei omaa erottelukykyä, joten meidän on parasta seurata todellisen gurun ohjeita. Teemme tänä päivänä vääriä asioita sen tekosyyn varjolla, että Jumala saa meidät tekemään niitä. Ei ole oikein, että vaadimme gurun suostuvan kaikkeen mitä teemme. Vain hän, joka seuraa gurun neuvoja kysymättä, kykenee saavuttamaan päämäärän. Hän on todellinen opetuslapsi.

Siinä missä kilpikonna hautoo muniaan ajattelemalla niitä, gurun ajatus riittää viemään opetuslapsen päämäärään. Satguru on hän, joka on oivaltanut totuuden. Hänen ohjeidensa seuraaminen vie meidät korkeammalle, vaikka meistä tuntuisi epämukavalta toimia siten juuri tällä hetkellä. Ne 'gurut', jotka suostuvat kaikkiin opetuslastensa toiveisiin, eivät ole todellisia guruja. He osaavat vain nyökyttää päätään niin kuin tuo kameli. Eivät he ajattele opetuslastensa kehitystä."

Oppilas: "Amma, eivätkö pyhät kirjoitukset sano, että 'kaikki on Brahmania'?"

Amma: "Mutta me emme ole saavuttaneet tuota tasoa! Siksi meidän on toimittava erottelukykyisesti. Ei ole viisasta mennä lähelle raivotautista koiraa sanoen, että kaikki on Jumalaa. Ystävä, joka kehottaa sinua pysyttelemään kaukana koirasta, on myös Jumala. Jos sinulla ei ole erottelukykyä päättääksesi, mikä on oikeanlaisen toiminnan suunta tässä tilanteessa, elämäsi tuhoutuu.

Niin kauan kuin emme ole kokeneet sitä, mitä hyötyä on sanoa, että 'kaikki on Brahmania'? Ajattele kaikkia erilaisia tavaroita, jotka on valmistettu bamburuo'osta. Ruokoa on tuolissa, samoin pöydässä ja korissa. Samalla tavoin kultaa on sormuksessa, rannerenkaassa ja korvakoruissa. Meidät hurmaa kuitenkin yleensä esineitten ulkoinen muoto. Heitä, joita ei kiehdo muoto, näkevät kullan kaikessa. Meidän on kehitettävä itsellemme tällainen näkökyky. Meidän on käsitettävä, että kaikki pitää sisällään saman totuuden, Brahmanin. He, jotka ovat saavuttaneet tuon tason, eivät kykene tekemään mitään väärää. He, jotka vain puhuvat Brahmanista, mutta eivät ole kokeneet sitä, ovat niitä jotka tekevät virheitä.

Advaita (ei-kaksinaisuus) on tila, jossa on vain yksi. Se on tila, jossa spontaanisti näet kaiken olevan samaa kuin oma Itsesi. Se ei ole jotakin mistä puhutaan, se on tila joka pitää kokea.

Kerran eräs mies lainasi rahaa useilta ihmisiltä ja osti saaren. Hän rakennutti sinne itselleen palatsin. Kuka hyvänsä hänen luonaan vierailikin, hän puhui tälle vain palatsistaan ja omasta tärkeydestään. Eräänä päivänä sanjaasi saapui sinne pyytämään *bhikshaa* (almua). Rikkaasta miehestä tuntui, että sanjaasi ei osoittanut hänelle tarpeeksi arvonantoa, mikä ärsytti häntä kovasti. Hän sanoi sanjaasille: 'Tiedätkö, kuka omistaa tämän saaren, palatsin ja kaiken täällä? Kaikki tämä kuuluu minulle. Minä hallitsen kaikkea tätä. Kukaan ei osoita minulle tarpeeksi arvonantoa!" Sanjaasi kuunteli kärsivällisesti ja kysyi sitten: 'Kuuluuko kaikki täällä sinulle?' 'Kyllä', kuului vastaus. 'Todellako?' 'Kyllä, todella.' Sanjaasi sanoi: 'Kenen rahoilla ostit kaiken tämän? Esitä tämä kysymys omalletunnollesi!' Rikas mies joutui hämilleen. Hän oivalsi virheensä, että tosiasiassa mikään ei kuulunut hänelle. Hän lankesi *sadhun* (vaeltavan kerjäläismunkin) jalkojen juureen.

'Tieto', joka meillä on nyt, ei ole saavutettu sadhanan avulla. Olemme vain lukeneet, mitä toiset ovat kirjoittaneet, ja sitten istuskelemme mutustelemassa: 'Minä olen Brahman.' Sanomme 'että minä olen Brahman', mutta emme osoita myötätuntoa, nöyryyttä tai anteeksiantoa ketään kohtaan. Tällaisilla ihmisillä ei ole oikeutta edes mainita sanaa 'Brahman.'

Jos koulutat papukaijan, myös se sanoo: 'Brahman, Brahman'. Mutta jos kissa sattuu paikalle, papukaija osaa vain kirkua kauhusta. Se kuolee kirkunaansa. Sen sijaan, että vain toistamme 'Brahman' -sanaa, meidän on omaksuttava tuo periaate. Meidän on istutettava se mieleemme jatkuvan mietiskelyn avulla. Tuo periaate on myötätunnon ja avaramielisyyden symboli. Se on koettava. Niiden jotka ovat kokeneet sen, ei tarvitse sanoa kaiken aikaa: 'Minä olen Brahman.' Me voimme tuntea tuon ominaislaadun heissä pelkästään tulemalla heidän lähelleen. Heidän hymynsä säilyy kaikissa tilanteissa.

Tällä hetkellä Jumala meissä on kuin puu siemenen sisällä. Miltä kuulostaa, jos siemen väittää: 'Minä olen puu?' Puu on siemenessä, mutta sen täytyy mennä maan pinnan alle, minkä jälkeen se kasvattaa ensin verson ja sitten kasvaa puuntaimeksi. Kun siitä tulee puu, voimme sitoa jopa elefantin siihen, mutta jos emme suojaa siementä, lintu syö sen. Korkein tekijä on todellakin meissä, mutta meidän täytyy tuoda se kokemuksen tasolle opiskelun ja jatkuvan meditaation avulla.

Kerran nuori mies lähestyi gurua ja pyysi, että hänet hyväksyttäisiin opetuslapseksi. Kyse oli ashramista, missä oli paljon asukkaita. Guru sanoi nuorukaiselle: 'Henkinen elämä on erittäin kovaa. On parempi, että menet kotiin ja tulet takaisin myöhemmin.'

Nuori mies oli pettynyt. Nähtyään tämän guru sanoi: 'Hyvä on. Mitä työtä osaat tehdä?' Guru ehdotti erilaisia töitä, mutta nuorukainen ei ollut tottunut mihinkään niistä. Lopulta hän sanoi: 'Miksi et pitäisi huolta hevosistamme?'

Nuori mies sanoi: 'Kuten toivot.'

Hän sai vastata hevosista. Uusi opetuslapsi hoiti velvollisuutensa antautuneesti. Pian hevosista tuli vahvempia ja terveempiä.

Guru ei yleensä antanut opetuslapsilleen minkäänlaisia erityisohjeita. Joka aamu hän antoi heille säkeen pohdiskeltavaksi ja sovellettavaksi käytäntöön elämässään. Tällainen oli hänen opetusmetodinsa.

Eräänä aamuna guru aloitti myöhemmin kuin tavallista. Hän antoi opetuslapsilleen heidän päivittäiset säkeensä ja oli juuri lähtemässä matkalle yhdellä hevosista, kun nuori opetuslapsi tuli juosten noutamaan hänen ohjettaan. Hän oli ollut kiireinen töidensä takia, eikä ollut siksi päässyt aiemmin. 'Oi Mestari', hän sanoi, 'mikä on oppimateriaalini tänään?' Guru vastasi tiukasti: 'etkö tiedä, että olen menossa matkalle? Onko tämä sopiva aika tuollaiselle kysymykselle'? Hän nousi hevosen selkään ja ratsasti pois. Nuorukainen ei ollut pettynyt. Hän ryhtyi mietiskelemään gurun sanomaa: 'Etkö tiedä, että olen menossa matkalle? Onko tämä sopiva aika tuollaiselle kysymykselle?' Guru palasi illalla. Hän ei nähnyt nuorta miestä muiden opetuslasten joukossa. Guru tiedusteli hänestä. Toiset sanoivat pilkallisesti: 'Se hassu veikko istuu jossakin mumisten jotakin sellaista, että 'Etkö tiedä, että olen menossa matkalle? Onko tämä sopiva aika tuollaiselle kysymykselle?' Kaikki alkoivat nauraa. Guru ymmärsi, mitä oli tapahtunut. Hän kutsui nuoren miehen luokseen ja kysyi, mitä tämä oikein teki. Hän sanoi: 'Mestari, olen mietiskellyt sitä, mitä sanoit tänä aamuna.' Mestarin silmät täyttyivät kyynelistä. Hän laittoi kätensä tämän päälle ja siunasi hänet. Toiset opetuslapset eivät pitäneet tästä lainkaan. He valittivat: 'Mestari, jätit huomiotta meidät, jotka olemme olleet täällä niin kauan. Miksi annat niin paljon rakkautta tuolle hullulle?'

Guru pyysi yhtä heistä hakemaan jotakin päihdyttävää ainetta. Kun päihdyttävä aine tuli, hän sekoitti sen veteen ja kaatoi sitä hieman jokaisen suuhun ja pyysi heitä sitten sylkäisemään sen ulos välittömästi. Sitten hän tiedusteli: 'Tunsiko kukaan teistä minkäänlaista päihtymystä?'

'Kuinka se olisi voinut olla mahdollista? Sinähän käskit meitä sylkäisemään sen heti ulos.'

Guru sanoi: 'Tuolla tavoin te otitte vastaan minun aamuohjeeni. Kuultuanne mitä olen sanonut, unohdatte sen välittömästi. Nuori mies, josta valitatte, ei ole lainkaan tuollainen. Hän hyväksyy kaiken mitä sanon hänelle, ilman epäilyksen häivääkään. Hänellä on sellaista vilpittömyyttä. Sitä paitsi kun hevoset olivat teidän vastuullanne, ne olivat pelkkää luuta ja nahkaa, koska ette syöttäneet niitä kunnolla. Te ette pesseet niitä, ne olivat niin ärsyyntyneitä, että potkaisivat heti, kun joku vain lähestyikin niitä. Kun annoin hänelle vastuun hevosista, niistä tuli terveitä ja niiden paino nousi. Jos joku lähestyy niitä nyt, ne tulevat lähemmäksi ja osoittavat rakkautta päänsä liikkeellä. Hän ei ole antanut niille ainoastaan ruokaa vaan myös rakkautta. Hän on suorittanut velvollisuutensa vilpittömästi ja säännöllisesti, tehden jokaisen toimen sen itsensä takia. Kaiken lisäksi hän kykenee omaksumaan sanani kokonaisvaltaisesti, kyselemättä.' Lapseni, meidän pitää olla tuollaisia. Meidän ei pitäisi nähdä yhtäkään gurun sanaa merkityksettömänä. Meidän pitäisi olla valmiita pohdiskelemaan hänen sanojaan ja omaksumaan ne kokonaan. Guru ei voi estää armoaan virtaamasta kenellekään, joka toimii tuolla tavoin."

Oppilaitten joukossa oleva nainen kysyi: "Amma, jos jostakusta tulee kiintymätön maailmaa kohtaan sen jälkeen kun hän on mennyt naimisiin, onko sopivaa, että hän jättää vaimonsa ja lapsensa?" Hänen miehensä, joka seisoi hänen vieressään nauroi kuullessaan vaimonsa kysymyksen. Muutkin nauroivat.

Amma (nauraen): "Älä ole peloissasi, tyttäreni. *Mon* (poikani) ei jätä sinua ja tule tänne. Jos hän tulee, laitamme hänet juoksemaan takaisin luoksesi." Kaikki nauroivat.

Amma jatkoi: "Kun olet mennyt naimisiin, et voi noin vain jättää kaikkea ja lähteä. Mutta jos olet saavuttanut voimallisen takertumattomuuden ja jos perheelläsi on riittävästi varallisuutta elää ilman sinua, silloin voit luopua kaikesta. Mutta takertumattomuuden pitää olla todellista, sellaista kuin Buddhalla ja Ramatirthalla oli.

Ei ole koskaan oikein ryhtyä sanjaasiksi paetakseen omia velvollisuuksiaan. Takertumattomuuden tunteen on täytynyt kypsyä. Muussa tapauksessa se olisi kuin haudotun munankuoren rikkominen ennenaikaisesti."

Oppilas: "Amma, en haluaisi lainkaan mennä työhöni. Siellä kun ei anneta lainkaan arvoa totuudelle tai *dharmalle*, ja työtoverini loukkaavat minua eri tavoin, jos en tanssi heidän pillinsä mukaan."

Amma: "Tämä ei ole yksin sinun ongelmasi, poikani. Monet tänne tulevat lapseni valittavat tätä. Näinä aikoina on vaikeaa tehdä työtään rehellisesti. Totuudella ja dharmalla ei ole arvoa, ja siksi me kärsimme sen seurausvaikutuksista. He, jotka menevät maailmaan työskentelemään, joutuvat ylittämään monenlaisia esteitä. He, jotka pitäytyvät totuudessa ja rehellisyydessä, saattavat joutua vaikeuksiin työtovereittensa teoista. Mutta mitä hyödyttää olla pahoillaan ja heikko? Poikani, älä kiinnitä huomiota siihen mitä muut tekevät. Toimi omatuntosi mukaan. Jumala ei hylkää heitä, jotka toimivat tällä tavoin. He, jotka tekevät väärin oman välittömän voittonsa nimissä, eivät ole tietoisia siitä kärsimyksestä, joka odottaa edessäpäin. He joutuvat kokemaan toimiensa seurausvaikutukset, jos ei tänään, niin huomenna."

Amma vaikeni hetkeksi ja kysyi sitten: "Mitä kello on, lapseni?"

Oppilas: "Hieman yli yksitoista."

Amma: "Menkää nukkumaan nyt, lapseni. Amma ei ole lukenut tänä aamuna tulleita kirjeitä. Sallikaa Amman mennä huoneeseensa."

Amma nousi, ja kun hän lähestyi rappuja, jotka johtivat hänen huoneeseensa, eräs oppilas lähestyi juosten ja kumarsi.

Amma: "Poikani, mikä on?"

Oppilas: "Lähden aikaisin aamulla, Amma. En näe sinua ennen sitä. Siksi häiritsen sinua nyt."

Amma (nauraen): "Kuinka tuollainen voisi olla häiriöksi Ammalle?"

Oppilas: "En saanut tilaisuutta kertoa syytä vierailuuni, Amma. Tyttäreni häät ovat ensi viikolla. Kaikki on mennyt hyvin, niin kuin sanoit. Minun ei tarvitse antaa *paisakaan* (yksi sadasosa Intian rupiasta) myötäjäisinä. Poika työskentelee Persianlahden alueella ja sanoo vievänsä tyttäreni sinne. Hänen perheensä tulee taloudellisesti hyvin toimeen."

Tämä mies oli yrittänyt järjestää tyttärensä häitä seitsemän vuoden ajan. Mars-planeetta oli nyt suosiollinen tyttären horoskoopissa. He olivat harkinneet monia avioliittotarjouksia, mutta useimmissa tapauksissa horoskoopit eivät olleet sopineet yhteen. Ja vaikka olisivat sopineetkin, niin avioliittotarjoukset eivät olleet kuitenkaan toteutuneet. Jo kauan isä oli ollut levoton asian suhteen. Sitten hän oli kuullut Ammasta ja tuonut tyttärensä tapaamaan häntä. Amma oli antanut tyttärelle mantran ja sanonut: "Ei ole tarpeen enää juosta ympäriinsä tämän asian takia. Toista tätä mantraa antaumuksella, tyttäreni, ja kaikki tulee menemään hyvin." Kolme viikkoa myöhemmin tuli avioliittotarjous kaukaisen sukulaisen kautta. Horoskoopit sopivat toisiinsa erinomaisesti ja häiden päivämäärästä sovittiin pikaisesti.

"Minulla on tässä vihkisormus poikaa varten. Amma, pyydän, siunaa se." Hän antoi pienen paketin Ammalle, joka kosketti sillä silmäkulmiaan ja ojensi sen sitten takaisin.

Amma meni huoneeseensa. Liilabai, perheellinen oppilas, odotti Amman huoneen ulkopuolella. Hän oli onneton, sillä hänen *talinsa*[3] oli kadonnut jonnekin.

Amma: "Tyttäreni, etkö tuonut sen mukanasi antaaksesi sen Ammalle? Ajattele, että Jumala on ottanut sen. Miksi surra sen takia?"

Liila oli Kottayamista. Hänen nuorin tyttärensä eli ashramissa ja kävi koulua sieltä käsin. Liilan isä ei pitänyt siitä, että hänen tyttärentyttärensä asui ashramissa.

Amma: "Miten isäsi voi?"

Leela: "Hän ei pidä lainkaan siitä, että tulemme tänne. Hän sättii meitä sen vuoksi kaiken aikaa."

Amma: "Mutta sehän on normaalia! Kuka pitää siitä, että hänen tyttärensä perhe kulkee henkistä polkua?"

---

[3] Pieni riipus, jota perinteisesti naimisissa olevat naiset käyttävät.

Leela: "Amma, etkö sinä ole se, joka aiheuttaa tämän kaiken paheksumisen?"

Amma: "Todellako? Kuka niin sanoo?" Hän nauroi.

Amma: "Kun astut henkiselle tielle, tulet kuulemaan monia vastaväitteitä. Vasta kun ylität ne ja menet niiden tuolle puolen, käy ilmi, miten voimakas siteesi Jumalaan on. Jos isäsi on vihainen sinulle, kyseessä on hänen *samskaransa*. Miksi murehtia sitä? Ashramiin tuleminen on sinun *samskarasi* mukaista.

Sanokaamme, että voimakas tuuli ja rankkasateet alkavat juuri, kun olet aikeissa lähteä jonnekin. Jos pelästymme ja pysyttelemme sisällä, emme voi saavuttaa määränpäätämme. Hänen, jolla on vilpitön halu saavuttaa päämäärä, täytyy olla välittämättä esteistä ja edetä. Jos pysyttelet sisällä, se osoittaa, ettet kaipaa päämäärää niin paljon.

Kamppaile päästäksesi päämäärään, ylittäen ne esteet, jotka tiellesi sattuu. Se on todellista rohkeutta. Jokainen sanoo tulee sanomaan oman mielipiteensä, kukin oman taustansa mukaisesti. Anna noille ihmisille vain se arvo, minkä he ansaitsevat, mutta älä vihaa heitä. Ei ole mitään syytä harmitella sitä, mitä he sanovat."

Amma meni huoneeseensa.

Keskiyö pilkisti huoneeseen ikkunanverhojen lävitse. Amma ryhtyi vastaamaan eri puolilla maailmaa olevien lastensa kirjeisiin, moni heistä oli täydessä unessa siihen aikaan. Hän kuivasi sanoillaan heidän kyyneleensä.

Kun hän huomasi brahmacharinin, joka oli kirjoittanut sanelun mukaisesti, nukahtaneen paperiin nojaten, Amma otti kynän omaan käteensä. Hän ryhtyi levittämään sanojensa lohduttavaa santelipuu-uutetta kaikkialla olevien lastensa polttaviin mieliin. Ehkä hän astui heidän uniinsa samaan aikaan, saaden heidän kuivuneet huulensa syttymään hymyyn.

Toinen luku

Antaumus

Amma ja brahmacharit istuivat meditaatiohuoneessa. Heidän seurassaan oli muutamia perheellisiä oppilaita, kuten Padmanabhan ja Divakaran.

Padmanabhan, pankkivirkailija Kozhikodesta, mainitsi homeopaattisen lääkärin ja hänen perheensä taannoisen vierailun ashramiin. Amma: "Äiti muistaa heidät. Hän piti itseään suurena advaitistina, mutta hänen vaimonsa oli täynnä antaumusta. Ehkä hän tuli darshaniin, koska hänen vaimonsa pyysi. Hän laittoi pystyyn suuren näytöksen tullessaan. 'Ramaa tai Krishnaa ei ole olemassa', hän sanoi. Amma vastasi sanoen: 'Jokainen saavuttaa lopulta saman paikan, mutta sinä tarvitset *upadhin* (instrumentin tai tukipylvään) sadhanaa varten. Kuinka voit sanoa, että Ramaa tai Krishnaa ei ole? Vaikka et näkisikään *Ochiraa* Intian kartalla, voitko väittää, että paikkaa nimeltä *Ochira* ei ole olemassa? Meidän tietämyksemme advaitasta rajoittuu pelkästään sanojen tasolle. Ei ole mahdollista tuoda sitä kokemuksen tasolle ilman antaumusta.' Tämän jälkeen mies ei sanonut enää mitään."

Amma otti kynän, joka lojui lähettyvillä, ja kirjoitti *Om Namah Sivayah* vasempaan käsivarteensa. Kirjoittaessaan mantran hän näytti vaipuvan jumalalliseen mielentilaan. Katsoen mantraa tarkkaavaisesti Amma sanoi Padmanabhalle: "Nuoruudessaan Ammalla oli tapana laittaa tyyny sydäntään vasten mennessään nukkumaan. Se ei ollut hänelle pelkkä tyyny vaan Devi. Toisinaan

75

hän makasi huulet seinää vasten kuvitellen suutelevansa Jumalallista Äitiä. Tai hän kirjoitti *Namah Shivaya* tyynyyn tai mattoon ja suuteli nimeä. Eikä hän nukahtanut ennen kuin lähes kaatui tiedottomuuteen, kutsuen Deviä yhä uudelleen ja uudelleen ja itkien häntä."

Amma vaikeni ja istui hiljaa. Hänen silmänsä sulkeutuivat hitaasti. Saattoi nähdä, kuinka autuuden aallot nousivat syvältä hänen sisältään ja kuvastuivat hänen kasvoillaan. Kaikki istuivat meditoiden, silmät naulittuina Ammaan.

Yksi brahmachareista lauloi *Mouna ghanamrita santiniketam...*

Läpäisemättömän hiljaisuuden,
ikuisen kauneuden ja rauhan asumuksessa,
siellä missä Gautama Buddhan mieli katosi,
siinä loistokkuudessa, joka tuhoaa kaikki kahleet,
autuuden rannalla,
joka lepää ajatuksen tavoittamattomissa.

Tiedossa joka lahjoittaa ikuisen harmonian,
asumus jolla ei ole alkua eikä loppua,
autuus joka tunnetaan vain kun
mielen liikkeet lakkaavat;
voiman istuimella,
perimmäisen tietoisuuden alueella.

Päämäärässä joka lahjoittaa suloisen tilan,
ikuisen ei-kaksinaisuuden tilan,
jota kuvataan sanoilla 'sinä olet se';
se on paikka jonne haluan saapua.
Mutta voin saavuttaa sen vain
sinun armosi avulla.

Laulu päättyi ja vähän ajan kuluttua Amma avasi silmänsä.

Gurun luonne

Divakaran: "Minulla on ystävä. Hän asui *swamin* (vihitty munkki) kanssa ja sai tältä mantran. Eräänä päivänä swami nuhteli häntä, ja ystäväni lähti samana päivänä."

Amma: "Poikani, mikäli elät henkistä elämää ja hyväksyt jonkun guruksesi, sinulla pitää olla täysi usko ja antaumus häntä kohtaan. Toisinaan guru saattaa olla hyvin ankara, oppilaan parhaaksi, mutta opetuslapsi ei saisi koskaan nähdä gurussa mitään vikaa. Äiti saattaa läimäyttää lastaan estääkseen häntä työntämästä kättään tuleen. Tekeekö hän näin kiusatakseen lasta? Ei, hän tekee näin pelastaakseen lapsen vaaralta. Ystäväsi olisi pitänyt ymmärtää, että guru nuhteli häntä vain hänen omaksi parhaakseen."

Divakaran: "Hän sanoi lähteneensä, koska ei kyennyt jäljittelemään monia sellaisia asioita mitä guru teki."

Amma: "Opetuslapsen ei pitäisikään tehdä kaikkea sitä mitä guru tekee. Se estää hänen kasvuaan. Kukaan ei voi jäljitellä gurua kaikessa. Meidän pitäisi käyttää erottelukykyä ja arvioida, mitkä gurun toimista ovat sellaisia, joita meidän kannattaa jäljitellä. Ei pitäisi koskaan ajatella: 'Minun guruni teki näin, joten miksi en voisi tehdä samoin?' Mahatmat, jotka ovat saavuttaneet täydellisyyden, ovat vapaita kaikista kahleista. He ovat kuin mahtava puu, johon jopa elefantit voidaan sitoa kiinni. Tällaisten puiden ympärillä ei tarvita aitoja. Mutta me olemme kuin pieniä kasveja, joiden täytyy pelätä lehmiä ja hanhia. Tarvitsemme aidan suojautuaksemme niiltä. Mahatmojen teot eivät ole samanlaisia kuin meidän. Meidän ei pitäisi yrittää jäljitellä kaikkia heidän toimiaan.

Tavallisen ihmisen toiminta lähtee käsityksestä: 'Minä olen tämä keho.' Mutta mahatma elää ymmärryksessä, että hän on puhdas tietoisuus. Sen tähden tavallisten ihmisten on vaikea ymmärtää monia hänen tekojaan.

Olipa kerran mahatma. Hän keitti joka aamu hieman öljyä ja kaatoi sen sitten päälleen. Sen jälkeen hän meni suihkuun. Yksi opetuslapsista näki tämän ja ajatteli, että tuon täytyi olla gurun voimien lähde. Seuraavana päivänä myös hän keitti öljyä ja kaatoi sen päälleen. Voitte arvata, minkälaisin seurauksin! (Kaikki nauroivat). Jos jäljittelemme kaikkea mitä guru tekee, meillekin saattaa käydä samalla tavoin. Siksi meidän pitäisi omaksua vain ne asiat, jotka ovat hyödyksi meille."

Henkiset harjoitukset ovat välttämättömiä

Divakaran: "En ole nähnyt missään vierailemassani ashramissa samanlaista päivärutiinia kuin täällä. Huomaan, että meditaatiota ja *karmajoogaa* (epäitsekästä työskentelyä) painotetaan täällä. Muissa paikoissa pyhien kirjojen opiskelulle annetaan suurin merkitys."

Amma: "Niin kauan kuin maallisia asioita koskevat ajatukset vaivaavat meitä, on meidän harjoitettava ahkeraa japan ja meditoimisen päivärutiinia noustaksemme ajatusten yläpuolelle. Alkuvaiheessa on tarpeen ponnistella ahkerasti näiden harjoitusten kanssa. Ajan myötä niistä tulee luonnollisia. Vain sadhanan avulla me voimme kehittyä. Ilman sadhanaa ei ole mitään. Mitä hyötyä on kirjojen opiskelusta ja puheitten pitämisestä? Mitä eroa on puheen pitäjällä ja kasettinauhirilla? Hän päästää suustaan vain sen mitä on oppinut, siinä kaikki. Tulemmeko kylläisiksi lukemalla keittokirjoja? Meidän täytyy keittää jotakin ja syödä se. Tarvitsemme *tapasia* (itsekuriharjoituksia). Ne synnyttävät meissä hyviä vasanoita ja ominaisuuksia. Kaikkein tärkeintä on mielen puhtaus ja keskittyneisyys.

Amma ei sano, etteikö pyhien kirjojen opiskelua tarvittaisi, mutta opiskelun ohella tarvitaan sadhanaa. Henkiset harjoitukset ovat tärkein asia. Niiden suorittamisessa ei saa olla taukoja. Sadhanasta täytyy tulla osa elämäämme, aivan niin kuin hampaiden harjaamisesta ja kylpemisestä.

Saatuamme koulutuksen ashramissa menemme maailmaan pukeutuneina vaatteisiin, jotka ashram on meille antanut, tällöin tuhannet ihmiset tulevat rakastamaan ja kunnioittamaan meitä. Silti Amma sanoo lapsilleen, että ne, jotka nimittelevät teitä, ovat teidän suurimpia opettajianne. Vain tuollainen epämiellyttävä kohtelu saa meidät katsomaan itseämme tarkkaavaisesti. Kun ympärillämme on vain ihmisiä, jotka rakastavat meitä, emme tutki itseämme. Mutta kun toiset osoittavat meille vihamielisyyttä, meidän pitäisi kysyä itseltämme: 'Miksi he ovat vihamielisiä minua kohtaan? Minkä virheen olen tehnyt ansaitakseni tuollaisen kohtelun?' Sillä tavoin syytöksistä, joita saamme osaksemme, tulee askelmia jotka johtavat kasvuumme."

Padmanabhan: "Amma, mikä on parempi, ponnistella ensin oman vapautuksemme eteen vai työskentely toisten puolesta?"

Amma: "Itsekkyytemme on kadottava kokonaan, ennen kuin voimme ajatella vain toisten hyvää. Meidän pitäisi pyrkiä saavuttamaan ensin tuo tietoisuudentila. Rukouksemme ja tekomme, jotka teemme saavuttaaksemme sen, muodostaa polkumme vapauteen. Meidän on unohdettava itsemme kokonaan ja ajateltava vain toisten hyvää. Kun omistamme itsemme kokonaan toisten hyvinvoinnille, oma mielemme puhdistuu."

Brahmachari, joka oli kuunnellut keskustelua, kysyi gurun voimasta. Amma sanoi tähän vastauksena: "On erilaisia guruja. Satgurut voivat antaa vapautuksen pelkällä *sankalpallaan* (päätöksellään). Jopa heidän hengityksensä on hyödyksi ympäristölle."

Brahmachari: "On sanottu, että guru suojelee opetuslasta kaikilta vaaroilta. Jos vaara uhkaa opetuslasta, kun guru on *samadhissa* (Jumalaan sulautumisen tilassa), kuinka hän tietää siitä ja antaa suojeluksensa?"

Amma: "Kukaan ei lopulta ole erillinen Itsestä. Eivätkö kaikki sisälly Itseen? Vaikka joella onkin kaksi erillistä rantaa, joenpohja on kuitenkin yksi ja sama. Kun guru on samadhissa, hän on sulautunut Itseen. Hän tietää tilanteesta."

Antamuksen suuruus

Padmanabhan: "Amma, suuri osa ihmisistä ei ymmärrä antaumuksen suuruutta lainkaan. Ja monet ihmiset, jotka menevät temppeleihin ja rukoilevat päivittäin, eivät näytä elävän kovinkaan henkistä elämää."

Amma: "On olemassa uskomus, että antaumus tarkoittaa sitä, että menee moneen temppeliin ja palvoo sataa eri jumalaa. Tällaisten ihmisten antaumus on sokeaa uskoa, eikä se perustu henkisten periaatteiden ymmärtämiselle. Toiset, jotka havaitsevat tämän, saattavat ajatella, että antaumus on vain tätä, ja niinpä he arvostelevat kaikkea, millä on tekemistä antaumuksen kanssa. Henkiset ihmiset eivät vastusta *tattvattile bhaktia* (antaumusta joka pohjautuu henkiseen tietoon). Meidän pitäisi ymmärtää, että jumaloivallus on elämän päämäärä. Palvo Jumalaa tuo päämäärä selkeänä mielessäsi. 'Ymmärrykseen perustuva antaumus' tarkoittaa, että havaitsemme yhden ja saman Jumalan, joka ilmenee kaikissa elävissä olennoissa ja kaikissa jumalissa, kaikkien nimien ja muotojen taustalla. Se tarkoittaa, että antaudut epäitsekkäästi Hänelle. Tuollaista antaumusta meidän tulisi omata.

On vaikeaa vakiintua *jnanaan* (henkiseen tietoon) ilman antaumusta. Emme voi rakentaa mitään pelkästään hiekan avulla, meidän on lisättävä joukkoon kipsiä voidaksemme valmistaa sementtiä. Emme voi rakentaa Jumalan luo johtavia askelmia ilman että lisäämme joukkoon rakkauden sitovan elementin.

Ruokalajeja voi olla monenlaisia, mutta ne, jotka kärsivät ruoansulatushäiriöistä tai muista sairauksista, eivät voi syödä mitä tahansa. Mutta *kanji* (riisivelli), joka on tehty kuoritusta riisistä, on hyväksi kaikkien terveydelle. Antaumuksen tie on tällainen. Se sopii kaikille.

Kun 'minä'-tunne jatkuu hellittämättä, tarvitsemme keskuksen (*upadhin*), johon keskittää mielemme, jotta voimme poistaa

egon. Antaumus on rakkautta tuota keskusta kohtaan, se on voi-
mallista innostuneisuutta oivaltaa päämäärä. Antaumusta voi-
daan myös verrata aineeseen, jolla haava puhdistetaan. Antau-
mus puhdistaa mielen.

Mielen pelto tulee huuhdella antaumuksen vedellä, jotta tie-
don siemen voitaisiin kylvää. Sitten voimme niittää vapautuksen
viljaa. Se joka on maistanut *premabhaktia* – antaumusta, johon
liittyy korkein rakkaus – edes sekunninkin ajan, ei enää koskaan
hylkää sitä. Mutta tuollainen antaumus ei synny jokaisessa. Ei
jokainen lottoon osallistuva voita päävoittoa. Sen saa vain yksi
miljoonista. Todellinen rakkaudellinen antaumus on sellaista.
Vain yksi miljoonasta kokee sen."

Kesken antaumuksen suuruuden ylistystään Amma hiljeni.
Hänen mielensä jätti ulkoisen maailman ja kohosi jollekin kor-
keammalle tasolle. Hän istui silmät puoliksi suljettuina. Hänen
liikkumaton olemuksensa toi mieleen Jumalallisen Äidin, joka
on ominaisuuksien tuolla puolen ja tekee kaiken, samalla kun
on itse liikkumaton.

Kaksinaisuuden syleileminen antaumuksen tähden on paljon
kauniimpaa kuin ei-kaksinaisuus.

Jonkin ajan kuluttua Amma avasi silmänsä. Mutta hän ei
ollut juttutuulella. Hänen kasvonsa osoittivat, että hän oli edel-
leen toisessa maailmassa. Oliko tämä se sama Amma, joka oli
ollut hetkeä aiemmin niin kaunopuheinen?

Muutamia minuutteja kului. Amma meni erään lapsen luo ja
antoi tälle kaksi makeista paketista, jonka oppilas oli lahjoittanut
hänelle. Amma suukotti lasta päälaelle ja sanoi: "Tämä makei-
nen lahjoittaa suloisen maun nyt, mutta se tuhoaa myöhemmin
hampaasi. Jos tunnet Jumalan, voit kokea makeutta kaiken aikaa.
Eikä se ole pahaksi hampaillekaan!"

Amma meni meditaatiohuoneesta darshanmajaan. Siellä
olevat oppilaat lähestyivät häntä yksi kerrallaan ja kumarsivat.

Eräs nainen syleili Ammaa tiukasti ja alkoi itkeä. Hän oli ollut monta vuotta naimisissa eikä ollut saanut lapsia, tämä oli syynä hänen suruunsa.

Amma: "Tyttäreni, itketkö, koska sinulla ei ole lapsia? Mutta ne, joilla on lapsia, vuodattavat kyyneleitä lastensa käyttäytymisen takia!" Amma kohotti naisen ylös ja pyyhki hänen kyyneleensä sanoen: "Älä ole huolissasi, tyttäreni. Rukoile Jumalaa. Amma tekee *sankalpan* puolestasi."

Odotuksen ja toivon säteet loistivat naisen kasvoilta.

Äidin ohjeet

Amma kehotti lähellä istuvaa lasta laulamaan *kirtanin* (antaumuksellinen laulu). Suloinen laulu virtasi pehmeästi lapsesta, jossa ei näkynyt ujoutta eikä ylpeyttä. Amma piti rytmiä yllä taputtamalla käsiään, ja sai muut liittymään mukaan laulamaan *Devi Devi Jaganmohiniin*. Jotkut oppilaista istuivat meditaatiossa...

Oi Jumalatar, maailman lumoojatar,
oi Chandika, demonien lyöjä,
Chandan ja Mundan lyöjä,
oi Chamundesvari, Jumalallinen Äiti,
osoita meille oikea polku
ylittääksemme sielunvaelluksen valtameren.

Laulu päättyi. Amma alkoi jälleen puhua: "Teidän pitäisi kuulla Sugunaccahanin[4] harjoittavan japaa. Se on niin mielenkiintoista. Hän toistaa: *Narayana, Narayana...* erittäin suurella nopeudella, hengittämättä välillä. (Kaikki nauroivat Amman matkiessa tätä.) "Mieli ei vaella minnekään, jos toistat tuolla tavoin. Kukaan ei opettanut tätä hänelle, hän aloitti sen aivan itse."

---

[4] Amman isä Sugunanandan

Amma meni huoneeseensa, mutta ilmestyi jälleen hetken kuluttua ja ryhtyi kävelemään edestakaisin rakennusten ympäröimällä pihalla. Sitten hän tuli ashramin toimistoon ja istuutui. Kolme tai neljä brahmacharia oli hänen seurassaan. Toimisto oli pieni huone. Amma otti muutamia kirjekuoria, jotka lojuivat pöydällä. Ne olivat vastauksia kirjeisiin, valmiina lähetettäviksi.

Amma: "Poikani, kuka kirjoitti osoitteet näihin kirjekuoriin? Onko tällainen sopiva tapa kirjoittaa mitään? Katso, kuinka huolimattomasti tämä on tehty. Eikö osoitteet pitäisi kirjoittaa nätisti, vaikka se veisikin hieman ylimääräistä aikaa? Tai hae joku, jolla on hyvä käsiala ja anna hänen tehdä se. Kuka kykenee lukemaan tällaista, ilman että kirjeet menevät keskenään sekaisin? Tämä pitää tehdä uudelleen. Sadhakan tulee tehdä kaikki shraddhalla.

Hän oli aikeissa antaa kirjekuoret brahmacharille, kun hän huomasi postimerkit.

Amma: "Mitä te lapseni oikein ajattelette, kun teette tällaista? Kaikki nämä postimerkit ovat ylösalaisin! Tämä on silkkaa huolimattomuutta. Voimme helposti päätellä henkilön *lakshya bodhan* (päättäväisyyden päämäärään) hänen toimistaan.

Te olette kaikki tulleet tänne Jumalan etsijöinä. Ette tule löytämään häntä ilman kärsivällisyyttä ja tarkkaavaisuutta. Kuinka voisitte saavuttaa keskittyneisyyden meditaatiossa, mikäli ette osoita shraddhaa näissä pienissä asioissa tällä karkealla tasolla? Meditaatio on hyvin hienosyistä. Shraddha ja kärsivällisyys, jota osoitamme pienissä asioissa, johtaa meidät suuriin saavutuksiin.

Kuunnelkaapa tätä tarinaa. Olipa kerran mahatma, joka pyysi vaimoaan laittamaan aina lasin vettä ja neulan vierelleen, kun hän ruokaili. Vaimo noudatti saamiaan ohjeita säännöllisesti, kysymättä syytä. Kun aviomies lopulta tuli vanhaksi ja lähestyi kuolemaa, hän tiedusteli vaimoltaan: 'Haluatko kysyä minulta jotain?' Vaimo vastasi: 'En tarvitse sinulta mitään, mutta on yksi asia, jonka haluaisin tietää. Kaikki nämä vuodet olen seurannut ohjeitasi tarkoin, ja laittanut lasin vettä ja neulan viereesi, kun syöt. En kuitenkaan koskaan ole ymmärtänyt mitä tarkoitusta varten.' Mahatma vastasi: 'Jos riisinjyvä olisi pudonnut lattialle, kun tarjoilit minulle tai kun minä söin, olisin halunnut poimia sen neulalla, kastanut veteen ja syönyt sitten. Mutta kaikkina näinä vuosina yksikään riisinjyvä ei pudonnut lattialle sinun tarkkaavaisuutesi ansiosta. Sen tähden minun ei tarvinnut käyttää neulaa ja vettä.'

He olivat niin varovaisia koko elämänsä ajan, etteivät sylkäisseet yhtäkään riisinjyvää suustaan. Vain ne, jotka omaavat tuollaista shraddhaa voivat kasvaa mahatmoiksi."

Brahmachari: "Laitamme nämä kirjeet uusiin kirjekuoriin ja postitamme ne, Amma."

Amma: "Se tarkoittaisi, että tuhlaisimme nuo kuoret, poikani! Onko meillä rahaa tuollaiseen tuhlaukseen? Älä myöskään tuhlaa näitä postimerkkejä. Riittää, kun kirjoitat osoitteet nätisti paperisuikaleelle ja liimaat ne entisten osoitteiden päälle. Olet huolellinen tästä eteenpäin."

Amma meni toimiston vieressä olevaan kirjastoon ja istui lattialle, ennen kuin brahmacharit ehtivät levittää mattoa, jonka päälle hän olisi voinut istua. Hän otti kuvitetun kirjan, joka kertoi Krishnan jumalallisista leikeistä ja ryhtyi tutkimaan kuvia huolellisesti. Yhdessä kuvassa Krishna seisoi kannatellen Govardhanakukkulaa pikkurillinsa varassa. Satoi kaatamalla ja kaikki lehmät ja karjapaimenet olivat sateensuojassa kukkulan alla.

Amman vieressä seisova brahmachari kysyi kuvaa katsoen: "Amma, kun Krishna nosti Govardhana-kukkulan ylös, eikö hän käyttänytkin silloin *siddhiä*?"

Amma: "Krishna ei nostanut kukkulaa vakuuttaakseen muut kyvyistään tai saadakseen osakseen heidän arvostustaan. Tuo teko oli tarpeen noissa olosuhteissa. Satoi rankasti. Ei ollut muuta keinoa suojella heitä, jotka olivat hänen kanssaan. Joten hän teki mitä hänen täytyi tehdä."

Hetken hiljaisuuden jälkeen Amma jatkoi: "Mahatman päämääränä on opastaa ihmiset oikeudenmukaisuuden polulle. Lukemattomien pahojen ihmisten sydän on muuttunut pelkästään sen seurauksena, että he ovat vastaanottaneet suuren sielun darshanin. Kuullessaan lounaskellon soivan Amma sanoi: "Lapseni, menkää nyt syömään. Ammalla on töitä tehtävänä." Ja sitten hän lähti huoneeseensa.

Jumalanpalvelus sydämessä

Brahmachari odotti Ammaa tämän huoneessa. Hän luki Ammalle artikkelin, jonka oli kirjoittanut *Matruvaniin*, ashramin lehteen.

Amma: "Sujuuko meditaatiosi hyvin, poikani?"

Brahmachari: "En kykene keskittymään riittävän hyvin, Amma."

Amma: "Yritä harjoittaa *manasa-pujaa* (jumalanpalvelusta sydämessä), poikani. Mieli on kuin kissa. Voimme pitää kissasta hyvää huolta suurella rakkaudella, mutta kun tarkkaavaisuutemme harhautuu hetkeksikin, se pistää päänsä kattilaan ja varastaa ruokaa. Manasa-puja on menetelmä, jonka avulla harhaileva mieli voidaan keskittää Jumalaan.

Harjoita jumalanpalvelusta sydämessäsi itkien: 'Äiti, Äiti!'; kutsu häntä tällä tavoin rakkaudella ja antaumuksella ja voimallisella kaipauksella. Kuvittele, että pidät Jumalallista Äitiä kädestä kiinni ja että kaadat vettä hänen päälleen. Kuvittele veden valuvan hänen kehonsa eri osia alas. Kutsu häntä kaiken aikaa: 'Äiti, Äiti!' Ja visualisoi hänen olemuksensa. Eläydy siihen, että teet *abhishekan* (pyhän kylvetyksen) maidolla, hunajalla, *ghiillä* (puhdistelulla voilla), santelipuutahnalla ja ruusuvedellä, yksi toisensa jälkeen. Kun nämä ainekset valuvat hänen kehoaan pitkin alas, kuvittele hänen olemuksensa päästä jalkoihin. Puhu hänelle ja rukoile häntä. Kylvetettyäsi hänet tällä tavoin kuivaa hänet pyyhkeellä. Laita silkkinen *sari* hänen päälleen. Koristele hänet koruin. Laita kirkkaan punainen täplä hänen otsaansa."

Amma lopetti kuvauksensa ja istui meditaatiossa pitkän aikaa. Sitten hän avasi silmänsä ja jatkoi: "Laita hänelle nilkkakorut. Pujota kukkaseppele hänen kaulaansa ja nauti hänen kauneudestaan. Tee nyt *archana* kukilla. Ota kukka joka edustaa mieltäsi, ja kuvittele uhraavasi terälehdet yksi kerrallaan hänen jalkaterilleen. Tai eläydy siihen, että uhraat vasanasi tuleen, joka palaa hänen edessään. Archanan jälkeen uhraa hänelle rakkautesi *payasamia*. Kuvittele, että teet *aratin* hänelle, ja näe miten hänen kehonsa säteilee tulen loisteessa. Kuvittele lopuksi, että teet pyhän kierroksen Äidin ympärillä. Rukoile kaiken aikaa häntä.

Poikani, yritä tehdä kaikki nämä vaiheet *premalla* (puhtaalla rakkaudella). Silloin mielesi ei vaella minnekään."

Amman sanat antoivat uutta energiaa brahmacharille hänen henkisellä polullaan. Hän lähti huoneesta täyttymyksen tunteen vallassa, hän oli juuri nähnyt muutamia Amman lukemattomista olemuspuolista: kaikkitietävä guru, joka näyttää opetuslapselleen tien, rakastava äiti joka pitää aina huolta lastensa hyvinvoinnista ja kykenevä hallintojohtaja, joka johtaa ashramin asioita suurella taidolla.

Perjantai 5. heinäkuuta 1985

Opettaja ja hänen ystävänsä saapuivat Kozhencheristä kuuden aikaan illalla tavatakseen Amman. He pesivät kätensä ja jalkansa ja tulivat sitten kalariin, missä he kumarsivat. Soittimet bhajaneita varten olivat valmiina. Toinen vieraista sanoi brahmacharille, joka viritteli parhaillaan *tablaa* (rumpua): "Lähdimme kotoamme tänä aamuna, mutta olemme myöhässä, sillä emme olleet varmoja reitistä. Tahtoisimme nähdä Amman ja palata vielä tänään."

Brahmachari: "Amma meni juuri huoneeseensa. Hän oli täällä ja jutteli kaikkien kanssa aina tähän hetkeen asti. Ehkä voitte nähdä hänet, kun hän tulee alas bhajaneita varten.

Heidän kasvoiltaan paistoi pettymys, kun he olivat myöhästyneet Amman darshanista vain muutamia minuutteja.

Brahmachari: "Saattaa olla vaikea palata vielä tänä iltana, sillä ei ole helppoa löytää bussia enää näin myöhään. Te voitte nähdä Amman ja palata huomenna."

Opettaja: "Lupasin perheelleni, että palaan tänä iltana. He huolestuvat. Jos voisimme nähdä Amman edes hetkisen. Olen varma, että jos saamme hänen siunauksensa, se ei ole mikään ongelma."

Brahmachari: "Miten sait tietää Ammasta?"

Opettaja: "Erään oppilaani isä kertoi hänestä. Kun puhuimme Ammasta, hänen silmänsä täyttyivät kyynelistä. Hän kertoi, että hänen vaimonsa oli ollut vuoteenomana viimeiset neljä vuotta. He olivat yrittäneet erilaisia hoitoja, mutta mikään ei ollut auttanut. Viime vuonna he olivat tulleet tapaamaan Ammaa, ja saatuaan Amman siunauksen hänen vaimonsa oli parantunut täysin. Ystäväni kertoi minulle olleensa vaimonsa kanssa täällä Ammaa tapaamassa jälleen viime viikolla."

Brahmachari levitti kaislamaton vieraille ja sanoi: "Voitte istua tässä. Jos teidän täytyy todella palata vielä tänään, voitte kumartaa Ammalle, kun hän tulee bhajaneihin, ja lähteä sen jälkeen."

Opettaja: "Appiukkoni vieraili luonani muutama päivä sitten. Hän menee usein kuuntelemaan henkisiä luentoja. Kun kerroin hänelle Ammasta, hän uteli minulta, onko hän saavuttanut Itseoivalluksen. Mitä minun pitäisi sanoa hänelle?"

Brahmachari: "Kuulin jonkun esittävän Ammalle tuon saman kysymyksen muutamia päiviä sitten. Hän sanoi: 'Oi, Amma on vain hullu tyttö, joka ei tiedä mitään!' Mutta mies ei jättänyt asiaa siihen. Hän kysyi uudelleen. Lopulta Amma sanoi: 'Älä kysy kymmenen lapsen äidiltä, onko hän koskaan synnyttänyt lasta.'"

Oli bhajanien aika. Kaikki brahmacharit olivat valmiit. Amma tuli kalariin. Opettaja ja hänen ystävänsä lähestyivät ja kumarsivat. Amma laittoi käsivartensa heidän olkapäilleen ja sanoi: "Tulitteko juuri, lapseni? Amma oli täällä alhaalla, kunnes hän meni vasta hetki sitten huoneeseensa vain pieneksi hetkeksi."

Opettaja: "Tulimme heti, kun olit mennyt huoneeseesi, Amma. Lupasimme palata vielä tänä iltana, muuten olisimme voineet vaikka jäädä huomiseen."

Amma: "Haluatteko kysyä minulta jotain, lapseni?" Hän ohjasi heidät meditaatiohallin verannalle. Sinne he istuutuivat, samalla kun bhajanit alkoivat kalarissa.

Henkisen elämän periaatteet

Opettaja: "Minulla ei ole taloudellisia ongelmia, Amma, mutta olen hyvin huolissani lapsistani. Minulla ei ole mielenrauhaa."

Amma: "Poikani, kun mielesi on levoton, pyri toistamaan mantraa. Jos etsit lohtua jostakin muusta, menetät kaiken. Jos et saa mielenrauhaa yhdestä asiasta, alat etsiä sitä jostakin muusta. Kun sekin epäonnistuu, etsit jälleen jotakin muuta. Tällä tavoin et koe minkäänlaista rauhaa. Sen sijaan, jos ajattelet Jumalaa ja toistat mantraasi, tulet pian tyyneksi ja rauhalliseksi. Mielesi saa voimaa kohdata minkä tahansa tilanteen."

Opettaja: "Amma, toisinaan minä jopa mietin *sanjaasiksi* ryhtymistä."

Amma: "Se tulee päättää vasta pitkällisen harkinnan jälkeen, poikani. *Sannyasaan* ei voi paeta velvollisuuksiaan eikä silloin kun joutuu kohtaamaan surua. Sen täytyy olla seurausta siitä, että ymmärrät asiaan liittyvät ihanteet. Henkinen elämä on mahdollista vain hänelle, jolla on paljon kärsivällisyyttä. Muussa tapauksessa lopputuloksena on vain pettymys. Henkisessä elämässä tarvitset samanlaista itsekuria ja itsehillintää kuin vankilassa oleva. Myöhemmin tuosta vankilasta tulee polku vapauteen. Jos sadhaka katsoo aina kohden Jumalaa, hän kykenee saavuttamaan päämääränsä.

Monet ihmiset ovat kysyneet täällä asuvilta lapsiltani: 'Miksi asutte ashramissa? Ettekö kykene saamaan työpaikkaa ja elämään mukavaa elämää?' He vastaavat: 'Me olemme eläneet ulkopuolella, kaikkien mukavuuksien keskellä ja riittävän rahamäärän turvin, mutta emme saavuttaneet mielenrauhaa. Täällä koemme rauhaa ja tyyneyttä, ilman noita mukavuuksia. Japan ja meditaation avulla pyrimme pitämään alati yllä tuota rauhaa. Olemme oppineet, että voimme löytää todellisen rauhan vain ajattelemalla Jumalaa. Tämä kokemus synnyttää meissä halun pysytellä ashramissa.'"

Opettaja: "Vaikka tämä onkin meidän ensimmäinen vierailumme täällä, me olemme keskustelleet ihmisten kanssa, jotka käyvät täällä usein. Jokainen heistä näkee sinut eri tavoin, Amma. Jotkut näkevät sinut Devinä, toiset Krishnana ja toiset gurunaan. Toisille sinä olet äiti, jossa rakkaus ja hellyys asustavat. Joidenkin silmissä sinä olet vain tavallinen nainen. Mikä näistä on todellinen sinä, Amma? Sen tahtoisimme tietää."

Amma: "Lapseni, jokainen näkee asian oman sankalpansa mukaisesti. Sama nainen on vaimo aviomiehelleen, äiti lapsilleen ja sisar veljelleen. Samalla tavoin eikö vaimo, äiti ja tytär katso yhtä ja samaa miestä eri tavoin? Saman henkilön käyttäytyminen on erilaista äitiään ja lapsiaan kohtaan. Eroavaisuus on siinä käsityksessä, sankalpassa, joka kullakin on. Ajatellaan kaunista kukkaa. Mehiläinen tulee sen luo nektarin takia; runoilija kirjoittaa siitä runon; maalari maalaa sen; toukalle se on ravintoa; tiedemies erottaa terälehdet, siitepölyn ja siemenet ja tekee niistä tieteellisen tutkimuksen; palvoja uhraa sen jumalalle. Jokainen näkee kukkasen kykynsä ja kulttuurinsa mukaisesti."

90

Pienen tauon jälkeen Amma jatkoi: "Poikani, toiset antavat nämä nimilaput. Amma ei sano, että hän on mahatma tai että hän on Jumala. Hänen päämääränään on yksinkertaisesti suojella ihmisiä maallisen elämän kuumuudelta tuomalla heidät Jumalan päivänvarjon alle. Jos mahdollista, tarkoituksena on saada aikaan muutos niiden mielessä, jotka aiheuttavat vahinkoa tai ovat heikkoja, ja auttaa heitä tekemään hyviä asioita, jotka hyödyttävät sekä heitä että maailmaa. Hänen mielessään ei ole eroa niiden välillä, jotka rakastavat häntä tai jotka vihaavat häntä."

Opettaja: "Jotkut ihmiset sanovat, että tämä paikka johdattaa nuoria ihmisiä harhaan."

Amma: "Poikani, ennen kuin lausumme käsityksemme jostakin asiasta, eikö meidän pitäisi ensin kysellä asiasta, tarkkailla sitä ja kokeilla sitä? Monilla ihmisillä on tapana lausua arvionsa asioista, vaikka eivät tiedä asiasta mitään tai ovat ilman minkäänlaista kokemusta siitä. Kuinka joku, joka etsii aidosti totuutta, voi hyväksyä tuollaisten ihmisten mielipiteen?

Monet joilla oli vain huonoja tottumuksia ovat muuttuneet täysin tänne tulon jälkeen. Ne, jotka tapasivat juoda säännöllisesti, ovat luopuneet alkoholista. Joten kuinka voit sanoa, että tämä on paha paikka? Miksi antaa arvoa jollekin mikä on sanottu, tietämättä ja kokematta mitä tapahtuu?

On ihmisiä, jotka ovat valmiit ostamaan arvottoman sarin mihin hintaan hyvänsä, jos vain kerromme heille, että se on tuotu ulkomailta. He eivät arvosta mitään mikä on tehty kotona, riippumatta siitä, miten hyvä se on.

Joku kuuntelee radiosta laulua ja sanoo: 'Oi, miten suloinen laulu!' Jos hänen ystävänsä kertoo, että laulaja on naapurin nainen, hän muuttaa mielensä: 'Todellako? Se selittää asian. Minä itse asiassa ajattelin, että se oli kauheaa.' Tällainen on ihmisen luonto. Ihmiset ovat menettäneet kyvyn nähdä eron hyvän ja huonon välillä. He päättävät etukäteen, mitä he tulevat näkemään ja sanomaan."

Opettaja (osoittaen mukanaan olevaa miestä): "Tämä on hyvä ystäväni. Hänellä on vakavia ongelmia. Hänen liiketoimintansa ovat vaikeuksissa, minkä vuoksi hän on menettämässä rahaa."

Amma: "Ajankohta ei aina ole otollinen, poikani. Tietyt ajankohdat ovat huonoja. Mutta muista aina, että Jumala voi auttaa pienentämään ongelmia suuressa määrin."

Opettaja: "Hän ei usko temppeleihin ja sen sellaiseen."

Ystävä: "Amma, Jumala on kaikkialla. Eikö niin? Rajoittuuko Hän temppelin neljän seinän sisäpuolelle?"

Amma: "Älä katsele asiaa tuolla tavoin, poikani. Tuuli on kaikkialla, silti me käytämme tuulettimia. Emmekö me puun varjossa ollessamme koe aivan erityislaatuisen miellyttävyyden tunteen? Ilmapiiri ei ole kaikkialla samanlainen. Temppelin tunnelma ei ole sama kuin toimistosi tunnelma. Etkö tunne erityislaatuista rauhaa ja tyyneyttä temppeliympäristössä? Sellainen ilmapiiri vallitsee paikassa, missä Jumalaa ajatellaan jatkuvasti.

Älä ajattele, että on ajanhukkaa mennä temppeliin. Ensimmäisellä luokalla olevat lapset tarvitsevat helmiä tai kuulia oppiakseen laskemaan. Opittuaan he eivät enää tarvitse niitä. Kelluvan tukin avulla opit helposti uimaan. Kun olet oppinut uimaan, voit luopua tukista.

Urheilija, joka on voittanut ensimmäisen palkinnon pituushypyssä, kykenee hyppäämään useita metrejä, mutta tarvitaan paljon harjoittelua, ennen kuin lapsi kykenee hyppäämään yhtä pitkälle. Kaikki eivät kykene sittenkään hyppäämään niin pitkälle vaikka harjoittelisivatkin. On muutamia mahatmoja, jotka näkevät Jumalan kaikessa, mutta he ovat sormin laskettavissa. Eivät he tarvitse temppeleitä. Meidän on ajateltava kaikkia muita, jotka voivat tavoittaa korkeimman totuuden vain tällaisten apukeinojen avulla."

Amma nousi ylös ja sanoi: "Lapseni, Amma menee nyt bha-
janeihin. Odottakaa molemmat, kunnes bhajanit ovat ohi, ennen
kuin lähdette kotiin."

Ennen kuin he ehtivät sanoa mitään, Amma käveli kalaria
kohden ja liittyi mukaan laulamaan. Antaumuksen suloisuus täyt-
ti ilman, kun kaikki lauloivat *Kannunirillata kannukalenkilum…*

Vaikka silmissäni ei olekaan kyyneleitä,
sydämeni värisee silti tuskasta;
vaikka kieleni onkin hiljaa,
se on silti täynnä sinun mantraasi, oi Äiti!

Oi mystinen toiveet täyttävä puu,
minun mieleni viipyilee alati sinun kukissasi,
mutta julma metsästäjä Maya
on ottanut minut tähtäimeensä tuhotakseen minut!

Sinä olet itse hyvyys,
joka olet tullut levittämään
santelipuu-uutetta minun sieluuni,
rauhoittaaksesi minut rakkautesi kuunvalossa
ja tehdäksesi minusta täyden!

Kun arati oli ohi, eräs perhe lähestyi Ammaa ja kumarsi. He asui-
vat Kozhencherissä.

Amma: "Tulitteko tänään kotoanne, lapseni?"

Oppilas: "Tulimme vierailemaan sukulaisemme luo, tänne
lähettyville, Kayamkulamiin. Ajattelimme tulla tänne ashramiin,
ennen kuin palaamme kotiin."

Amma: "Eikö siitä ole kuukausi, kun olitte täällä viimeksi?"

Oppilas: "On. Emme voineet tulla sen jälkeen. Isäni on vuo-
teenomana reuman takia."

Amma: "Miten hän voi nyt?"

Oppilas: "Hän voi hyvin. Hän tulee tänne meidän kanssamme ensi viikolla."

Amma: "Äiti antaa teille hieman *prasadia* (jumalallisen lahjan) vietäväksi hänelle. Menettekö kotiin vielä tänään?"

Oppilas: "Menemme, Amma. Tyttäreni menee huomenna töihin."

Amma: "Mutta miten menette, kun on jo niin myöhä?"

Oppilas: "Tulimme jeepillä."

Amma: "Oi, täällä on kaksi muuta lastani, jotka tulevat samalta alueelta kuin te. He suunnittelivat aiemmin menevänsä bussilla, mutta Amma pyysi heitä jäämään bhajaneitten ajaksi."

Oppilas: "Se ei ole mikään ongelma. Jeepissä on runsaasti tilaa, meitä kun on vain kolme."

Amma esitteli opettajan ja tämän ystävän heille. Opettaja sanoi: "Me olimme aikeissa lähteä heti kun olimme tavanneet Amman. Kun hän pyysi meitä jäämään bhajaneitten ajaksi, pelkäsimme myöhästyvämme viimeisestä bussista. Nyt huomaamme, että kaikki ongelmamme päättyvät, jos asetamme luottamuksemme Ammaan."

Amma pyysti brahmacharia tuomaan *vibhutia* (pyhää tuhkaa). Hän antoi jokaiselle sitä hieman prasadina. Hän antoi oppilaan isälle vietäväksi erityisannoksen. Annettuaan ohjeet brahmacharille, että jokainen saisi illallista, Amma palasi huoneeseensa.

Maanantai 8. heinäkuuta 1985

Kello oli viisi iltapäivällä ja Amma istui kalarissa. Brahmachari, joka oli mennyt kaupunkiin ostamaan vihanneksia, palasi pakettien kanssa. Hän kantoi täyttä riisisäkkiä päänsä päällä ja tasapainotteli vihannespakettia olkapäillään. Hän kantoi selvästi enemmän kuin kykeni mukavasti hallitsemaan.

Kun Amma näki hänen vaikean tilanteensa, hän otti riisisäkin hänen päänsä päältä ja laitti sen maahan. Hän tiedusteli:

"Menitkö yksin, kun sinun piti ostaa kaikki tämä? Etkö voinut pyytää jotakuta mukaan?"

Brahmachari: "En ajatellut, että ostokset painaisivat näin paljon." Kaksi brahmacharia vei laukut ostoskassit keittiöön.

Amma: "Tietenkin. Miten voisit tietää, kuinka painavia ostoksesi ovat, kun et ole koskaan tehnyt mitään työtä kotona, etkä ole tottunut kantamaan raskaita taakkoja? Kuinka sait nostettua riisisäkin pääsi päälle?"

Brahmachari: "Lauttamies auttoi."

Amma: "Poikaparka! Älä mene enää yksin markkinapaikalle." Amma kuljetti sormiaan hänen hiustensa lomassa. Poika seisoi siinä nauttien Amman rakkaudellisista hyväilyistä, unohtaen autuaallisesti kaiken muun.

Maallisen elämän ilot ja surut

Amma palasi kalariin ja istuutui. Nainen lähestyi häntä ja kumarsi. Amma halasi häntä ja piti häntä lähellään. Nainen laittoi päänsä Amman syliin ja alkoi nyyhkyttää. "Jos Amma vain tekee sankalpan, kaikki huoleni ovat ohi", hän toisteli.

Amma taputti häntä selkään ja lohdutti häntä. "Tyttäreni, riittääkö, että Amma tekee sankalpan? Sinun pitäisi olla valmis hyväksymään se. Jos Amma laittaa valot päälle, sinun täytyy avata ovi, jotta valo pääsee sisään. Jos kaikki ovet ovat tiukasti kiinni, kuinka voit vastaanottaa valon? Vaikka Amma tekisikin päätöksen, niin jotta se auttaisi sinua, sinun on ajateltava Jumalaa. Sinun olisi varattava aikaa Jumalan nimen toistamiseen joka päivä. Kuinka paljon aikaa hukkaammekaan joka päivä! Riittääkö, että sanot että Amman pitäisi laittaa kaikki kuntoon, kun et itse tee minkäänlaista ponnistusta?"

Nainen uskoi, että kaikki hänen vaikeutensa johtuivat naapurien aikaansaamasta kirouksesta, ja hän yritti vakuuttaa Ammaa tästä. Hän halusi Amman rankaisevan heitä ja suojelevan häntä.

Hän oli toistanut tämän vaatimuksen useita kertoja. Amman ääni tuli ankaraksi, kun kävi ilmi, että nainen ei ottanut lainkaan huomioon Amman suostuttelua. Naisen valittaminen loppui ja hän ryhtyi kuuntelemaan Ammaa pelon ja kunnioituksen vallassa. Amma: "Nykyään on olemassa kahdenlaista onnellisuutta ja surua. Kun emme saa mitä haluamme, tunnemme surua, mutta kun toiset saavat mitä haluavat, on meidän surumme vielä suurempi. Samaten olemme onnellisia, kun onnistumme jossakin, ja olemme vielä onnellisempia, kun toiset epäonnistuvat. Unohdamme omat surumme ja iloitsemme nähdessämme toisten surun. Oma tyttäremme ei ehkä ole päässyt naimisiin, mutta olemme onnellisia, kun naapurinkin tytär on naimaton. Mutta sitten tulemme surullisiksi, kun hänen häitään vietetään. Lapseni, tällainen mielen turmelus on vakava sairaus, joka syö omaa rauhaamme. Tällainen on mielen syöpää.

Kerran naapurukset menivät ostamaan puutavaraa. Ensimmäinen heistä osti yhden tukin ja toinen kolme tukkia. Kun ensimmäinen sahasi tukkinsa, hän huomasi, että se oli ontto sisältä. Hän oli hyvin onneton menetettyään näin rahaa, ja kadotti sen takia ruokahalunsa. Sitten hänen vaimonsa tuli hänen luokseen tuoden mukanaan uutisen siitä, että naapurin tukit olivat olleet sisältä mätiä. Mies, joka oli ollut surun murtama tähän asti, tunsi yhtäkkiä ilon purkauksen. 'Todellako! Tuo minulle teetä', hän sanoi nauraen onnellisena. Hän ansaitsee sen! Hän kuvittelee olevansa niin rikas, kun osti kolme.'

Lapseni, aivan ensimmäiseksi meidän on muutettava tällainen asennoituminen. Kun mielemme on tällainen, mikään määrä japaa ei hyödytä meitä. Emme saa osaksemme Jumalan armoa emmekä minkäänlaista mielenrauhaa. Astia, jossa on ollut jotakin hapanta, täytyy ensin puhdistaa kunnolla, ennen kuin siihen voi kaataa maitoa, muussa tapauksessa maito happanee. Lapseni,

meidän on ennen kaikkea muuta rukoiltava sydäntä, joka iloit-
see toisten onnesta ja tuntee myötätuntoa toisten surun hetkellä.
Jos lähin naapurimme on mielenvikainen, myös meillä tulee
olemaan ongelmia. Emme kykene nukkumaan sen melun täh-
den, jonka hän saa aikaan öisin. Voi olla, että rauhaa ei ole päi-
välläkään. Kuvittele sitä surua, jonka joutuisimme kokemaan,
jos veljemme tulisi joka päivä humalassa kotiin ja ryhtyisi tap-
pelemaan. Rauhamme olisi mennyttä. Toisaalta jos veljemme on
hyväluontoinen, se vaikuttaa meihin myönteisellä tavalla. Jos toi-
set elävät hiljaista ja rauhallista elämää, meidän pitäisi oivaltaa,
että me hyödymme siitä. Emme ainakaan saa heidän taholtaan
ongelmia! Meidän pitäisi kyetä iloitsemaan heidän onnestaan ja
tuntea myötätuntoa heidän surussaan. Näin kehitymme sisäisesti.
Tällaisessa sydämessä Jumala haluaa asustaa. Jumalan todellisia
lapsia ovat he, jotka näkevät toisten onnen ja surun omanaan."
    Tässä vaiheessa nainen itki, ja Amma piti tauon pyyhkiäkseen
hänen kyyneleensä. "Älä ole pahoillasi, tyttäreni. Toista säännöl-
lisesti mantraasi, jonka Amma on sinulle antanut. Kaikki tulee
olemaan hyvin."
    Nainen oli tällä lohdutettu. Hän kumarsi ja nousi ylös. Hän
sanoi näkemiin saatuaan purkaa surunsa lastin Ammalle, joka on
kärsivien turva. Voimme olla varmoja siitä, että saamme lohtua
kylpiessämme siinä rikkumattoman rauhan virrassa, joka suun-
tautuu kohti surevia sydämiä.

Lauantai 20. heinäkuuta 1985

Ei kompromissia itsekurin suhteen

Aamun ensimmäinen sarastus ei ollut vielä ilmaantunut itäisel-
le taivaalle. Brahmacharit harjoittivat archanaa meditaatiohallis-
sa, Amman kävellessä kädet selän takana edestakaisin verannan

pimeydessä. Hänen tavassaan kävellä oli jotakin vakavaa. Kaksi miestä, joilla oli taskulamput käsissään, ohitti ashramin eteläpuolelta kulkien kanavan törmällä. He olivat kalastajia, jotka valmistautuivat laskemaan verkkonsa veteen. Samassa yksi brahmachareista tuli juosten liittyäkseen resitaatioharjoitukseen. Hänen oli täytynyt nousta hieman myöhässä. Kun hän avasi hiljaa meditaatiohallin oven mennäkseen sisään, Amma pysäytti hänet sulkemalla oven tiukasti. Brahmachari seisoi oven vieressä päätään riiputtaen. Muutamien minuuttien kuluttua Amma sanoi: "Etkö tiedä, että archana alkaa viideltä aamulla? Jos ihmiset tulevat sisälle yksi kerrallaan, niin kaikki, jotka tekevät archanaa, menettävät keskittyneisyytensä. Joten nyt sinun on pysyteltävä ulkopuolella ja tehtävä archana täällä. Huomisesta lähtien sinun pitää olla meditaatiohallissa puoli viideltä. Sinulla pitäisi olla itsekuria sadhanassi. Vain sillä tavoin voit kehittyä."

Brahmachari laittoi meditaatioalustansa verannalle ja istuutui. Mantrat värähtelivät meditaatiohallissa. Jokaisen mantran merkitys selkeni, kun verannalla istuva brahmachari keskitti mielensä Amman jalkoihin, jotka liikkuivat hänen edessään pehmein askelin.

Om nakhadhidisamchanna namajjana tamogunayai namaha.

Tervehdys hänelle, jonka säteilevät varpaankynnet poistavat tietämättömyyden oppilaasta, joka kumartaa hänen edessään!

Tervehdys hänelle, jonka jalat voittavat loistokkuudessaan lootuskukkienkin säteilyn!

Tervehdys hänelle, jonka hyväätekeviä lootusjalkoja kaunistavat suloisesti kimaltelevat, timantein koristellut kultaiset nilkkakorut!

Tervehdys hänelle, jonka käynti on hidas ja lempeä kuin joutsenen astunta!

Tullessaan archanan jälkeen meditaatiohallista brahmacharit yllättyivät iloisesti nähdessään Amman. He kumarsivat. Amma laittoi kätensä myöhään saapuneen poikansa päälaelle ja siunasi hänet. Amma: "Poikani, olitko surullinen, kun Amma esti sinua liittymästä archanaan?"

Mitä surua sydämessä enää voisikaan olla, kun se katoaa Amman rakkaudessa, niin kuin *chandrakanta*-kivi, joka sulaa täydenkuun valossa?

Amma: "Tämä on ashram, poikani. Kun harjoitamme mantrojen toistoa *brahma muhurtan* (pyhät tunnit ennen aamun sarastusta) aikaan, kaikkien lasteni pitäisi osallistua siihen. Silloin kukaan ei saa olla nukkumassa, kylpemässä tai tekemässä mitään sen kaltaista. Jokaisen pitäisi olla istumassa paikoillaan viisi minuuttia ennen archanan alkamista."

Brahmachari: "Hanasta tuli vettä vain lorumalla. Niinpä olin myöhässä, kun lopetin aamupesuni."

Amma: "Jos sinulla on koe tai työhaastattelu, niin sanotko, että olet myöhässä, koska vettä tai sähköä ei tullut? Sinun pitäisi harjoittaa sadhanaa samanlaisella asenteella.

Kun niin moni harjoittaa archanaa yhdessä, Jumalallinen Äiti on varmasti täällä läsnä. Sen takia Amma käski sinun tehdä archanan ulkona, sillä he olivat jo aloittaneet sisällä."

Amma hyväili kaikkia lapsiaan rakkaudellisilla silmillään ja meni huoneeseensa.

Hän tuli jälleen seitsemän aikaan ulos brahmacharinin kanssa ja käveli ashramin pohjoispäätyyn. Amma keräsi yhteen kaikki kookoslehvät, jotka olivat pudonneet sinne. Brahmachari vei ne keittiön sivulle. Hän ei hukannut mahdollisuutta poistaa epäilyksensä.

Brahmachari: "Amma, onko mielestä mahdollista päästä kokonaan eroon?"

Amma: "Mieli on joukko ajatuksia. Ajatukset ovat kuin valtameren aallot. Ne nousevat yksi toisensa perään. Aaltoja ei voi pysäyttää väkisin. Mutta kun valtameri on syvä, aallot tyyntyvät. Samalla tavoin pyri keskittämään mieli yhteen ajatukseen, sen sijaan että yrittäisit pysäyttää ajatukset väkisin. Siten mielen valtamerestä tulee syvempi, siitä tulee hiljainen. Vaikka pinnalla olisi pieniä aaltoja, se on alta rauhallinen."

Amma lehmien parissa

Amma saapui lehmikatoksen luo. Brahmachari pesi parhaillaan vastaostettua lehmää, jonka nimi oli Shantini, 'Rauhallinen'. Sen nimen ja käytöksen välillä ei tosin ollut minkäänlaista yhteyttä. Toistaiseksi kukaan, joka oli yrittänyt pestä sitä, ei ollut onnistunut suoriutumaan tehtävästä ilman vähintään yhtä hännän läiskäisyä. Sen lypsämiseen tarvittiin kolme ihmistä, ja sen jalat oli sidottava. Aivan kuin se olisi vannonut, että maito päätyisi maahan tai että ne, jotka yrittäisivät lypsämistä, saisivat maitokylvyn.

Tämä brahmachari, joka tunsi Shantinin luonteen hyvin, käytti kuppia kaataakseen vettä sen päälle. Hän kasteli sen kahteen kertaan ja kutsui sitä sitten kylvyksi. Likaa ja sontaa oli edelleen takertuneena sen kehoon. Amma ei pitänyt tällaisesta lehmän pesusta lainkaan. Hän otti vesiämpärin brahmacharilta, samalla kun tämä meni keittiöön hakemaan palasen karkeaa kookoksen kuorta (jota käytetään hankaamiseen). Amma näytti pojalleen miten lehmä pestään, hän irrotti hyvin varovaisesti sonnan sen vatsasta ja jaloista ja pesi sen sitten puhtaaksi.

Kaikki olivat yllättyneitä Shantinin yhtäkkisestä kesyydestä, jota kukaan ei ollut koskaan ennen havainnut. Se seisoi siinä kuin tottelevainen lapsi. Kenties se oli kaiken aikaa odottanut tällaista tilaisuutta.

Kun Amma kylvetti lehmää, hän sanoi: "Poikani, älä seiso lehmän takana, kun peset sitä. Se saattaa potkaista. Tämä on hieman kuriton, joten sinun pitää pestä se varovaisesti seisoen sen sivulla." Amma näytti myös, miten lehmä tulisi sitoa liekaan navetassa. Kuultuaan, että Amma pesee lehmää kaksi oppilasta tuli katsomaan. Kun Amma tuli ulos navetasta, hän sanoi heille: "Lapseni eivät ole tottuneet tekemään tällaista työtä. He ovat tulleet tänne suoraan yliopistosta, ja ennen sitä heidän vanhempansa hemmottelivat heitä. He eivät osaa edes pestä omia vaatteitaan. Eilen Amma näki yhden heistä yrittävän käyttää 'Super white' valkaisuainetta pestessään vaatteitaan. Siitä olisi tullut hauska lopputulos, jos Amma ei olisi osunut ajoissa paikalle. Hän oli juuri tyhjentänyt koko pullon 'Super white' valkaisuainetta puolikkaaseen vesiämpäriin. Kun Amma ilmestyi paikalle, hän oli aikeissa kastaa vaatteensa siihen. Kuvitelkaa, mitä olisi tapahtunut! (Kaikki nauroivat). Hän käytti koko kuukauden määrän valkaisuainetta yhteen pesuun. Amma näytti hänelle, miten ämpärissä veteen sekoitetaan hieman sinistä nestettä ja miten vaatteet kastetaan siinä."

Neuvoja perheellisille

Amma istui meditaatiohallin verannalla, ja oppilaat maassa kerääntyneinä hänen ympärilleen. Herra Menon Palakkadista aloitti keskustelun.

Menon: "Amma, harjoitan meditaatiota, mutta erilaisista ongelmista johtuen en ole koskaan suruton. Olen keskustellut monen perheellisen kanssa ja suurin osa heistä on tukalassa tilanteessa. Toisinaan jopa ihmettelen, miksi harjoitan japaa ja meditaatiota."

Amma: "Poikani, japan harjoittaminen ja meditaatio eivät yksinään riitä. Sinun pitäisi omaksua perusperiaatteet. Kun Amma oli nuori, hänen tapanaan oli leikata *kampattipuun* oksia. Hänen täytyi kiivetä korkealle puuhun ja ensimmäisen kerran kun hän teki näin, hänen koko kehonsa oli kuin tulessa. Hänen kasvonsa olivat turvoksissa eikä hän kyennyt näkemään mitään. Meni pari kolme päivää ennen kuin hän palautui normaaliksi. Sitten hän sai tietää, että kehoon pitää levittää ensin öljyä. Siitä lähtien kampattipuun oksia katkoessa hän käytti aina suojaavaa öljyä. Samaan tapaan sinulla pitäisi olla suojanasi rakkaus Jumalaan, ennen kuin etenet perhe-elämään. Sitten ei ole syytä suruun.

Sinun tulisi ymmärtää, että Jumala on ainoa todellinen sukulaisesi. Lapseni, teidän pitäisi tietää, että lopulta kaikki ihmissuhteet ja maalliset kohteet synnyttävät surua. Ylläpidä sisäistä suhdettasi vain Jumalaan. Tämä ei tarkoita, että sinun täytyisi hylätä vaimosi ja lapsesi, tai että sinun pitäisi nähdä heidät vieraina. Pidä heistä hyvää huolta, mutta tiedä, että ainoa kestävä sukulaisuussuhteesi on Jumala. Kaikki muut jättävät sinut tänään tai huomenna, turvaa sen tähden yksin Jumalaan. Ajattele, että elämän vaikeudet ovat vain sinun hyväksesi, sillä tavoin perheessäsi voi vallita rauha ja autuaallisuus."

Oppilas: "Voimmeko me elää niin kuin ne, jotka harjoittavat voimallista *tapasia*?"

Amma: "Äiti ei sano, että perheellisten tulisi ryhtyä elämään ankaran spartalaista elämää, mutta yritä toistaa pyhää nimeä tehdessäsi toimiasi. Ei ole tarpeen olla huolissaan kehon puhtaudesta toistaessanne pyhää nimeä. Jumala on kaikkialla. Hän on aina sydämessämme, me vain emme tiedä sitä. Timantilla on luonnollinen kirkkautensa, mutta kun se putoaa öljyastiaan se menettää loistonsa. Samalla tavoin me emme kykene havaitsemaan Jumalaa tietämättömyytemme takia.

Toista aamuisin pyhää nimeä ainakin kymmenen minuuttia suihkun jälkeen. Meditoi edes hetkinen. Tee samoin iltaisin.

Riippumatta siitä kuka aiheuttaa sinulle huolta, vie huolesi *pujahuoneeseen* (rukoushuoneeseen), missä todellinen ystäväsi on. Aviomiehesi tai -vaimosi lisäksi sinulla tulisi olla ystävä – ja tuon ystävän tulisi olla Jumala. Jos miehesi tai vaimosi tekee sinusta onnettoman, kerro se Jumalalle, älä kenellekään muulle. Jos naapurisi ryhtyy riitelemään kanssasi, mene puja-huoneeseen ja valita siellä: 'Miksi annoit hänen kohdella minua tuolla tavoin? Etkö olekaan kanssani?' Avaa sydämesi ja kerro Jumalalle kaikki. Sillä tavoin siitä tulee satsangia.

Kun joku tekee sinut onnelliseksi, kerro myös siitä Jumalalle. Jumalan unohtaminen onnen hetkinä ja Hänen muistamisensa vain surun hetkinä ei ole merkki todellisesta antaumuksesta. Meidän olisi muistettava Jumalaa aina.

Kaikki vapaa-aika mikä jää työn jälkeen, pitäisi käyttää henkisten kirjojen, kuten (*Bhagavad-*) *Gitan* ja *Ramayanan,* tai mahatmojen elämäkertojen tai heidän opetustensa kokoelmien lukemiseen, sen sijaan että menemme elokuviin tai osallistuisimme muihin huvituksiin. Älä menetä yhtäkään mahdollisuutta osallistua satsangiin. Jaa ystäviesi kanssa asiat, joita kuulet satsangissa, siten tuot mielenrauhaa myös heille. Harjoita brahmacharyaa vähintään kahtena tai kolmena päivänä viikossa. Se on tarpeen, jos haluat saada kunnollisen hyödyn sadhanastasi. (Nauraen) Vaimoja ei ole vain yksi – silmät, nenä, kieli, korvat ja iho ovat kaikki meidän 'vaimojamme'. Meidän on hallittava riippuvuutemme myös niihin. Vain siten voimme tuntea todellisen ydinolemuksemme."

Naispuolinen oppilas: "Amma, miten löytää aikaa satsangiin ja lukemiseen, kun on ensin tehnyt kotityöt ja pitänyt huolta lapsista."

Amma: "Ne jotka tahtovat sitä, löytävät ajan. Jopa ne, jotka sanovat jatkuvasti, satoja kertoja, että aikaa ei ole, löytävät aikaa viedäkseen sairaan lapsensa kiireesti sairaalaan. Vaikka hoito veisi kolme tai neljä kuukautta, he eivät lähde sairaalasta ja mene töihin. Vaikka valittaisit ajan puutetta kuinka paljon hyvänsä, löydät aina aikaa, kun kyse on lapsesi terveydestä. Samoin kun olet vakuuttunut siitä, että Jumala on ainoa joka suojelee sinua, ja että elämässäsi ei ole rauhaa ilman turvautumista Häneen, löydät kyllä aikaa.

Jos et löydä vapaa-aikaa omistautuaksesi jumalanpalvelukselle, pyri olemaan niin kuin *gopit.* He eivät varanneet erikseen aikaa rukousta varten. He näkivät Jumalan työssään. He toistivat pyhää nimeä kirnutessaan maitoa, jauhaessaan jyviä ja tehdessään kaikkia muita töitään. Pippuri- ja korianteripurkit oli nimetty Krishnan eri nimillä. Kun he halusivat pippuria, he pyysivät Mukundaa. Kun he antoivat jollekulle korianeria, he antoivat Govindaa[5]. Ne, jotka tulivat heidän luokseen maitoa tai jogurttia hakemaan, kysyivät niitä käyttäen Krishnan nimiä. He toistivat Krishnan nimeä kaikkialla ja kaikkina aikoina. Tällä tavoin he muistivat herraansa alati, ilman erityistä ponnistusta. Niillä, joilla ei ole aikaa harjoittaa erikseen sadhanaa, voivat pitää yllä Jumalan muistamista tällä tavoin.

Anna mieleesi vakiintua voimallisesti ajatus siitä, että vain Jumala on todellinen ja ikuinen. Toista mantraa tehdessäsi työtä. Silloin et tarvitse erikseen aikaa Jumalan mietiskelyyn. Mielesi on aina keskittynyt Häneen."

Oppilas: "Eikö riitä, että meditoi Itseä? Onko tarpeen toistaa mantraa ja niin edelleen?"

Amma: "Koululaisia pyydetään toistamaan runoja ja kertotaulua, jotta ne jäisivät muistiin. Yksi lukukerta ei riitä kaikille tällaisten asioitten muistamiseksi. Samalla tavoin kaikki eivät kykene kiinnittämään mieltään korkeimpaan pelkän meditaation avulla. Japaa ja antaumuksellisten laulujen laulamista yksinäisyydessä tarvitaan myös. Jos joku kykenee tekemään näin pelkästään meditaation avulla, silloin se riittää hänelle; silloin muuta ei tarvita. Mutta kun toistat mantraa tai laulat kirtania, mielesi tulee nopeasti yhteen asiaan keskittyneeksi. Se ei karkaa ulkoisiin kohteisiin yhtä helposti kuin muina aikoina. Jokainen voi tehdä näin."

---

[5] Mukunda ja Govinda ovat Krishnan lempinimiä.

Oppilaita saapui kaiken aikaa ashramiin. He kokoontuivat Amman ympärille saadakseen juoda hänen puheensa nektaria. Kun heidän määränsä tuli melko suureksi, Amma meni majaan ja ryhtyi antamaan darshania. Nuori nainen, joka oli menettänyt mielensä tasapainon, tuotiin sisään vanhempiensa avustamana. Kun Amma näki heidän epätoivonsa, hän antoi heille luvan viipyä ashramissa muutamia päiviä. Jonkun täytyi olla tytön kanssa koko ajan, sillä muuten hän olisi juossut karkuun. Niinpä hänen luonaan oli kaiken aikaa joku pitämässä häntä kädestä kiinni. Amma antoi palasen santelipuuta tytön isälle ja käski häntä laittamaan aina aika ajoin santelipuutahnaa tytön otsaan.

Kun bhajanit olivat päättyneet, Amma istui oppilaiden ja brahmacharien kanssa kalarin edessä. Silloin sairas tyttö pääsi ulos huoneestaan ja juoksi karkuun. Hänen äitinsä ja sisarensa juoksivat hänen peräänsä. Brahmacharini ja toinen nainen onnistuivat saamaan tytön kiinni ja toivat hänet Amman luo, joka laittoi hänet istumaan viereensä. Tyttö esitti Ammalle jatkuvasti merkityksettömiä kysymyksiä. Amma kuunteli häntä suurella tarkkaavaisuudella ja rauhoitti häntä vastaamalla aina ajoittain.

Tyttö vietiin Amman ohjeen mukaisesti meditaatiohallin ulkopuolella olevan vesihanan luo. Amma täytti kauhan vedellä ja valutti siitä virtana vettä tytön päälaelle. Hän toisti tämän useita kertoja pitäen samalla tiukasti tyttöä kädestä kiinni ja estäen häntä siten juoksemasta pois. Näin jatkui puolisen tuntia, jolloin oli havaittavissa pieni muutos tytön käyttäytymisessä. Amma teki hieman santelipuutahnaa ja laittoi sitä tytön otsaan. Ennen kuin Amma lähetti hänet huoneeseensa äitinsä kanssa, hän ei unohtanut antaa rakkaudellista suukkoa tytön poskelle.

Amma tuli takaisin ja istuutui pihalle kalarin eteen. Hän kutsui Brahmachari Balua ja pyysi häntä laulamaan kirtanin. Brahmachari Srikumar[6] soitti harmoniumia. Ashramin ilmanala täyttyi *Sri chakram ennoru chakram*-kappaleen autuaallisista soinnuista:

Sri Chakran mystisessä pyörässä
asustaa Sri Vidyan[7] jumalatar.
Tuo Devi, jonka olemus on liike,
voima joka liikuttaa maailmankaikkeuden pyörää.

Toisinaan hän ratsastaa leijonalla,
toisinaan hän istuu joutsenen selässä,
ilmentäen Brahma-jumalan shaktia;
Oi Äiti, joka johdat ja hallitset
jumalallista kolminaisuutta,
eikö Katyayani-jumalatar
olekin yksi sinun ilmennyksistäsi?

Palvojat kumartavat nöyrästi olemustasi,
jotta heidän surunsa helpottuisi.
Oi Äiti, ken ihmisten joukossa,
mayan vallassa olevista,
ymmärtäisi sen totuuden,
että tämä ihmiskeho on kaikkein kurjin?

Oi Äiti, sinä joka leikittelet ratsastamalla tiikerillä,
kuinka tietämättömyydessä elävä voisikaan
ylistää sinun ylevää majesteettisuuttasi?

Tiistai 6. elokuuta 1985

Amma asteli valkoisiin pukeutuneena portaat alas huoneestaan. Häntä odottavat oppilaat liittivät kätensä yhteen ja alkoivat toistaa pehmeästi: 'Amma, Amma...' Äiti käveli kalariin lastensa

---

[6] Swami Purnamritananda.
[7] *Sri Vidya* tarkoittaa tiedon jumalaa.

seuraamana. Koska sisällä ei ollut tarpeeksi tilaa kaikille, ne jotka eivät saaneet paikkaa sisältä, jäivät ulos odottamaan vuoroaan. Amman leveä hymy rauhoitti kaikkia. Hänen myötätuntoiset silmänsä toivat helpotusta kärsiviin sydämiin. Nuori nainen laittoi päänsä Amman syliin ja nyyhkytti. Amma kohotti hänen päätään ja pyyhki hellästi hänen kyyneleensä. Hän lohdutti nuorta naista sanomalla: "Älä itke, tyttäreni! Amma on tässä sinua varten! Älä itke!" Nainen jatkoi silti itkuaan, hän ei kyennyt hallitsemaan suruaan. Amma veti hänet lähelleen ja hyväili häntä rakkaudellisesti, taputtaen kevyesti häntä selkään. Nuori nainen tuli rikkaasta perheestä. Hän oli rakastunut yhteen veljensä ystävistä. Mutta koska nuori mies kuului eri kastiin, hänen perheensä vastusti heidän suhdettaan. Heidän rakkautensa oli kuitenkin kestänyt ja he olivat menneet naimisiin. He olivat aloittaneet yhteisen elämänsä vuokraamalla talon, ja hänen miehensä oli lainannut rahaa, minkä turvin hän oli aloittanut liiketoiminnan. Yritys oli kuitenkin epäonnistunut, jolloin paine hänen luotonantajiensa taholta oli kasvanut voimakkaaksi, ja hän oli lähtenyt kotoa kertomatta kenellekään.

"Hän on hylännyt minut ja lapset. Meillä ei ole ketään, joka huolehtisi meistä!" Nainen toisti tätä itkiessään Amman olkapäätä vasten.

Amma yritti lohduttaa häntä. "Älä ole huolissasi, tyttäreni. Hänelle ei ole tapahtunut mitään. Hän tulee takaisin."

Nuori nainen kohotti päänsä Amman olkapäältä ja kysyi: "Tuleeko minun mieheni takaisin, Amma?"

Amma: "Tulee aivan varmasti takaisin. Älä ole huolissasi, tyttäreni!" Pienen hiljaisuuden jälkeen Amma jatkoi: "Äiti antaa sinulle mantran. Pidä Devi kaiken aikaa mielessäsi ja toista mantraa säännöllisesti. Kaikki huolesi tulevat olemaan ohitse kuukaudessa."

Naisen kasvot kirkastuivat. Toiveikas odotus loisti hänen silmistään. Amma sulki silmänsä ja istui meditaatiossa hetkisen. Sitten hän avasi silmänsä jälleen toistaen: "Shiva, Shiva!"

Jumalallisen autuuden mielentila

Yksi kerrallaan oppilaat kumarsivat Amman edessä ja vetäytyivät. Herra Bhaskaran Nair Thissurista astui esiin ja kumarsi. Vaimonsa kuoleman jälkeen hän oli käyttänyt kaiken aikansa henkisiin harjoituksiin. Hän tuli usein ashramiin tapaamaan Ammaa. Rauha hänen kasvoillaan, hänen nöyryytensä ja *tulasi* (basilikakasvi ja Krishnan pyhä kasvi) helmistä tehty *mala* hänen kaulallaan kertoivat kaikki hänen *sattvisesta* (rauhallisesta) luonteestaan. Amma avasi paketin, jonka herra Nair lahjoitti hänelle. Se piti sisällään Chaitanya Mahaprabhun[8] elämäkerran ja kuvan. Amma tutkaili kirjaa, avasi sen ja ojensi sen herra Nairille. "Lue hieman, poikani. Amma kuuntelee." Nair oli hyvin tyytyväinen ja ryhtyi lukemaan:

"Kun rakkaus Jumalaa kohtaan alkaa kukoistaa sydämessäsi, silloin ei muita ajatuksia enää synny. Kaipaako kieli, joka on saanut maistaa karamellitankoa, enää muita arvottomia asioita? Siunattu sielu, joka on kehittänyt rakkauden Jumalaan, on jatkuvasti humaltunut siitä. Rakastaja kaihoaa joka sekunti saadakseen yhtyä rakastettuunsa. Hän ei ole lainkaan huolissaan siitä, rakastaako hänen rakastettunsa häntä vai ei. Jokainen hetki hän miettii vain rakastettuaan, eroa murehtien.

Mahaprabhun rakkaus oli tällaista. *Preman* virta, joka tulvi hänen sydämensä järvestä, kasvoi vain voimakkaammaksi ja voimakkaammaksi. Rakkauden Ganges ei koskaan kuivu niin kuin pienemmät joet. Yhtenä hetkenä hän nauroi, toisena hän tanssi. Kaiken yötä hän kasteli vaatteensa kyynelillään, itkien, unta saa-

---

[8] Bengalissa elänyt pyhimys ja suuri Krishnan palvoja.

matta. Hän huokaili syvään kutsuen: 'Oi Krishna, oi Krishna!'
Mahaprabhu tuli kykenemättömäksi suorittamaan tavallisia rutii-
nitoimia, kuten kylpemistä, syömistä tai hämäränajan rukouksia.
Hän ei voinut puhua tai kuunnella mitään muuta kuin Krish-
nan urotöitä. Hän ei tuntenut ketään muuta kuin tämän ikuisen
rakastettunsa Krishnan."
Herra Nair vilkaisi lukiessaan Ammaa, joka oli unohtanut
tämän maailman kokonaan. Hänen silmänsä sulkeutuivat hitaasti.
Hänen jumalallisten kasvojensa säteily näytti täyttävän ilmapii-
rin. Kyyneleet valuivat puoliväliin hänen poskiaan ja pysähtyivät.
Amman jumalallisen *bhaktin* mielentila levisi ympärillä oleviin
oppilaisiin ja kaikki istuivat liikkumattomina katsoen häntä sil-
mää räpäyttämättä. Nainen itki kutsuen voimakkaasti: "Amma,
Amma!" Herra Nair lopetti lukemisen ja istui kämmenet yhdessä
katsoen intensiivisesti Amman kasvoja. Täynnä antaumusta nai-
nen ryhtyi laulamaan *Ayi! giri nandini nandita mohini.*

Oi vuoren tytär! Hurmaaja!
Kaikkien palvoma, Nandin ylistämä,
Sinä joka leikit maailmankaikkeuden kanssa,
Sinä joka asustat Vindhyan vuorella,
oi Jumalatar, Shivan vaimo,
Sinä jolla on laaja perhe,
joka olet tehnyt monia ihmeellisiä tekoja,
voitto Sinulle!
Oi demoni Mahishan lyöjä,
Shivan kaunis rakastettu,
Himavatin tytär!

Puolitoista tuntia kului, sitten Amma avasi silmänsä ja jatkoi
darshanin antamista oppilailleen. Sen jälkeen hän meni ulos ja
istuutui vedanta -koulun ja majan väliseen varjoon. Muutamia
oppilaita ja brahmachareja kokoontui hänen ympärilleen. Yksi

heistä oli Surendran, joka oli aiemmin elämänsä varrella myynyt alkoholia. Tavattuaan Amman hän oli lopettanut tuon työn ja pyöritti nyt sekatavarakauppaa kotitalonsa lähettyvillä.

Menneisyys on mitätöity shekki

Surendran: "Amma, olen tehnyt monia virheitä elämässäni, ja niiden muistot häiritsevät minua yhä suuresti."

Amma: "Poikani, miksi kannat huolta menneisyyden virheistä? Mikä on mennyttä, on mennyttä. Jos vaivaat itseäsi sillä, menetät voiman joka sinulla on nyt. Tee juuri nyt voimallinen päätös, ettet tee tuollaisia virheitä enää uudelleen. Se on tarpeen. Sitten puhtaat toimesi puhdistavat mielesi. Sinun halusi olla hyvä ajatuksissasi ja teoissasi ja sinun pyrkimyksesi siihen suuntaan kertovat mielesi puhtaudesta.

Aiempien tekojesi aikaan et tiennyt, että ne olivat väärin, mutta nyt kun tiedät, pyrit sellaisesta eroon. Se riittää. Kun pieni lapsi heittää pallolla äitiään, tämä vain hymyilee. Hän nostaa lapsen syliinsä ja antaa sille suukon. Mutta jos lapsi vanhempana ollessaan heittää jotakin äitiään kohden, hän ei ole enää niin anteeksiantavainen. Olemme tehneet samalla tavoin monia vääriä tekoja, oivaltamatta sitä. Jumala antaa meille kaiken anteeksi. Mutta hän ei anna anteeksi virheitä, jotka teemme sen jälkeen, kun tiedämme niiden olevan väärin. Meidän pitäisi siksi välttää virheidemme toistamista.

Ei ole tarpeen olla pahoillaan tavasta, miten olemme eläneet tähän asti. Se on kuin mitätöity sekki. Tai se on kuin virheet, jotka olet tehnyt kirjoittaessasi lyijykynällä. Sinulla on pyyhekumi, jolla voit pyyhkiä virheesi, mutta voit tehdä näin vain muutamia kertoja. Jos yrität kumittaa liian monta kertaa samasta paikasta, paperi repeytyy. Jumala antaa anteeksi virheet, jotka teemme tietämättämme. Suurin rikkomus on, että toistamme jotakin, jonka tiedämme vääräksi. Sitä meidän ei pitäisi tehdä."

Oppilas: "Amma, ansaitsenko minä oikeuden rukoilla Jumalaa? Onko mieleni tarpeeksi puhdas sitä varten?"

Amma: "Älä ajattele tuolla tavoin, poikani. Älä ajattele, ettei sinulla ole mielen puhtautta rukoillaksesi, koska olet tehnyt paljon virheitä elämäsi aikana tai että rukoilet vasta, kun mielesi on tullut puhtaaksi. Jos ajattelet, että uit meressä vasta sitten, kun aallot ovat asettuneet, et ui koskaan. Et opi uimaan istumalla uima-altaan reunalla. Sinun on mentävä veteen. Mitä tapahtuu, jos lääkäri käskee potilasta tulemaan luokseen vasta, kun tämä on tervehtynyt? Jumala on se, joka puhdistaa mielemme. Sen tähden turvaudumme Häneen. Vain Hänen avullaan voimme puhdistua."

Surendran: "Amma, kun meillä on uskoa ja todellista antaumusta sinua kohtaan, emme voi tehdä mitään väärää. Siksi pyydämme vain sinun armoasi, että saisimme uskoa ja antaumusta."

Amma: "Lapseni, riittää jos uskotte Jumalaan. Jos uskotte vakaasti Häneen, ette tee virheitä. Silloin elämässänne on vain onnellisuutta."

Surendran: "Etkö sinä itse ole Jumala, Amma?"

Amma: "Äiti ei tykkää sanoa niin. Oletettakaamme, että tuoksuva kukka kukkii kasvissa. Kasvin ei tule huudahtaa: 'Katsokaa minun kukkaani! Kuinka kaunis se on! Ja mikä ihana tuoksu? Se syntyy minun voimastani.' Jos se sanoo niin, on se egon kasvattamista. Kaikki voima kuuluu Jumalalle. Meidän ei pitäisi koskaan ajatella, että mikään on meidän. Mikään tästä ei johdu Amman voimasta. Amma kukkii Hänen voimastaan. Hän teki Ammasta tuoksuvan. Amma ei sano, että mikään olisi hänen omaansa."

Surun syy ja lääke

Oppilas: "Amma, mikä on syynä suruun?"

Amma: "'Minä' ja 'minun'-asenne on syynä kaikkeen suruun.
Kerran olimme palaamassa Kozhikodesta. Bussissa oli perheellinen mies ja hänen lapsensa. Hän istui penkillä leikkien lapsensa

111

kanssa. Jonkin ajan kuluttua hän nukahti ja myös lapsi uinahti isänsä syliin. Vähän myöhemmin lapsi liukui sylistä ja putosi lattialle. Isä ei heti huomannut tätä, vaan heräsi vasta, kun lapsi alkoi itkeä. Sitten hänkin alkoi itkeä sanoen: 'Oi poikani, minun poikani!' Hän ryhtyi tutkimaan, oliko lapsessa vahingoittumisen merkkejä. Hänen 'minä' ja 'minun' asenteensa kääntyi suruksi, heti kun hän heräsi. Jos tuota asennoitumista ei ole, ei ole suruakaan. Kaksi nuorta poikaa leikki kepin kanssa. Kolmas lapsi näki tämän ja alkoi itkeä, koska hänkin halusi kepin. Hän sai aikaiseksi metakan, jolloin hänen äitinsä tuli ja otti kepin toisilta pojilta ja antoi sen hänelle. Poika alkoi leikkiä sillä, mutta pian hän nukahti. Keppi liukui hänen käsistään, mutta hän oli täysin tietämätön siitä. Hän oli itkenyt sen perään hetkeä aiemmin, mutta unessaan hän menetti 'minä' ja 'minun' -asenteensa. Tämä tyynnytti hänet ja hän saattoi nukkua rauhallisesti, unohtaen kaiken muun. Samalla tavoin Itsessä asustava Brahman on autuutta. Jos luovumme 'minä' ja 'minun' -asenteesta, saamme nauttia autuutta. Sitten ei surua enää ole. Mutta meidän pitää luopua 'minä yksilö' -asenteesta.

Oppilas: "Amma, onko se kaikille niin helppoa?"

Amma: "Yritä, poikani! Emme ehkä kykene kiipeämään vuorelle, mutta emmekö voi ottaa siitä edes kourallisen hiekkaa? Jos otamme valtamerestä kourallisen vettä, siihen jää sen verran vähemmän. Ajattele tällä tavoin. Jos omistaudut asialle kokonaan ja yrität jatkuvasti, mikään ei ole mahdotonta. Jos kaadat jatkuvasti vettä mustepulloon, väri katoaa hiljalleen etkä kykene lopulta enää sanomaan, oliko siinä alun perin mustetta lainkaan. Samalla tavoin, kun mieli laajenee jatkuvan Jumalan ajattelemisen seurauksena, yksilöllisyyden tunne katoaa hiljalleen ja häviää lopulta kokonaan. Yksilöllisestä mielestä tulee universaali mieli."

Toinen oppilas: "Amma, moni vihaa minua vain sen takia, koska minulla on rahaa. Onko väärin olla varakas?"

Amma: "Lapseni, ei rahan omistamisessa ole mitään väärää. Mutta elämän tarkoituksena ei ole vain kerätä rahaa. Rahaa voi säästää tarpeita varten, mutta ei ylenpalttisesti.

Kerran eräässä kylässä oli sateenvarjon tekijä. Kun hän työskenteli, hän toisti Jumalan nimeä ja harjoitti satsangia niiden kanssa, jotka tulivat hänen luokseen. Hän eli onnellisena, tyytyväisenä siihen mitä ansaitsi, ja kaikki pitivät hänestä. Hän tienasi tarpeeksi huolehtiakseen päivittäisistä tarpeistaan.

Eräänä päivänä maanomistaja osti häneltä sateenvarjon. Ilahtuneena sateenvarjon korkeasta laadusta ja kohtuullisesta hinnasta maanomistaja kiinnostui sateenvarjojen tekijästä, jonka hyvät ominaisuudet vetivät häntä puoleensa. Maanomistaja antoi hänelle hieman rahaa lahjaksi. Heti kun sateenvarjojen tekijä sai rahaa, hänen luonteensa muuttui. Hänen mielensä ei ollut enää työssä vaan hän ajatteli huolissaan: 'Miten voin suojella rahojani? Ovatkohan ne turvassa kotona? Entäpä jos joku varastaa ne?' Kun hänen ajatuksensa rahojen kohtalosta lisääntyivät, hän lakkasi toistamasta mantraansa. Hän ei saanut tehdyksi työtään ajoissa, sillä hänen ajatuksensa olivat tulevaisuuden suunnitelmissa: 'Pitäisikö minun rakentaa talo tai laajentaa liiketoimintaani?' Tällaisia olivat hänen ajatuksensa ja tämän vuoksi hän ei enää huomioinut työtään.

Hän ei enää iloinnut toisten kanssa keskustelemisesta, sillä hän oli unohtanut, miten puhutaan rakkaudella. Kun joku puhutteli häntä, se ärsytti häntä, sillä se häiritsi hänen ajatuksiaan. Yhä harvempi ihminen tuli hänen kauppaansa, jolloin hänen tulotasonsa putosi. Ajatus rahasta ryösti hänen mielenrauhansa. Kun hänen ahneutensa ja itsekkyytensä kasvoi, hän tuli masentuneeksi ja rauhattomaksi. Pian rahat, jotka hän oli saanut lahjaksi, oli käytetty. Eikä hänellä ollut enää töitä. Mies, joka oli ennen rahan saamista viettänyt tyytyväistä elämää, eli nyt piinassa.

Lapseni, kun menemme liiallisuuteen missä hyvänsä asiassa, se vie meiltä rauhan. Pyri siksi elämään aina yksinkertaista elämää. Yksin tämä tuo meille sisäisen rauhan. Emme tarvitse mitään liiallisessa määrin." Amma käyttää yksinkertaisia keinoja poistaakseen lastensa epäilykset. Silti he haluavat aina kuulla vain lisää tällaista nektarinkaltaista puhetta, joka antaa tiedon jokapäiväisten tarinoiden ja esimerkkien avulla, ja joka pitää sisällään mittaamattoman arvokkaita viisauden jalokiviä. He rukoilevat niin kuin Arjuna rukoili Krishnaa: 'En ole kuullut riittävästi tätä nektaria. Salli minun kuulla yhä vain lisää!'

Kolmas luku

Keskiviikko 7. elokuuta 1985

Amma istui kasvot Arabianmeren suuntaan, kanaalin törmällä, joka kulki ashramin reunalla. Brahmacharit tulivat ja istuutuivat hänen ympärilleen meditaatiota varten. Tunnelma oli rauhallinen ja vaikuttava, se sai mielen kääntymään luonnollisella tavalla sisäänpäin. Jopa valtameren aallot tuntuivat rauhoittuneen. Kaikki yrittivät meditoida.

Amma katsoi myötätuntoisesti jokaista vuorollaan ja alkoi hiljalleen puhua.

Meditaatio

"Lapseni, kun istutte meditoimaan, älkää ajatelko, että voitte rauhoittaa mielenne välittömästi. Ensimmäiseksi teidän pitäisi rentouttaa kehonne eri osaset. Löysätkää vaatteitanne, jos ne kiristävät. Pitäkää huoli siitä, että selkäranka on suorana. Sulkekaa silmät ja keskittäkää mielenne hengitykseenne. Teidän tulisi olla tietoisia sisäänhengityksestä ja uloshengityksestä. Yleensä hengitämme sisään ja ulos ilman, että olisimme tietoisia siitä, mutta sen ei pitäisi olla niin. Meidän pitäisi tulla tietoisiksi tuosta prosessista, silloin mieli on hereillä.

Kun istutte tuolla tavoin jonkin aikaa, mielenne tyyntyy. Voitte jatkaa meditaatiota keskittämällä huomionne hengitykseen. Tai voitte ryhtyä mietiskelemään teille rakkaan jumaluuden olemusta. Jos mielenne vaeltaa, tuokaa se takaisin. Jos ette kykene tekemään niin, riittää, että katsotte minne se menee. Mieltä pitää tarkkailla. Silloin se lakkaa kiiruhtamasta ympäriinsä ja on näin teidän hallinnassanne.

Ryhtykää meditoimaan nyt, lapseni."

Hän joka poistaa kaikki vaarat

Kaikki brahmacharit uppoutuivat meditaatioon. Yhtäkkiä Amma kuitenkin lopetti meditaationsa. Nähdessään Amman äkillisen mielentilan muutoksen eräs brahmachareista tiedusteli häneltä syytä siihen.

Amma: "Jotakin on tapahtunut yhdelle lapsistani." Hän vaikeni hetkeksi, sitten hän jatkoi: "Se poikani, joka tulee tänne säännöllisesti Kozhencheristä - Amma näki hänet. Amma sanoi hänelle edellisviikolla, kun hän oli täällä, että hänen pitäisi olla varovainen matkustaessaan kulkuneuvoilla. Amma erityisesti varoitti häntä, että hän ei saisi ajaa mitään kulkuneuvoa kolmeen kuukauteen." Amma näytti olevan erityisen huolestunut. Hän palasi kiireesti omaan huoneeseensa.

Se mitä Amma oli sanonut toi mieleen Haridasille tapahtuman, joka oli tapahtunut hänelle vuotta aiemmin. Haridas oli kotoisin Pattambista. Hän kuvaili nyt tapahtumasarjan toisille. "Tapanani oli tulla perheeni kanssa jeepillä katsomaan Ammaa. Eräänä päivänä, kun olin täällä, hän sanoi minulle: 'Älä aja autoa vähään aikaan, poikani. Amma näkee edessäpäin pimeyttä!' Niinpä laitoin paluumatkalla veljeni ajamaan jeeppiä. Kaksi kuukautta myöhemmin minä ja veljeni menimme Sultan Batteryyn tapaamaan ystävää. Ollessamme siellä veljeni sai vatsataudin. Hän ei kyennyt ajamaan eikä edes matkustamaan. Minun piti olla seuraavana aamuna kotona taloudellisten syiden takia, joten en voinut jäädä sinne. Jätin veljeni ystävämme luo ja lähdin samana iltana.

Muistin Amman varoituksen ja ajoin hitaasti ja varovaisesti, samalla kun toistin mantraani. Matkalla tunsin itseni uneliaaksi. Pysähdyin juomaan kupillisen teetä, pesin kasvoni kylmällä vedellä ja jatkoin sitten matkaani. Mutta ajettuani pienen matkan, tunsin jälleen itseni väsyneeksi. Ponnistelin pysyäkseni hereillä, kun ajoin edelleen. Lopulta nukahdin hetkiseksi. Jeeppi lähti hallinnastani ja liukui oikealle. Yhtäkkiä tunsin jonkun tarttuvan ohjauspyörään kääntäen sitä vasemmalle. Samalla hetkellä huusin: 'Amma!' ja painoin jarruja. Jeeppi pysähtyi melkein koskettaen suurta kiveä tien vasemmalla puolella. Pimeässä ei nähnyt kunnolla. Tie oli rakennettu vuoren reunalle. Vuori kohosi vasemmalla ja oikealla tien reunan jälkeen oli jyrkkä pudotus syvään laaksoon. Nähdessäni, että jeeppi oli pysähtynyt lähelle tien vasenta reunaa, olin vakuuttunut siitä, että näkymättömän auttajan apu ei ollut vain minun mielikuvitukseni tuotetta. Tulin ashramiin viikkoa myöhemmin. Heti kun Amma näki minut, hän kysyi minulta: 'Poikani, ajoitko, vaikka Amma kielsi sinua?' Saatoin vain seistä siinä kyyneleet silmissä."

Amma suojelee lapsiaan, aivan kuin äiti, joka valvoo pienokaisiaan pitäen heitä kädestä kiinni, laskematta heitä pois sylistään. Amma on tietoinen jokaisesta lastensa ajatuksesta ja jokaisesta henkäyksestä, jonka he ottavat.

Onko tulevaisuus ennaltamäärätty?

Amma tuli huoneestaan bhajaneitten päätyttyä. Eräs perhe Bhopalista oli tullut tapaamaan häntä. He olivat lomalla ja vierailulla Keralassa synnyinkaupungissaan, missä he olivat saaneet kuulla Ammasta. He halusivat tavata hänet ennen kuin palaisivat Bhopaliin. Aviomies oli omaksunut henkisyyden perusperiaatteet isältään, joka oli *Sri Ramakrishnan* vankkumaton seuraaja. Hänen vaimonsa ja lapsensa uskoivat myös syvästi Jumalaan. Heillä oli aina aikaa sadhanalle kiireisestä elämästään huolimatta. He suunnittelivat palaavansa kotiin saatuaan ensin illalla Amman darshanin. Koska heillä oli auto, takaisin meneminen ei olisi mikään ongelma.

Kun aviomies sai tilaisuuden jutella Amman kanssa, hän sanoi: "Amma, ongelmat elämässäni ovat viime aikoina lisääntyneet kovasti. Vaimoni oli sairaalassa kuukauden. Kun hän palasi kotiin, poikamme sairastui ja hänen täytyi viettää viikko sairaalassa. Vaimoni sanoo, että ongelmamme katoavat, jos annamme horoskooppimme tutkittavaksi ja teemme ne parantavat toimenpiteet, joita meille suositellaan!"

Amma: "Onko läheisyydessänne joku, joka voisi tutkia horoskooppinne?"

Aviomies: "Vaimoni isä tuntee astrologiaa. Vaimoni touhottaa tästä joka päivä. Hän haluaa lähettää meidän kaikkien horoskoopit isälleen. Minä taas en usko horoskooppeihin ja sen sellaiseen. Joudumme läpikäymään sen mitä kohtalo tuo tullessaan, joten miksi nähdä vaivaa tuollaisen takia?"

Amma: "Ei ole oikein sanoa, että tuolla kaikella ei olisi mitään merkitystä. Voimme tuntea tulevaisuuttamme jossain määrin tutkimalla planetaarisia asetelmia. Jos tunnemme edessämme olevan tien, voimme välttää vaikeuksia. Emmekö voikin välttää piikkistä aitaa tai edessäpäin olevaa kaivantoa, jos tiedämme niiden olevan siellä?"

Aviomies: "Voimmeko sitten muuttaa kohtalomme?"

Amma: "Kohtalo voidaan muuttaa tapasin ja sadhanan avulla. Jopa kuolema voidaan torjua. Etkö tunne pyhimys Markandeyan tarinaa? Eikö hänen kohtalonsa muuttunut, kun hän rukoili koko sydämestään hetkellä, jolloin hän joutui kohtaamaan kuoleman? Mikä hyvänsä kohtalossamme voidaan ylittää, jos toimimme antautumalla kokonaan Jumalalle. Mutta meidän täytyy olla valmiita toimimaan, sen sijaan että istumme vain aloillamme toimettomina ja syytämme kohtaloa. Se, ettemme tee mitään ja vain syytämme kohtaloa, on merkki laiskuudesta."

Aviomies: "Silloinhan horoskooppi, joka kertoo ennalta tulevaisuuden, osoittautuu vääräksi. Eikö?"

Amma: "Ponnistelumme saa varmuudella aikaan muutoksen. Amma kertoo teille tarinan. Kaksi ystävää antoivat laatia horoskooppinsa. Horoskooppien mukaan kumpikin tulisi kuolemaan käärmeenpuremaan. Toinen heistä oli tästä kaiken aikaa syvästi huolissaan. Hänen levottomuutensa sai hänen mielenterveytensä järkkymään. Myös hänen perheenjäsenensä menettivät mielenrauhansa. Toinen miehistä taas ei langennut levottomuuden valtaan. Hän ryhtyi miettimään mahdollista ratkaisua tilanteeseen. Tullessaan tietoiseksi rajallisista mahdollisuuksistaan välttää kuolema hän kääntyi Jumalan puoleen. Sen lisäksi hän käytti tervettä kehoaan ja älyään, jotka Jumala oli hänelle antanut, ottaen huomioon kaiken mahdollisen, millä tavoin voisi välttää sen ettei joutuisi käärmeen puremaksi. Hän pysytteli kotosalla ajatellen alati Jumalaa.

Eräänä iltana hän meni pimeään pujahuoneeseen, jolloin hänen jalkansa osui vahingossa johonkin. Huoneessa oli käärmeen hahmoinen jumalan patsas, sen kieli pisti esiin. Tähän hänen jalkansa osui ja tämä tapahtui juuri sillä tunnilla, kun käärmeen olisi horoskoopin mukaan pitänyt purra häntä. Vaikka kyseessä olikin eloton käärme, hän sai haavan, mutta siihen ei tullut myrkkyä. Ponnistus, jonka hän teki omistautuessaan Jumalalle, kantoi hedelmää. Hänen ystävänsä sen sijaan joutui ahdistuksen valtaan jo ennen kuin mitään oli tapahtunut ja tällä tavoin hän hukkasi elämänsä. Elä siis ponnistellen, poikani, äläkä syytä kohtaloasi. Kaikki esteet on mahdollista voittaa näin toimien."

Aviomies: "Amma, minulla olisi kysymys."

Amma: "Minkälainen, poikani?"

Aviomies: "Jos kohtalo voidaan muuttaa, eikö Krishna olisi voinut muuttaa Duryodhanan mielen ja näin sota olisi ollut mahdollista välttää? Olisiko Duryodhana ryhtynyt sotimaan, jos Krishna olisi paljastanut hänelle jumalallisen muotonsa?"[9]

---

[9] Kysymys viittaa *Mahabharata*-eepokseen ja *Bhagavad-Gitaan*, jotka kuvaavat viisituhatta vuotta sitten Intiassa käytyä sotaa. Sodan osapuolet olivat Kauravat ja Pandavat, jotka olivat serkuksia keskenään. Sotaan osallistui myös molem-

Amma: "Krishna näytti korkeimman muotonsa sekä Pandaville että Kauraville. Koska Arjuna oli nöyrä, hän kykeni tunnistamaan Krishnan suuruuden, mutta egoistinen Duryodhana ei kyennyt tähän. Ei kannata näyttää mitään heille, joilla ei ole antaumuksellista asennetta. Henkiset periaatteet voidaan välittää vain niille, jotka ne ansaitsevat ja niille, joilla on oikeanlainen luonteenlaatu. Duryodhana piti kehon palvomista tärkeänä. Hänellä ei ollut sellaista mielenlaatua, että olisi voinut omaksua Krishnan neuvot. Hänen asenteensa oli sellainen, että sanoi Krishna sitten mitä hyvänsä, niin se ei ollut hänen hyväkseen, vaan sen tarkoituksena oli vain auttaa Pandavia. Mitä hyvänsä Krishna sanoikin hänelle, hän omaksui päinvastaisen kannan. Vain sota saattoi tuhota tällaisten ihmisten egon."

Pyhän Äidin kasvot vakavoituivat. Hän nousi yhtäkkiä seisomaan. Hänen ajatuksensa olivat siirtyneet johonkin muuhun. Perhe kumarsi ja vetäytyi. Amma meni kookospuulehtoon ja käveli puiden keskellä. Hän lauloi bhajanin säkeitä hiljaisella äänellä. Hetken päästä hän nosti molemmat kätensä kohti taivasta ja lauloi saman säkeen yhä uudelleen ja uudelleen, syvällä tunteella, ääni murtuen ja värähdellen.

Vähän ajan kuluttua Amma istuutui hiekalle ja käänsi kasvonsa maata kohden. Vuodattiko hän kyyneleitä lastensa takia? Kukaan ei uskaltanut rikkoa tätä hänen yksinolonsa hetkeä. Kaikki lähtivät hiljaa pois. Amma makasi hiekalla ja oli tuossa asennossa monia tunteja. Ihmisen heiveröinen mieli joutuu tunnustamaan tappionsa yrittäessään ymmärtää Amman toimien käsittämätön-

---

pia osapuolia tukevat sotajoukot. Kirjojen kirjoittaja Veda Vyasa kuvaa teoksessa historiallista tapahtumaa ja käyttää samalla tätä tapahtumaa itsekkäiden sekä epäitsekkäiden voimien taistelulle, joka riehuu alati ihmisen sisimmässä. Krishna opettaa tässä eepoksessa Arjunalle henkisen joogan salaisuuden: kuinka itsekkäiden ominaisuuksien valtaisa armeija on voitettavissa pienemmällä hyveitten armeijalla.

tä luonnetta. Täydellinen antautuminen on ainoa mahdollisuus, joka jää jäljelle.

Lauantai 10. elokuuta 1985

Aamu oli sarastamassa. Keskellä yötä keski-ikäinen mies oli tullut ashramiin niin vahvassa humalatilassa, ettei hän kyennyt kävelemään kunnolla. Kaksi miestä kinasivat nyt hänen kanssaan rahasta, jonka hän oli heille velkaa. Hän oli vuokrannut heidän riksansa ja tullut sillä ashramiin. Matkan varrella hän oli pysähtynyt useisiin viinakauppoihin. Siinä vaiheessa, kun he saapuivat ashramiin, miehellä ei ollut enää rahaa jäljellä. He pyysivät kuuttakymmentä rupiaa. Hänellä oli vain muutamia kolikoita. Lopulta hän antoi heille kalliin kellonsa ja lähetti heidät tiehensä. Hän käveli epävakain askelin. Brahmacharit auttoivat hänet vedantakoulun verannalle ja asettivat hänet makaamaan. Erään oppilaan neuvosta hän joi hieman kirnupiimää. Joku auttoi häntä vaihtamaan vaatteensa.

Tuona päivänä pidettäisiin Kollamissa sijaitsevassa ashramissa tilaisuus, jossa tehtäisiin archana ja laulettaisiin bhajaneita Amman jumalallisessa seurassa. Kahdeksalta aamulla Amma laskeutui portaat huoneestaan, valmiina lähtemään matkalle. Mies, joka oli tullut juovuksissa, riensi nyt Ammaa kohden. Hän oli käynyt suihkussa ja levittänyt itseensä pyhää tuhkaa. Hän lankesi pitkin pituuttaan Amman eteen ja toisti ääneen Jumalalliselle Äidille omistettuja hymnejä. Hän myös kertoi Ammalle vaikeuksistaan. Vaikka Amma tiesikin hänen juomisestaan, hän lohdutti miestä lempeän äidillisellä rakkaudella. Hän sanoi: "Amma palaa illalla. Ole täällä yötä, voit sitten lähteä bhavadarshanin jälkeen huomenna."

Brahmacharit ja muutamat oppilaat lähtivät Amman mukaan matkalle Kollamiin. Amma nousi suurikokoiseen kanoottiin, joka toimi lauttana takavesien ylittämiseksi. Kaikki ryntäsivät samaan veneeseen innoissaan ajatuksesta, että saisivat olla Amman kanssa samassa veneessä, mutta heitä oli liikaa. Amma, joka ei halunnut nähdä yhdenkään lapsensa olevan onneton, ei pyytänyt ketään poistumaan. Jos kanoottia keikutettaisiin, se hörppäisi vettä. Jos moottorivene ohittaisi sen, kanootti uppoaisi kaikkine lasteineen. Mutta kaikki olivat vakuuttuneita siitä, että mitään ikävää ei sattuisi, olihan Amma heidän kanssaan. "Lapseni, täällä on mukana ihmisiä, jotka eivät osaa uida. Joten olkaa kaikki hyvin varovaisia. Jos heilutatte venettä, se menee pohjaan", hän sanoi vakavana. Vene lipui pehmeästi rannasta.

Henkinen matka

Amma sanoi: "Lapseni, henkinen matka on juuri sellainen kuin tämä (vene)matkamme. Meillä täytyy veneessä istuessamme olla itsekuria, meidän on jopa pidettävä hengitystä, kunnes saavutamme toisen rannan. Vene voi vajota, jos meillä ei ole tuollaista itsehillintää. Samalla tavoin kunnes saavutamme *samsaran* toisen rannan, kunnes saavutamme *purnamin* (kokonaisuuden), meidän on otettava jokainen askel hyvin varovaisesti. Kun saavumme perille, huolia ei enää ole."

Amma istui veneen puisella penkillä katse veteen luotuna. Kun Amma on lastensa kanssa ja pitää heitä kädestä kiinni, mitä pelättävää silloin voisi olla? Eikä kukaan ollutkaan huolissaan.

Kun he saapuivat toiselle rannalle, he nousivat bussiin. Matkan aikana Brahmachari Venu[10] sanoi Ammalle: "Vähän aikaa sitten eräs oppilas sanoi minulle, ettei hän usko mahatmoihin, jotka elävät vaurauden keskellä kerättyään jopa miljoonia."

Amma: "Emme voi tuomita heitä tuollaisin perustein. Katso kaikkia koruja, jotka koristavat jumalia temppeleissä. Syytäm-

---

10 Swami Pranavamritananda.

mekö Jumalaa siitä? Ihmiset eivät ota huomioon kaikkia mahatmojen tekoja."

Venu: "Hänellä oli joitakin valituksen aiheita myös sinusta, Amma. Hän ajattelee, että Amma jättää naiset huomiotta."

Amma (nauraen): "Ai, onko näin?"

Venu: "Vaikka Amma onkin nainen, hän valittaa, että täällä ei ole tarpeeksi brahmacharineja (nunnia)."

Amma: "Ammako, joka on tahtonut tehdä *tapasia* poistaakseen naisten heikkoudet, jättäisi nyt naiset vaille huomiota? Sanjaasin elämä edellyttää suuren määrän miehekkyyttä. Vain ne tytöt, joilla on hyviä maskuliinisia ominaisuuksia tulisi hyväksyä ashramiin. Muussa tapauksessa he saavat lopulta aikaan vain enemmän vahinkoa kuin hyvää, vaikka ovatkin tulleet ashramiin toiveenaan maailman auttaminen. Jos pojat erehtyvät, maailma ei syytä heitä yhtä paljon. Vaikka he jättäisivätkin ashramin, he voivat aina löytää jotakin työtä ja ansaita elantonsa. Mutta toisin on tyttöjen laita. Tyttöjen pitää olla hyvin varovaisia. He tarvitsevat kyvyn itsensä elättämiseen, jos sattuisivat huomaamaan, etteivät sovi luostarielämään. Siksi Amma edellyttää, että kaikki tytöt täällä jatkavat kouluttautumistaan.

Tyttöjen pitää olla itsenäisiä. He ovat perusolemukseltaan myötätuntoisia ja kiintyvät helposti. Tämän vuoksi he joutuvat kärsimään ja heitä petetään. He kuitenkin pelastuvat, jos tämä kiintymys suunnataan Jumalaan. Jos naisella on miehen takertumattomuutta, saa hän kymmenen miehen voimat."

Brahmachari Pai: "Amma, kumpi on arvokkaampaa, epäitsekäs työ vai meditaatio?"

Amma: "Lapseni, mitä mieltä olette tästä?"

Jokainen kertoi näkemyksensä. Se johti kiivaaseen keskusteluun. Amma nautti siitä, kuunnellen hymy kasvoillaan. Lopulta kaikki hiljenivät ja katsoivat häneen. "Amma, sano sinä meille!"

Kun heidän vaatimuksensa kasvoivat voimakkaammiksi, Amma sanoi: "Tarvitsette molempia. Tapas ei yksin riitä, tarvitsette myös toimintaa. Pesuaine ei yksin riitä pesemään vaatteitanne puhtaiksi, teidän täytyy myös ravistella, hakata tai hangata vaatteita puhtaiksi. Ylittääksemme olosuhteet *karma* (toiminta) on tarpeen. Meidän pitäisi muistaa Jumalaa jatkuvasti mitä hyvänsä teemmekin, eikä ainoastaan silloin kun istumme meditaatiossa. Epäitsekäs toiminta auttaa meitä kehittämään sitä puhtautta, mitä tarvitsemme meditaatiossa. Toimintaa tarvitaan myös tarkistaaksemme, missä määrin olemme kehittyneet meditaatiossa. Toisaalta ilman meditaatiota epäitsekäs toiminta ei ole mahdollista. Tapasia harjoittavan ihmisen teoilla on oma voimansa, ne hyödyttävät kaikkia."

Tuona iltana tohtori Sudhamsu Chaturvedi, yliopiston professori, saapui ashramiin tapaamaan Ammaa. Hän oli kotoisin pohjoisesta Uttar Pradeshista, mutta oli asunut Keralassa jo useita vuosia. Hän puhui *malayalamia* sujuvasti, ja odottaessaan Amman palaavan matkaltaan hän väitteli brahmacharien kanssa monista eri aiheista. Hänen mielestään kaikkein tärkeintä oli pyhien tekstien opiskeleminen.

Lopulta Amma palasi Kollamista. Hän istuutui kalarin kaakkoiskulmaukseen. Sudhamsu kumarsi ja istuutui hänen lähelleen. Ilman sen kummempia esittelyjä Amma ryhtyi puhumaan: "Poikani, sinä matkustat jatkuvasti. Kun olet asemalla, miten saat selville junien tai bussien aikataulut?"

Sudhamsu: "Tiedustelen tiskiltä tai katson asemalla olevasta aikataulusta."

Amma: "Luettuasi aikataulusta, mikä bussi menee minnekin, jäätkö seisomaan aikataulun eteen vai etsitkö bussin ja nouset siihen?"

Sudhamsu: "Saatuani tiedon menen tietenkin bussiin ja matkustan. Sehän on ainoa keino päästä päämäärääni."

Amma: "Samalla tavoin pyhät kirjoitukset ainoastaan osoittavat tien. Jos istut lukemassa kirjoituksia, et saavuta päämäärääsi. Kun halusit tulla tänne, otit selville sopivan bussin ja nousit siihen. Sillä tavoin pääsit tänne. Samaten vain harjoittamalla pyhissä teksteissä kuvattavaa sadhanaa voit ylipäätään saada henkisiä kokemuksia. Syömällä banaanin kuvan et voi tuntea hedelmän makua tai saada osaksesi sen ravitsevuutta. Pyhien tekstien lukeminen on tarpeen, mutta samanaikaisesti sinun pitää harjoittaa sadhanaa saadaksesi siitä hyödyn."

Professori oli ällistynyt, että Amma tiesi tarkalleen, mitä hän ja brahmacharit olivat jutelleet juuri ennen kuin hän oli tullut. Hän oli hetken vaiti ja esitti sitten toisen kysymyksen.

Sudhamsu: "Jos Kristus oli todellakin mahatma, eikö hän olisi voinut estää vihollisiaan ristiinnaulitsemasta häntä?"

Amma: "Kristus uhrasi itsensä opettaakseen ihmisille uhraamisen ja anteeksiannon suuruuden. Mahatmat voivat poistaa oman kärsimyksensä hetkessä, jos niin tahtovat. Mutta he haluavat antaa esimerkin koko maailmalle, vaikka se tarkoittaisikin, että he itse joutuvat kärsimään. Kukaan ei voi tehdä mahatmoille mitään. Et voi edes lähestyä heitä ilman heidän suostumustaan. Kukaan ei voi vastustaa heitä, jos he päättävät niin. He kärsivät vapaaehtoisesti opettaakseen maailmalle, miten kohdata vastustavia voimia ja vaikeita tilanteita."

Sudhamsu esitti uuden kysymyksen: "Kuinka nämä kaikki brahmacharit tulivat tänne pysyviksi asukkaiksi?"

Amma: "Poikani, kun kukka kukkii, ei ole tarpeen lähettää erityistä kutsua kenellekään tullakseen nauttimaan sen nektarista. Mehiläiset tulevat itsestään. Näillä lapsilla oli henkinen samskara jo alun pitäen. Amman tapaaminen herätti sen, siinä kaikki. Etkö muista unohtamasi laulun kokonaisuudessaan, kun kuulet sen ensimmäisen säkeen? Nämä lapseni olivat valmiit elämään elämänsä sen samskaran mukaisesti, joka oli jo heissä. Amma vain ohjaa heitä, siinä kaikki."

Sudhamsu: "Minä olen harjoittanut japaa ja meditaatiota kauan, mutta kehitystä ei ole ollut tarpeeksi."

Amma: "Sinun täytyy myös rakastaa Jumalaa. Ilman rakkautta mikään määrä japaa ja meditaatiota ei kanna hedelmää. Kun rakkautesi Jumalaa kohtaan tulee hyvin voimakkaaksi, kaikki sisälläsi olevat kielteiset vasanat putoavat automaattisesti pois. Veneen soutaminen vastavirtaan on vaikeaa, mutta jos veneessä on purje, se onnistuu helposti. Rakkaus Jumalaan on kuin purje, joka auttaa venettä etenemään.

Kun rakastavaiset istuvat yhdessä, he ärsyyntyvät jos toiset tulevat heidän lähelleen. Todellisella sadhakalla on samanlainen asenne. Hän ei pidä mistään, mikä ei ole tekemisissä Jumalan kanssa. Hän elää ajatellen kaiken aikaa Jumalaa, eikä hän voi sietää esteitä, jotka tulevat hänen ja Jumalan väliin. Verrattuna hänen rakkauteensa Jumalaa kohtaan kaikki muu on hänelle arvotonta.

Poikani, sinun pitäisi olla todellista laksha bodhaa (pyrkimystä päämäärään). Vain sillä tavoin sadhanastasi tulee syvää. Kun joku todella haluaa päästä matkustamaansa paikkaan, mikään este ei voi pysäyttää häntä. Jos hän myöhästyy bussista, hän ottaa taksin. Mutta mikäli häneltä puuttuu kiinnostusta, hän saattaakin päättää mennä kotiin myöhästyttyään bussista, ajatellen että voihan hän mennä seuraavanakin päivänä. Lapseni, ilman sadhanan intensiteettiä on vaikea saavuttaa päämäärää.

Ennen kuin kylvät siemenen, sinun pitää käsitellä maaperää, poistaa heinät ja rikkaruohot. Muutoin siemenet eivät voi itää. Samalla tavoin voimme nauttia Itsen onnesta vain, jos puhdistamme kaikki ulkoiset asiat mielestämme ja suuntaamme mielen Jumalaan.

Söitkö jo, poikani? Amma unohti kaiken tuollaisen keskustelun lomassa."

"Kyllä, Amma."
Keskustelu kääntyi oppilaitten henkilökohtaisiin ongelmiin.
Heidän sydämensä, joita samsaran liekit polttivat, saivat viilen-
tävää nektaria Amman rakkaudesta.

Maanantai 12. elokuuta 1985

Bhavadarshan oli päättynyt myöhään edellisenä yönä. Mutta kun
darshan oli ohi, Amma oli keskustellut ja lohduttanut oppilai-
taan. Hän oli pyrkinyt erityisesti lohduttamaan naista, joka oli
käynyt häntä tapaamassa vuoden ajan. Ennen kuin nainen oli tavannut Amman, hänen tyttärensä
oli ollut sairaalassa syövän takia. Monenlaisia hoitoja oli jo yri-
tetty turhaan. Hän oli ollut äärimmäisessä ahdingossa sekä fyy-
sisesti että psyykkisesti. Hän oli myös joutunut taloudelliseen
ahdinkoon tilanteen takia. Kun nainen oli saanut kuulla ystäväl-
tään Ammasta, hän oli tullut tapaamaan häntä. Amma oli anta-
nut hänelle pyhää tuhkaa vietäväksi sairaalle tyttärelleen. Kun
tytär oli ottanut pyhää tuhkaa, hän oli alkanut parantua. Hänen
tuskansa olivat kadonneet, ja hän oli tuntenut itsensä tarpeeksi
vahvaksi kohtaamaan jälleen kaiken.
Lääkärit, jotka olivat luovuttaneet ajatellen, että tapaus oli
toivoton, olivat tilanteesta ihmeissään. Pian nuori nainen pääsi
sairaalasta. Äiti ja tytär tulivat tapaamaan Ammaa useita kertoja,
mutta viimeisen vierailun aikana Amma oli sanonut, että pian
leikkaus olisi jälleen tarpeen. Viikkoa myöhemmin tyttären tila
huononi ja hänet otettiin uudelleen sairaalaan. Lääkärit suosit-
telivat uutta leikkausta, jonka oli määrä tapahtua parin päivän
päästä. Nyt äiti oli tullut vastaanottamaan Amman siunauksen
ennen leikkausta. Hän palaisi kotiin aikaisin aamulla, niinpä
Amma järjesti niin, että hän pääsi matkustamaan yhdessä erään
oppilasperheen kanssa, jotka olivat tulleet Trissurista.

Pian Amma oli valmis palaamaan huoneeseensa. Varikset olivat alkaneet jo vaakkua ilmoittaen, että uusi päivä oli koittamassa. Kello oli jo kolme iltapäivällä, kun Amma tuli alas darshanmajaan. Koska oli bhavadarshanin jälkeinen päivä, oppilaiden määrä oli suhteellisen pieni. Yksi brahmachareista meditoi majassa. Kun hän näki Amman, hän kumarsi ja käytti tilaisuuden hyväkseen esittäen hänelle kysymyksen, ennen kuin seuraajat saapuisivat: "Amma, mikä on karman ja jälleensyntymän välinen yhteys? Sanotaan, että karma saa jälleensyntymisen aikaan."

Amma: "Poikani, kehomme ympärillä on aura. Siinä missä sanamme on mahdollista tallentaa nauhurille, meidän tekomme jättävät jälkensä auraamme. Aurasta tulee kultainen, jos teot ovat hyviä. Mitä hyvänsä tällaiset ihmiset ryhtyvätkin tekemään, esteet poistuvat ja kaikki kääntyy hyväksi. Mutta niiden aura, jotka tekevät pahoja tekoja, tummuu. Tällaiset ihmiset eivät ole koskaan vapaita esteistä ja ongelmista. Heidän auransa jää maan päälle heidän kuolemansa jälkeen, siitä tulee matojen ja hyönteisten ravintoa ja he syntyvät tänne uudelleen."

Kun oppilaat alkoivat saapua darshania varten, brahmachari kumarsi ja nousi ylös.

Amma ryhtyi tiedustelemaan oppilaidensa hyvinvointia. Yksi heistä laski hänen jalkojensa juureen lahjapaketin, joka oli kääritty kirkkaanväriseen paperiin.

Amma: "*Mone*[11], miten sinun poikasi voi?"

Oppilas: "Sinun armostasi, Amma, hän sai työnsä takaisin. Saimme hänen vaimoltaan joitakin päiviä sitten kirjeen, jossa hän kertoi poikamme lopettaneen *ganjan* polttamisen. Hän käyttäytyy hyvin ja puhuu vain sinusta. Hän jopa lähetti ensimmäisen palkkashekkinsä minulle ja pyysi kertomaan sinulle nämä uutiset ja saamaan sinun siunauksesi. Sen takia tulin tänään."

---

[11] *Mone* on malayalamin kieltä ja tarkoittaa poikaa.

Amma: "Äiti on onnellinen kuullessaan, että hän on lopettanut hashiksen polttamisen. Poikani, kerro hänelle, että Amma on enemmän tyytyväinen hänen käytöksensä muuttumiseen kuin lahjaan, jonka hän lähetti."

Tämän seuraajan poika työskenteli Bhilaissa. Hän oli menettänyt työnsä ryhtyessäänn polttamaan ylenmäärin hashista, ja hän oli joutunut elämään vuoden työttömänä kotonaan Keralassa. Tuossa vaiheessa hän oli tullut tapaamaan Ammaa. Äidin sydän oli sulanut nähtyään pojan vilpittömän halun vapautua tästä tottumuksesta. Amma oli antanut hänelle kasturi-yrttipillereitä jotka hän oli siunannut, ja kehottanut häntä ottamaan yhden pillerin aina, kun hänen teki mieli polttaa hasista. Hän kykeni vähentämään polttamista asteittain ja lopulta lopettamaan sen kokonaan. Muutamia kuukausia sitten hän oli saanut odottamatta vanhan työnsä takaisin.

Oppilas jatkoi: "Kaikki Amman antamat pillerit loppuivat ennen kuin hän lähti kotoa. Nyt hänellä on kasturipillereitä taskussaan. Hän sanoo, että niiden tuoksu riittää."

Amma: "Se johtuu hänen uskostaan. Mikäli uskoa on, ei vain yrtit, vaan jopa kivet tuovat tuloksen."

Amma ei väitä, että mikään tapahtuisi hänen voimiensa ansiosta. Hän, joka oleilee korkeimmassa mielentilassa, opettaa omien toimiensa kautta mitä täydellinen antautuminen korkeimmalle tarkoittaa.

Lauantai 24. elokuuta 1985

Amma saapui perjantaina Kodungallooriin osallistuakseen iltabhajaneihin Devi-temppelissä. Amman mukana matkustavat opetuslapset yöpyivät erään seuraajan kotona. Aamulla brahmacharit vetivät *Lalita Sahasranaman archanan*, ja Amma teki aratin kamferilla. Vierailtuaan vielä kolmen oppilaan kotona Amma aloitti seurueineen kotimatkan ashramiin.

Lounasaikaan he pysähtyivät tien vierelle. Perhe, joka oli toiminut heidän isäntänään edellisyönä, oli pakannut heille lounastarvikkeet mukaan. Kaikki istuivat ympyrässä, ja Amma jakoi heille ruoan banaanin lehdiltä. Resitoituaan *Bhagavad-Gitan* 15. luvun he lausuivat vielä *brahmar panamin*[12] ja söivät sitten lounasta. Joku haki naapuritalosta astian ja nouti sillä vettä läheisestä vesihanasta, jotta kaikki saisivat pestä kätensä. Tätä tapahtumaa katselevat ihmiset saattoivat ihmetellä mielessään, keitä nämä vaeltajat oikein olivat ja mistä he olivat tulossa. Amma matkustaa ympäri maata ajattelematta ruokaa tai unta, levittäen ikuisen rauhan valoa lastensa tielle, jotka kompuroivat pimeydessä. Kun hän kiirehtii lohduttamaan lapsiaan, jotka ovat *mayan* harhauttamia, ja antaa heille kaiken mitä hänellä on, niin kuinka he voisivatkaan tietää hänen tekemästään korkeimmasta uhrauksesta?

Brahmacharien epäilysten hälventäminen

Matkaseurue ei levännyt lounaan jälkeen vaan matka jatkui. Brahmachari Venulla oli paha korvasärky, joka oli alkanut edellisiltana, eikä hän ollut kyennyt nukkumaan. Amma laittoi hänet pikkubussissa istumaan viereensä ja pyysi lähellä istuvia siirtymään, jotta Venu voisi käydä makuulle. Amma laittoi hänen päänsä syliinsä ja helli häntä. "Tämä päänsärky on seurausta siitä, että pidätit väkisin hengitystä tehdessäsi pranayamaa (hengitysharjoituksia)", Amma sanoi hänelle.

Venu: "Tarkoitatko, että on väärin tehdä pranayamaa?"

Amma: "Ei, ei se väärin ole. Mutta teillä lapsilla ei ole kärsivällisyyttä tehdä sitä oikein. Entisaikaan ihmiset olivat terveitä ja heillä oli kärsivällisyyttä. He kykenivät harjoittamaan näitä asioita oikein. Näinä aikoina ihmisillä ei ole sen enempää terveyttä kuin

---

[12] *Brahmar panam* on niin sanottu yagnamantra, tuliuhrirukous, jota käytetään ruokarukouksena.

kärsivällisyyttäkään. On hyvin vaarallista harjoittaa pranayamaa ilman gurun ohjausta."

Ashramissa vierailevasta seuraajien suuresta määrästä johtuen brahmachareilla oli harvoin mahdollisuuksia keskustella Amman kanssa henkisistä asioista. Vain silloin kun he matkustivat hänen kanssaan, he saattoivat istua hänen lähellään ja kuunnella hänen jumalallisia sanojaan.

Brahmachari: "Amma, kumpi on suurempi, Jumala vai guru?"

Amma: "Periaatteessa Jumala ja guru ovat yhtä. Mutta voimme sanoa, että guru on korkeampi kuin Jumala. Gurun armo on ainutlaatuista. Jos guru haluaa, hän voi poistaa Jumalan tyytymättömyyden aikaansaaman vaikutuksen. Mutta Jumalakaan ei voi poistaa sitä syntiä, mikä seuraa siitä, ettei ihminen arvosta gurua. Kun oivallat Jumalan, voit sanoa, että Jumala ja sinä olette yhtä. Mutta silloinkaan et voi sanoa, että olet yhtä gurun kanssa. Guru vihki opetuslapsen mantran käyttöön, mikä johti itseoivallukseen. Gurun osoittama polku vei opetuslapsen päämäärään. Gurulla tulee aina erityinen asema. Jopa oivallettuaan totuuden opetuslapsi seisoo gurun edessä suuren nöyryyden vallassa."

Brahmachari: "Amma, kuinka monta kertaa meidän täytyy toistaa antamaasi mantraa ennen kuin saavutamme *mantrasiddhin*[13]?"

Amma: "Ei ole olennaista, kuinka monta kertaa toistatte sitä, vaan kuinka toistatte sitä. Jos vaikka toistatte sitä miljoonia kertoja, mutta elätte samaan aikaan huolettomasti, vailla shraddhaa, niin kuinka voisittekaan saada siitä mitään hyötyä? Se kuinka monta kertaa mantraa tulee toistaa, riippuu sen pituudesta. Japaa tulee harjoittaa keskittyneesti. Kun japaa harjoitetaan suurella keskit-

[13] *Siddhi* tarkoittaa yliluonnollista kykyä; tässä se tarkoittaa kykyä. *Mantrasiddhi* tarkoittaa täydellistä keskittymistä mantraan ja sen aikaansaamaa ylitietoista tajunnantilaa.

131

tyneisyydellä, toistamisen lukumäärällä ei ole väliä. Jopa melko pieni määrä johtaa mantrasiddhiin.

Sinun pitää keskittyä joko mantran ääneen tai muotoon. Toistaessasi voit myös keskittyä jokaiseen mantran kirjaimeen erikseen. Aina et saavuta mielen yksihuippuisuutta. Sen tähden sanotaan, että mantraa tulisi toistaa kymmenen miljoonaa kertaa. Mitä enemmän toistat sitä, sitä enemmän keskittyneisyyttä saavutat.

Kysyessäsi, kuinka monta kertaa mantraa pitäisi toistaa, on kuin kysyisit, kuinka paljon vettä tulee antaa kasville, jotta se kantaisi hedelmää. Kasteleminen on välttämätöntä, mutta veden määrä riippuu kasvista, ilmastosta, maaperästä ja niin edelleen. Vesi yksin ei riitä. Kasvi tarvitsee sen lisäksi auringonvaloa, lannoitetta, ilmaa ja suojaa tuholaisilta. Samalla tavoin mantran toistaminen on vain yksi puoli henkistä tietä. Hyvät teot, hyvät ajatukset ja hyveellisten ihmisten seura (satsang) ovat myös tarpeen. Kun kaikki nämä tekijät ovat läsnä, saat hyödyn Jumalan tahdon mukaan."

Brahmachari: "Onko mahdollista saavuttaa siddhejä mantran toistamisen avulla?"

Amma: "Siddhit riippuvat keskittymisesi suunnasta. Japa voi johtaa yliluonnollisiin kykyihin, mutta jos käytät siddhejä vailla erottelukykyä, voit joutua harhaan polulta, joka vie lopulliseen päämäärään. Älä ajattele, että voit elää minkälaista elämää hyvänsä, kun olet saanut vihkimyksen mantran käyttöön. Amma tarkkailee sinua. Oletetaan, että matkustat bussilla. Olet ostanut matkalipun, mutta jos tarkastajan tullessa tarkastamaan lippua sinulla ei olekaan sitä, niin sinua pyydetään poistumaan bussista. Asiaan ei ole olemassa lievennystä.

Kun saavutat itseoivalluksen, sinulla on kaikki siddhit. Oivallus on kaikkien siddhien tuolla puolen. Kun olet saavuttanut oivalluksen, koko maailma on käsissäsi. Jos oivalluksen haluamisen sijaan pyydätkin Jumalalta siddhejä, voi sitä verrata siihen, että olet ponnistellut päästäksesi kuninkaan hoviin ja kun lopulta tulet kuninkaan eteen, pyydätkin vain muutamia karviaismarjoja."

Brahmachari: "Kuinka kauan aikaa vie ennen kuin voi saavuttaa näyn Jumalasta?"

Amma: "Me emme voi ennustaa kuinka kauan menee ennen kuin näemme Jumalan. Se riippuu etsijän kaipuusta ja ponnistelun määrästä. Jos matkustamme tavallisella bussilla, emme voi olla varmoja, milloin saavutamme määränpään, sillä bussi pysähtyy monissa paikoissa matkan varrella. Pikavuoro sen sijaan pysähtyy vain muutamissa paikoissa, joten voimme ennustaa melko tarkasti sen perilletuloajan. Samalla tavoin, jos ajattelemme Jumalaa hukkaamatta hetkeäkään ja etenemme täydellisellä takertumattomuudella, niin voimme saavuttaa päämäärän lyhyessä ajassa. Jos sadhanamme ei ole voimallista, ei ole helppoa sanoa, milloin saavumme sinne.

Pyhät kirjoitukset sanovat toisinaan, ettei vie kuin hetken saavuttaa oivallus Jumalasta. Ja kuitenkin toisissa yhteyksissä sanotaan, että on vaikea saavuttaa oivallusta jopa sadankaan elämän jälkeen. Sadhanamme intensiteetti ja edellisissä elämissä saavuttamamme *samskarat* määrittävät sen ajan, mikä tarvitaan päämäärän saavuttamiseen. Sadhana ei tarkoita vain sitä, että istumme jossakin silmät suljettuina; tarvitsemme jatkuvaa tietoisuutta päämäärästä ja taukoamatonta ponnistelua. Tarvitsemme ennen kaikkea sydämen puhtautta. Jos sydän on puhdas, on helppo saada osakseen Jumalan armo."

Brahmachari: "Amma, tarkoittaako näky Jumalasta samaa kuin Jumaloivallus?"

Amma: "Jotkut ihmiset saavat tiettyjä näkyjä meditaation aikana. Meditaatiossa on olemassa tila, joka ei ole sen enempää hereilläoloa kuin untakaan; sitä voisi kutsua meditaation unitilaksi. Tällaisessa tilassa tavallisesti saadaan näkyjä erilaisista jumalallisista muodoista. Emme voi kutsua näitä näyiksi Jumalasta, eikä meidän tule hurmaantua niistä. Sen sijaan meidän pitää jatkaa eteenpäin."

Kaksi brahmacharia, jotka istuivat pikkubussin takaosassa, eivät kuunnelleet Ammaa. He väittelivät eräästä upanisadien kohdasta, jota opiskelivat parhaillaan. He katsoivat useita kertoja Ammaa, kuunteliko hän heitä. Lopulta Amma vaikeni ja kääntyi heidän puoleensa.

Amma: "Lapseni, älkää hukatko aikaanne yrittämällä päättää, onko puussa oleva hedelmä kypsä vai näyttääkö se vain kypsältä, tai onko se kenties tuholaisten vaivaama. Nouskaa ylös ja poimikaa hedelmä! Älkää tuhlatko aikaa väittelemällä tästä tai tuosta. Toistakaa mantraa jatkuvasti. Jos haluatte henkistä kehitystä, teidän on ponnisteltava jatkuvasti. Ei ole olemassa mitään oikotietä."

Ihmetystä herättäviä kokemuksia

Brahmachari Venun korvasärky oli tässä vaiheessa kadonnut, joko Amman maagisen kosketuksen ansiosta tai sen takia, että hän sai nauttia Amman sanojen nektaria. Kun pikkubussi saapui Alleppyyn, se pysähtyi yhtäkkiä ja kieltäytyi liikkumasta minnekään. Brahmachari Ramakrishnan[14], joka ajoi, huolestui sillä hän ei löytänyt minkäänlaista syytä siihen, miksi pikkubussi oli juuttunut paikoilleen. Hän katsoi Ammaa avuttomana. Amma ei sanonut mitään vaan nousi bussista hymyillen ja lähti kävelemään. Brahmacharit kävelivät hänen kanssaan. Myös Ramakrishnan seurasi häntä tiedustellen, pitäisikö heidän kutsua joku korjaamaan auto tai vuokrata toinen kulkuneuvo, jotta he eivät myöhästyisi. Amman oppilas Shekhar asui lähellä sitä paikkaa, mihin pikkubussi oli pysähtynyt, ja Amma meni suoraan hänen talolleen.

Perheenjäsenet olivat ylitsevuotavan iloisia nähdessään Amman. He olivat jo pitkään toivoneet, että Amma vierailisi heidän koto-

---

14 Swami Ramakrishnananda.

naan. Ollessaan tietoisia siitä, että hän palaisi tänään Kodungal-
loorista, he olivat rukoilleet, että Amma vierailisi heidän luonaan
tuona päivänä. He olivat itse asiassa juuri keskustelleet tuosta
mahdollisuudesta, ja joku heistä oli ilmaissut epäilyksensä sen
suhteen, että Amma tulisi ilman kutsua, kun Amma yhtäkkiä
käveli sisään. He tuskin uskoivat silmiään. He toivottivat hänet
kunnioittavasti tervetulleeksi ja ohjasivat hänet pujahuoneeseen,
missä hän teki aratin kamferilla. Sitten hän kutsui jokaisen per-
heenjäsenen vuorollaan luokseen ja poisti heidän tuskansa sulois-
ten sanojensa salvalla.

Pian Amma tuli talosta ulos. Ramakrishnan seisoi siellä
murehtien vaitonaisena tilannetta. Kun Amma ryhtyi kävelemään
takaisin pikkubussille, Ramakrishnan sanoi hänelle ystävällises-
ti: "Amma, bussia ei ole vielä korjattu." Päästyään bussiin hän
istuutui alas ja sanoi: "Poikani, yritä vielä kerran käynnistää se."
Ramakrishnan käynnisti bussin ja se liikkui jälleen ilman min-
käänlaista ongelmaa. Hän katsoi säteilevästi hymyillen Ammaa,
joka vain hymyili.

He vierailivat matkan aikana vielä parin muun oppilaan koto-
na, ja saapuivat ashramiin puoli kahdeksan aikaan illalla. Iltabha-
janit olivat parhaillaan menossa. Brahmachari Anish[15], henkinen
oppilas Swami Chinmayanandan ashramista, Bombaysta, odotteli
saadakseen tavata Amman. Tämä oli hänen ensimmäinen vierai-
lunsa tänne ja hänen ensimmäinen darshaninsa Amman kanssa.
Amma istuutui vedantakoulun ja kalarin väliselle pihamaalle ja
jutteli Anishin kanssa vähän aikaa. Amman mukana matkalla
olleet brahmacharit liittyivät laulamaan bhajaneita. Lopulta myös
Anish meni sisään. Hän seisoi bhajanien lumoamana unohtaen
kaiken muun. *Akalatta kovilil*-laulu, jota parhaillaan laulettiin,
tuntui kertovan hänen oman elämänsä tarinan:

---

[15] Swami Amritagitananda.

135

Kaukaisessa temppelissä paloi aina lampunsydän
opastaen niitä, jotka haparoivat pimeydessä.
Tällä tavoin Äiti säteili myötätuntoaan.

Eräänä päivänä vaeltaessani polullani
tuo säteileväinen kutsui minua tulemaa kädellään
viittoillen,
Hän avasi salaisen oven,
otti pyhää tuhkaa ja laittoi sitä otsaani.

Hän lauloi Jumalan lauluja,
ja omin käsin hän
valmisti minulle sijan missä nukkua.
Mainion unen minä näinkin,
unen, joka julisti totuutta:
Miksi sinä itket?
Etkö tiedä, että olet saapunut
Jumalan pyhien jalkojen juureen?

Heräsin huokaisten
ja näin selkeästi lootuskasvot,
näin ne niin selkeästi.

Torstai 5. syyskuuta 1985

Väsymätön äiti

Ryhmä seuraajia saapui puolenyön jälkeen. Vaikka he olivatkin lähteneet Kollamista (35 kilometrin päästä) alkuillasta, heidän autossaan oli ollut ongelmia ja oli vienyt kauan aikaa korjata ne. He olivat olleet aikeissa palata kotiin, mutta olivat kuitenkin tulleet ashramiin yhden oppilaan vaatimuksesta. He eivät olleet odottaneet näkevänsä Ammaa yöaikaan, mutta kun he lähestyivät ashramia, he näkivät Amman seisovan yksin kookospalmulehdossa aivan kuin odottaen jotakuta. Kaikki ajatukset koetuista vaikeuksista katosivat hetkessä. Amma istui alas ja keskusteli heidän kanssaan neljään asti aamulla.

Amma kävi suihkussa ja tuli jälleen alas kello viideltä. Brahmachari, joka näki tämän, pyysi Ammaa lepäämään. Hän ei ollut nukkunut yöllä lainkaan. Seuraavana yönä olisi bhavadarshan, mikä merkitsisi jälleen unetonta yötä. Amma vastasi: "Ei tulisi nukkua silloin kun archana on meneillään. Teemme tätä kaikkea jumalallisella sankalpalla. Kaikkien pitäisi olla hereillä archanaa harjoittamassa. Nukkuminen tällaiseen aikaan johtaa laiminlyönteihin. Jos Amma nukkuu archanan aikaan tänään, te teette saman huomenna. Silloin ashramissa ei ole minkäänlaista kuria."

Brahmachari: "Mutta Amma, jos et saa lainkaan lepoa, eikö se vaikuta terveyteesi?"

Amma: "Jumala pitää siitä huolen. Amma ei ole tullut pitämään huolta tästä kehosta. Jos te noudatatte sääntöjä tunnollisesti, Amman terveydelle ei tapahdu mitään."

Tietäen, että vaatimusten jatkaminen ei kannattaisi, brahmachari vetäytyi. Amma meni meditaatiohalliin ja liittyi brahmacharien joukkoon resitoimaan. Archanan jälkeen Amma meni kookospalmulehtoon ja istui alas. Bri. Gayatri toi hänelle kupin teetä. Hän joi siitä puolet ja antoi kupin Gayatrille.

Amma kutsui Brahmachari Sarvatma Chaitanyan, joka oli yleensä Ranskassa levittämässä Amman opetuksia. Nyt hän oli täällä Ammaa tapaamassa. Sarvatma tuli, kumarsi ja istuutui hänen viereensä.

Sarvatma: "Amma, tiedän, ettet ole nukkunut lainkaan viime yönä. Siksi en tullut tapaamaan sinua. Tänään on jälleen bhavadarshan. Sinun pitäisi levätä ainakin vähän aikaa. Minä tulen tapaamaan sinua sen jälkeen."

Amma: "Poikani, eikö sinun pidä mennä takaisin? Ei sinun tarvitse olla huolissasi Amman mukavuudesta. Ei hän nuku useimpina öinä. Kuinka bhavadarshan-öinä olisi aikaa nukkua? Muina öinä Amma lukee kirjeitä ja on hyvin myöhä, kun hän lopettaa. Koko yön valvomisesta on tullut tapa Ammalle. Eikä se ole alkanut viime aikoina, Amma on ollut tällainen lapsuudestaan alkaen. Hän ei nukkunut sen surun tähden, ettei ollut vielä nähnyt Jumalaa. Jos häntä väsytti, hän teki kehoonsa haavoja pysyäkseen hereillä. Päiväsaikaan hän touhusi ahkerasti taloustöiden parissa ja siinä vaiheessa, kun hän sai kaiken tehdyksi, oli jo yö ja toiset olivat nukkumassa. Vasta silloin hänellä oli aikaa rukoilla kenenkään häiritsemättä. Hän oli hereillä koko yön itkien Jumalaa. Yö on parasta aikaa rukoilla. Luonto on hiljainen. Kukaan ei häiritse sinua. Kukaan ei tiedä, jos menet merenrantaan. Voit istua siellä yksinäisyydessä."

Sarvatman silmät täyttyivät kyynelistä, kun hän ajatteli Amman uhrausta ja voimallista tapasia. Amma vaihtoi puheenaihetta ja sanoi: "Poikani, mitä halusitkaan kysyä Ammalta?" Sarvatma ei voinut puhua, hän vai istui katsellen hiljaisena Ammaa silmiin.

Selostus lähetystyöstä

Amma sanoi Bri. Gayatrille, joka seisoi lähettyvillä: "Tämä poikani meni moniin paikkoihin pitämään puheita. Toisissa paikoissa oli paljon kuulijoita, mutta toisissa paikoissa hyvin vähän. Hän huolestui, kun yleisöä oli vähän. Hän ajatteli, että ehkä ihmiset eivät tulleet, koska hänen puheensa eivät olleet hyviä. (Kääntyen Sarvatman puoleen): Poikani, miksi olisit huolissasi siitä, kuinka monta ihmistä tulee kuuntelemaan sinua? Etkö tee sitä mitä Amma pyysi sinua tekemään? Ole varovainen vain yhden asian suhteen: osoita suurta nöyryyttä sekä puheissasi että teoissasi. Meidän pitäisi mennä ihmisten tasolle ja kohottaa heidät ylös.

Lapset ovat kiinnostuneita leikkimisestä. He eivät tule sisälle edes syömään ajoissa. Äidin tehtävänä on syöttää lapsi oikeaan aikaan, mutta huutaminen ja selkäsaunan antaminen eivät toimi. Hänen täytyy kutsua lasta rakkaudella, puhua hänelle hänen tasoltaan. Sitten hän tulee syömään. Yhtä lailla ihmiset eivät välttämättä kiinnostu henkisistä ihanteista välittömästi. Meidän pitää saada heidät kiinnostumaan. Jokainen arvostaa sitä, että häntä lähestytään nöyrästi. Kaikki kaipaavat rakkautta. Meidän pitäisi lähestyä jokaista ihmistä hänen tasoltaan ja sitten kohottaa häntä."

Sarvatma: "Jotkut ihmiset kysyvät, onko sopivaa muodostaa järjestöjä mahatmojen nimissä."

Amma: "Poikani, voit välttää yksilön nimen, mutta jos muodostat jonkinlaisen liikkeen, sillä täytyy lopulta olla jokin nimi. Olkoon se Rakkauden tie tai Atmanin tie. Mikä hyvänsä se onkin, sillä täytyy olla nimi. Sitten sille tulee seuraajia ja siitä muodostuu ryhmä tai järjestö. Se tunnetaan järjestönä, joka edustaa esimerkiksi rakkautta tai uhrautumista. Jonkin ajan kuluttua esille nostetaan kuva henkilöstä, joka aloitti sen ja lopulta se tullaan tuntemaan sen henkilön mukaan tai kenties muutamien henkilöitten mukaan.

Tarvitsemme jonkinlaisen välineen, jotta voimme muuttaa itsekkään ihmismielen ja tehdä siitä laaja-alaisen. Meidän pitää kiinnittää mieli johonkin ihanteeseen. Aivan kuin laittaisimme hevosen aitaukseen ja sitten kesyttäisimme sen. Jotkut ihmiset menevät *satgurun* luo tätä varten. Gurun nimi symboloi niitä ihanteita, joita hän opettaa oman elämänsä esimerkillä. Toiset voivat omaksua toisenlaisen menetelmän. Jos vältät järjestön viitekehystä, on vaikea saattaa opetukset ihmisten tietoon. Miksi meidän pitäisi jättää käyttämättä järjestön tarjoamat suuret hyödyt vain muutaman haittapuolen takia?

Saatat ihmetellä, miksi maatilan peltojen ympärillä on aita, mutta aita selvästikin palvelee tarkoitustaan. Mitä hyvänsä aloitat, siihen liittyy joitakin rajoituksia. Älä ole huolissasi niistä. Pyri näkemään kaikessa vain hyvää. Opeta ihmisiä toimimaan samoin. Sanotaan, että jos annat joutsenelle maidon ja veden sekoitusta, se kykenee ottamaan siitä pelkän maidon. Tarkastele kaikkea laaja-alaisesti. Näe vain se mikä on hyvää. Elä elämäsi tietoisena siitä, mikä on katoavaista ja mikä ikuista.

Tietyissä osissa Intiaa ihmiset käyttävät isänsä nimen ensimmäistä kirjainta oman nimensä nimikirjaimena. Voittaako isä tällä mitään? Kun instituutio muodostetaan, lukemattomat ihmiset tulevat ja hyötyvät siitä. Sanjaasi ei elä itselleen, hän elää opettaakseen toisille korkeimmat periaatteet. Opetuslapset levittävät gurunsa opetuksia juuri tätä tarkoitusta silmälläpitäen. Ashramit on tarkoitettu myös tätä tarkoitusta varten. Älä näe mahatmoja yksilöinä. He edustavat ihannetta, perimmäistä olemusta. Tämä meidän tulisi nähdä. Guru on tuo Itse, joka läpäisee koko maailmankaikkeuden. Hän voi näyttää meistä yksilöltä. Ne, jotka elävät omalle perheelleen tai jotka toteuttavat omia halujaan, voidaan nähdä yksilöinä. Mutta ovatko mahatmat sellaisia? Eivät, vaan he hyödyttävät koko maailmaa. He tuovat rauhaa tuhansille ihmisille.

Poikani, suurin osa meistä on kasvanut tukeutuen eri yksilöihin. Vain harva meistä on kyennyt kasvamaan tukeutuen pelkästään sisäisiin periaatteisiin. Lapsuudessa olemme riippuvaisia vanhemmistamme. Myöhemmin tukeudumme ystäviimme tai puolisoihimme. Myöhemmin opimme rakastamaan ja palvelemaan vain yksilöitä. Yksin emme kykene elämään henkisten periaatteitten mukaisesti. Mahatmat sen sijaan ovat nimen ja muodon tuolla puolen. Vaikka näetkin heidän toimivan yksilöinä, heillä ei ole egoa. Heissä ei ole yksilön tuntua. Jos tukeudumme mahatmaan, kehitymme hyvin nopeasti ja mielestämme tulee laaja-alainen."

Amma nousi hitaasti ylös, ja Sarvatma Chaitanya kumarsi hänelle. Annettuaan suukon tälle pojalleen, joka oli lähdössä pois, Amma meni majaan antamaan darshania oppilailleen.

Darshanmajan ja vedantakoulun välisessä tilassa oli joitakin kukkapurkkeja, joissa kukat kukoistivat. Kaksi brahmacharia seisoskeli siellä ihastelemassa kukkien kauneutta. Nähdessään Amman tulevan he astuivat syrjään. Amma ohitti yhden ruukuista, jossa oli kuihtunut kasvi. Hän sanoi heille: "Tästä näkee miten tarkkaavaisia olette ulkoisten asioiden suhteen. Olisiko tämä kukka kuihtunut, jos teillä olisi shraddhaa? Eikö se kuivunut, koska kukaan ei antanut sille ajoissa vettä? Voi nähdä, paljonko brahmacharilla on shraddhaa maailmaa kohtaan katsomalla kasveja hänen ympärillään. Se joka rakastaa Jumalaa, rakastaa kaikkia eläviä olentoja ja välittää niistä niiden tarpeiden mukaisesti."

Amma meni majaan ja ryhtyi vastaanottamaan oppilaitaan.

Unniyappam

Naispuolinen oppilas oli tuonut brahmachareille *unniyappamia* (makeaa välipalaa, joka on tehty riisijauhoista ja raakasokerista ja paistettu öljyssä). Hän antoi ne Ammalle.

Amma: "Tyttäreni, jos tuot näille lapsille tällaisia asioita, niin mitä hyötyä on siitä, että he ovat jättäneet kotinsa? He ovat täällä harjoittamassa luopumista. Mitä Amma voi tehdä, jos kaikki tuovat jokaisen brahmacharin kotoa ruokaa?

Nainen: "Amma, tuomme näitä asioita vain silloin tällöin. Mitä vahinkoa siitä voisi olla?"

Amma: "Jos antaa heille sitä mitä he haluavat, on se heidän vahingoittamistaan, tyttäreni. Ei se ole rakkautta. Todellista rakkautta on pidättyä antamasta heille ruokaa, joka tyydyttää makuaistia. Todellista rakkautta on innostaa heitä hallitsemaan makuaistinsa ja mielensä ja rohkaista heitä siinä. Joka hallitsee mielensä kokonaan, saa maistaa aina nektaria. Mutta kun ruoka ohittaa kurkun, se muuttuu ulosteeksi. Et voi hallita mieltä ilman, että hallitset makuaistia. Jos nämä lapseni kaipaavat vanhempiensa lellimistä ja maukasta ruokaa, mitä hyötyä tänne tulemisesta on? He ovat luopuneet kodistaan ja naapurustostaan ja tulleet tänne aivan eri päämäärä mielessään."

Naisen silmät täyttyivät kyynelistä. "Amma, en tiennyt syyllistyväni noin suureen virheeseen. Näen kaikki täällä olevat lapsinani. En ajattele muuta kuin heidän hyvinvointiaan." Amma veti naisen lähelleen ja halasi häntä.

Amma: "Tyttäreni, Amma ei halunnut tehdä sinusta onnetonta. Hän halusi vain nähdä, minkälainen mielesi on. Jonkun on täällä täytynyt haluta unniyappamia, ja siksi toit sitä tänne tänään!" Amma nauroi, ja kaikki majassa nauroivat mukana. "Vaikka Amma sanookin näin, hän itse tekee toisinaan maukasta ruokaa. Hän ajattelee: 'Nämä lapset olivat tottuneet niin suureen mukavuuteen kotona! Ovatko he tyytyväisiä täällä olevaan ruokaan? Kuka muu kuin Amma tekee heille herkkupaloja.' Joten joinakin päivinä Amma itse valmista heille välipalaa.

Kun hän ajattelee tällä tavoin, jotkut seuraajat tuovat tänne välipalaa. Jumalan armosta näiltä lapsiltani ei ole puuttunut mitään. Toisinaan Amman asenne muuttuu ja hän antaa heille vain riisiä. Eikä sen mukana tarjota mitään muuta. Toisinaan hän luo tilanteita, jolloin lasten täytyy olla nälissään. Heidän täytyy tottua myös siihen. Ei tulisi olla makuhermojensa orja. Jos luopuu kielen tuottamasta mausta, saa iloita sydämen mausta."

Amma kutsui Bri. Gayatrin ja antoi hänen vastuulleen unniyappamin jakamisen ashramin asukkaille. Gayatri ei ollut kuullut majassa käytyä keskustelua. Hän otti paketin Ammalta ja kuiskasi jotakin hänen korvaansa. Amma alkoi nauraa äänekkäästi ja kaikki katsoivat ihmeissään häneen, mistä oikein oli kysymys.

Amma: "Eikös Amma sanonut, että jonkun on täytynyt haluta sitä? Yksi pojistani on kertonut Gayatrille syöneensä sitä kotonaan, ja kuinka mukavaa olisi, jos saisi maistaa sitä jälleen." Kaikki nauroivat.

Darshan jatkui aina kahteen iltapäivällä. Ennen kuin Amma palasi huoneeseensa, hän meni ruokasaliin katsomaan, että kaikki saivat riittävästi ruokaa. Viiden aikaan Amma tulisi jälleen alas

iltabhajaneita varten, jotka alkaisivat aiemmin, sillä oli bhava-
darsan-päivä.

Perjantai 6. syyskuuta 1985

Brahmachari Neal Rosner[16] talletti videonauhalle ashramin päi-
vittäisiä tapahtumia käyttäen videokameraa, jonka eräs amerik-
kalainen oppilas oli tuonut edellispäivänä. Hän oli jo kuvannut
vedistä resitaatiota ja *Sahasranama archanaa*, joka tapahtui aikai-
sin aamulla. Jälki ei kuitenkaan ollut kovin hyvä, ehkä siksi, että
Amma ei sallinut ylimääräisen valon käyttöä.
"Jos laitat voimakkaat valot päälle archanan aikana, kaikki
menettävät keskittymisensä", Amma sanoi Nealulle. "Mieli pitäi-
si keskittää kokonaan sinulle rakkaaseen jumalaan tai mantraan.
Jumalallinen Äiti on läsnä, kun harjoitamme archanaa. Harjoituk-
sen tarkoituksena on keskittää mieli. Meidän pitäisi ymmärtää se."
Hän sanoo usein, että henkisten etsijöitten ei tulisi sallia
itseään valokuvattavan. "Salamavalon välähdys vie etsijältä osan
hänen voimastaan." Amma muistuttaa meitä jatkuvasti siitä, että
on keskityttävä kokonaan siihen mitä teemme kunakin hetkenä.
Alun pitäen Amma ei sallinut videonauhoitusta, mutta Nealu
oli seurannut häntä edellisenä iltana ympäriinsä sanoen: "Amma,
saamme päivittäin ulkomailta kirjeitä, joissa pyydetään videoku-
vaa sinusta. Ulkomailla on niin paljon sinun lapsiasi, jotka eivät
kykene tulemaan tänne. Eikö tämä ole heitä varten? Itse asiassa he
lähettivät tämän kameran. Pyydän Amma, vain tämän kerran…"
Lopulta Amma suostui. "Olkoon menneeksi, jos sinä kerran sitä
vaadit. Mutta älä estä mitenkään lasteni meditaatiota tai mitään
muutakaan. Äläkä seiso minun edessäni tuota pidellen!" Nealun
täytyi suostua näihin ehtoihin.

---

[16] Swami Paramatmananda.

Nealu seisoi kookospalmun takana ja odotti Amman tulevan darshanmajaan, mutta valoa ei ollut tarpeeksi puista johtuen eikä Amma sallinut lisävalaistusta. Lopulta Amma tuli. Hän käveli majaan kirkastaen varjoisat kohdat kookospuiden alla. Nealu seurasi häntä nauttien näkymästä kameransilmän lävitse.

Maailmasta luopunut ja sukulaiset

Erään brahmacharin biologinen äiti odotti Ammaa. Hänen tyttärensä oli myös mukana. Nainen kumarsi Ammalle ja selitti syyn suruunsa.

Nainen (osoittaen brahmacharia): "Amma, olemme aikeissa viettää hänen isänsä syntymäpäiviä. Pyydän, anna hänen tulla kotiimme muutamaksi päiväksi."

Amma: "Mutta Amma on kieltänyt ketään lähtemästä ashramista. Totta kai voit viedä hänet mukanasi, jos hän haluaa lähteä."

Nainen: "Hän ei suostu. Hän tottelee vain sinua, Amma."

Brahmachari seisoi pää painuksissa, kun hänen äitinsä ja sisarensa vetosivat Ammaan. Amma kääntyi hänen puoleensa. "Poikani, etkö mene heidän kanssaan?" Hän nyökkäsi puolinaisesti. Kaikki kolme kumarsivat Ammalle ja lähtivät darshanmajasta.

Iltapäivällä Amma tuli ulos majasta, kun viimeinenkin oppilas oli lähtenyt; häntä oli vastassa onnettoman näköinen brahmachari.

Amma: "Etkö mennytkään? Missä äitisi ja sisaresi ovat?"

Brahmachari: "He lähtivät. Onnistuin jotenkin lähettämään heidät pois."

Amma: "Etkö halua mennä kotiin isäsi syntymäpäiväjuhliin?"

Brahmachari: "En, Amma. Olen onnellinen, jos et painosta minua menemään. Ainoa surunaiheeni on, että en totellut sinua."

Amma oli ollut matkalla huoneeseensa, nyt hän pysähtyi. Hän ei hymyillyt. Hänen kasvonsa olivat vakavat, mutta samalla täynnä rakkautta. Hän istuutui rappusille, brahmachari istuutui hänen jalkojensa juureen, Amma katsoi häntä suoraan silmiin.

Amma: "Poikani, brahmacharin ei pitäisi ylläpitää siteitä perheeseensä. Se on sama kuin soutaisi venettä, joka on sidottu rantaan kiinni. Hän ei pääse edistymään sadhanassa. Tilanne on sama, kuin jos mielesi on täynnä ajatuksia. On kuin soutaisit venettä vedessä, joka on täynnä meriheinää. Otat sata aironvetoa, mutta etenet vain tuuman.

Kun keskustelet perheenjäsentesi kanssa tai luet heidän kirjeitään, kuulet kaikki kodin ja naapuruston uutiset. Joten mikä merkitys on sillä, että sanot jättäneesi kotisi? Mielesi viipyilee kotona ja naapurustossa. Kun kaikki nuo ajatukset ovat mielessäsi, miten kykenet keskittymään? Mielesi on täynnä ajatusaaltoja. Alkuvaiheessa etsijän ei pitäisi lukea edes sanomalehteä. Kun luet sanomalehteä, uutiset eri puolilta maailmaa jättävät jälkensä mieleesi. Jotkut lapsistani lukevat sanomalehteä ja tulevat kertomaan Ammalle kaikki uutiset. Amma teeskentelee kuuntelevansa voidakseen tutkia heidän mieltään. Seuraavana päivänä he tulevat kertomaan lisää uutisia, mutta ei Amma odota sinun toimivan näin. Brahmacharilla pitäisi olla täydellinen Jumalalle antautumisen asenne. Hänen tulisi olla vakuuttunut siitä, että Jumala pitää huolen hänen perheestään. Jos hänellä on tällainen vakaa usko, Jumala todellakin pitää hyvää huolta hänen perheestään. Eikö Krishna itse tullut Kuroor Amman[17] avuksi?

Poikani, jos kaadamme vettä puun juurelle, se tavoittaa oksistonkin. Mutta jos kaadamme vettä oksille, puu ei siitä hyödy ja näin ponnistelumme menee hukkaan. Jos rakastamme Jumalaa, se on sama kuin rakastaisimme kaikkia. Se hyödyttää kaikkia, sillä Jumala asustaa kaikkien sisällä. Hänen kauttaan rakastamme kaikkia. Mutta jos luomme riippuvuussiteen vain yksilöihin, se johtaa sen sijaan suruun.

---

[17] Kuroor Amma oli papistoon kuuluva nainen ja suuri Krishnan seuraaja. Monet tarinat kertovat kuinka Krishna ilmestyi hänelle avun hetkellä.

Opetellessamme ajamaan meidän pitää mennä aluksi tyhjälle kentälle harjoittelemaan. Muussa tapauksessa voimme olla vaaraksi itsellemme ja toisille. Kun olemme oppineet ajamaan, hallitsemme auton helposti, jopa kovan ruuhkan keskellä. Samalla tavoin sadhakan pitäisi aluksi pysytellä erossa perheestä ja ystävistä ja harjoitella yksinäisyydessä. Muuten on vaikea kiinnittää mieltä Jumalaan. Mutta kun hän etenee sadhanassa, hän kykenee näkemään jokaisen Jumalana ja rakastamaan ja palvelemaan heitä. Hänen henkinen voimansa ei mene hukkaan.

Poikani, jos pidät yllä yhteyttä sukulaisiisi, menetät kaiken voiman mitä sinulla on. Riittää, jos kirjoitat äidillesi kirjeen. Kirjoita vain henkisistä asioista. Jos satut menemään kotiin, nuku vain pujahuoneessa, ja jos joku tulee puhumaan sinulle perheasioista, älä kallista heille korvaasi. Puhu vain henkisistä asioista."

Amman sanat saivat brahmacharin sydämen rauhoittumaan. Hän kumarsi ja lähti, Amma meni huoneeseensa.

Merenrannalla

Puoli kuuden aikaan illalla Amma laskeutui huoneestaan ja kutsui kaikki brahmacharit kanssaan menenrantaan. Kun he saapuivat hiekkarannalle, Amma oli jo syvässä meditaatiossa. Kaikki istuutuivat hänen ympärilleen ja sulkivat silmänsä. Amman läheisyys ja meren ääni hiljensivät kaikki ulkomaailmaa koskevat ajatukset.

Kahden tunnin kuluttua Amma avasi silmänsä, nousi ylös ja alkoi kävellä hiljalleen hiekkarantaa pitkin. Kun hän asteli lähelle vettä, valtameren aallot tuntuivat kilpailevan siitä, mikä niistä saisi suudella hänen jalkojaan; ne muutamat onnekkaat, jotka onnistuivat, sulautuivat takaisin mereen, täydellisen tyytyväisinä. Pimeys laskeutui ja Amman vaatteet loistivat pimeydessä omaa valoaan. Jatkaessaan kävelyä rantaviivaa pitkin Amma ryhtyi laulamaan pehmeästi silmät horisonttiin kiinnitettyinä. Hän näytti

3. luku

olevan sulautunut jumalalliseen mielentilaan. Hänen mukanaan
kulkevat liittyivät mukaan laulamaan *Omakaramengumia*:

'Om' värähtelee kaikkialla
kaikuen jokaisessa atomissa;
lausukaamme yhdessä
mieli rauhan tilassa: 'Om shakti.'

Surun kyyneleet vuotavat yli äyräiden,
ja nyt Äiti on minun ainoa tukeni ja turvani.
Siunaa minut kauniilla käsilläsi,
sillä minä olen luopunut
kaikista maallisista nautinnoista.

Kuoleman pelko on kadonnut,
en halua fyysistä kauneutta.
Haluan muistaa kaiken aikaa
sinun olemustasi, joka loistaa Shivan valoa.

Olen täynnä sisäistä valoa.
Se vuotaa yli äyräiden ja säteilee edessäni,
ja minä olen juopunut antaumuksesta,
sulaudun sinun hahmosi kauneuteen.

Kun laulu loppui, Amma käveli takaisin ashramiin, ja kaikki seurasivat häntä hiljaisuuden vallassa. Kun Amma saapui ashramiin, hän istuutui länsireunalla olevalle hiekalle. Nähdessään, että hän kaipasi yksinoloa, brahmacharit vetäytyivät yksi kerrallaan.

Ohjeita brahmachareille

Kun Amma oli lopettanut oppilaiden vastaanottamisen, hän ilmestyi darshanmajasta ja käveli kohti brahmacharien majoja. Toisinaan hän tutki heidän huoneensa nähdäkseen, oliko kaikki järjestetty nätisti, säilyttikö kukaan tarpeettomia esineitä yksityiskäyttöään varten ja oliko huoneet lakaistu päivittäin. Hän ei halunnut nähdä enempää kuin yhden kirjaston kirjan kenenkään huoneessa, eikä yhtään ylimääräistä *dhotia*[18] tai paitaa kuin oli ehdottoman välttämätöntä. Ammaa oli mahdotonta yrittää huiputtaa.

Eräänä päivänä, kun Amma huomasi erään brahmacharin levittäneen kaislamaton maton päälle nukkuakseen siinä, Amma huomautti: "Meidän tapanamme oli nukkua paljaalla sementtilattialla tai maalattialla. Eikä meillä yleensä ollut edes mattoa tai lakanoita. Toisinaan koko perhe nukkui yhdessä matolla, joka oli levitetty lattialle, ja vauvat kastelivat maton. Niin me kasvoimme. Gayatri voi kertoa teille, että Amma nukkuu yhä paljaalla lattialla, vaikka hänellä onkin kenttäsänky ja patja. Te lapset olette kasvaneet kotonanne mukavuuksien keskellä. Teidän olisi vaikea nukkua maalattialla."

Brahmachari rullasi äkkiä maton lattialta.

Tuona päivänä Amma meni yhteen majoista ja poimi paketin kirjoituspöydän alta. Hän näytti tietävän tarkalleen, missä se oli, aivan kuin olisi itse laittanut sen sinne.

"Poikani, mikä tämä on?" hän tiedusteli brahmacharilta, joka asui siellä. Tämä kalpeni. Amma istui lattialle ja avasi paketin. Se sisälsi *ariyundasia* (makeita palloja, jotka on tehty riisijauhosta).

"Vanhempasi toivat nämä rakkaalle lapselleen. Eikö niin?" Brahmacharin pää painui riipuksiin. Se oli totta, hänen vanhempansa olivat tuoneet ne päivää aiemmin. Hän oli pyytänyt heitä antamaan paketin Gayatrille, jotta tämä olisi jakanut ne kaikille, mutta he eivät olleet kuunnelleet. "Me toimme erillisen paketin Ammalle ja hänen muille lapsilleen. Tämä on yksin sinua varten", he olivat sanoneet. Kun he esittivät asian näin, hän ei enää vastustellut.

Muutamat brahmacharit olivat seuranneet Ammaa majaan. Hän antoi nyt jokaiselle yhden ariyundan.

---

[18] *Dhoti* on hamemainen vaatekappale, jota miehet pitävät Etelä-Intiassa.

Amma: "Poikani, Amma haluaisi nähdä sinun viipaloivan jopa banaanin sataan osaan ja antavan jokaiselle palasen. Useat ihmiset tuovat makeisia ja välipaloja Ammalle, mutta ei hän voi syödä mitään yksin. Hän säästää kaiken lapsilleen. Toisinaan hän laittaa hyppysellisen suuhunsa, vain tehdäkseen heidät iloisiksi. Tiedättekö, kuinka paljon vaivaa ihmiset näkevät tehdäkseen Ammalle jotakin, paketoivat sen ja tuovat tänne, käyttävät rahaa bussimatkoihin ja muuhun sellaiseen?" Hän vaikeni ja kysyi sitten brahmacharilta: "Poikani, tekikö Amma sinut onnettomaksi?" Amma painoi brahmacharin pään syliinsä. Hän mursi yhden makeisen ja laitettuaan palasen omaan suuhunsa hän syötti loput pojalleen. Tämä vain lisäsi opetuslapsen surua. Amma sanoi: "Älä itke, poikani! Amma sanoo näin vain sen takia, ettet olisi riippuvainen perheestäsi. Ainakaan et syönyt kaikkea itse, vaan pidit loput tallessa. Jos kyseessä olisi ollut joku toinen, emme olisi nähneet edes käärepaperia, vai kuinka?" hän tiedusteli toisilta hymyssä suin.

Vaihtaakseen puheenaihetta Amma kurottautui ja otti käteensä kirjan. Kirja oli pölyn peitossa. Hän puhdisti pölyn pois. Se oli sanskritin kielen alkeiskirja.

Amma: "Etkö ole osallistunut sanskritin kielen kurssille?"

Brahmachari: "En mennyt kahdelle tai kolmelle viimeisimmälle tunnille, Amma. Kielioppi ei jää minun mieleeni lainkaan."

Amma: "Kun katsoo tätä kirjaa, näyttää siltä, ettet ole koskenut siihen ainakaan kuukauteen. Poikani, et saisi tällä tavoin laiminlyödä oppikirjojasi. Oppiminen on Devi Saraswatin muoto. Sinun pitäisi lähestyä oppimista shraddhalla ja antaumuksella. Milloin hyvänsä poimit käteesi tai lasket kädestäsi kirjan, sinun tulisi koskettaa sitä kunnioituksella ja kumartaa sille. Pidä kirjat siisteinä ja puhtaina. Tuon kaiken me saimme oppia.

Jos olet haluton oppimaan sanskritin kieltä, kuinka voit ymmärtää pyhiä kirjoituksiamme? Sanskrit on meidän äidinkielemme. Et voi oppia arvostamaan upanisadeja tai *Gitaa* ymmärtämättä sanskritin kieltä. Ymmärtääksesi mantroja ja resitatiiveja sinun pitäisi oppia ne tuolla kielellä. Se on meidän kulttuurimme kieli. Emme voi erottaa Intian kulttuuria sanskritin kielestä. On totta, että voimme ostaa pyhien tekstien käännöksiä toisilla kielillä, mutta eivät ne vastaa alkuperäistä. Jos haluat tietää hunajan maun, sinun on maistettava sitä sellaisenaan. Jos sekoitat sen jonkin muun kanssa, et maista sen alkuperäistä makua. Jopa sanskritinkielisten sanojen lausuminen on hyväksi henkiselle hyvinvoinnillemme.

Mutta lapseni, on tärkeää, ettette opiskele sanskritia vain osoittaaksenne oppineisuuttanne. Tehkää se edistääksenne vain henkistä puhdistumistanne. Tarkastelkaa sanskritin kieltä vain välineenä tähän. Kun löydätte sanomalehdestä ilmoituksen, mistä voitte ostaa mangoja, on fiksumpaa mennä ostamaan mangoja ja nauttia niistä, eikä vain katsoa niiden kuvaa lehdestä. Älä ole kuitenkaan huolissasi, poikani. Yritä täst'edes opiskella sanskritin kieltä ahkerasti.

On hyvä tuntea sanskritin kieltä. Mutta sinun ei tarvitse käyttää koko elämääsi kieliopin opiskelemiseen. Jos menet tänä päivänä ihmisten eteen esittelemään sanskritin kielen taitojasi, eivät he arvosta sitä paljoakaan. Kaikki pyhät kirjoitukset syntyivät viisaiden tietoisuudessa, viisaiden, jotka elivät tapasin täyttämää elämää. Tapas tekee kaikesta selkeää ja läpinäkyvää. Henkilö, joka harjoittaa tapasia, voi oppia päivässä sen, minkä oppimiseen tavalliselta ihmiseltä menee kymmenen päivää. Sen tähden tapas on tärkeää. Sanskrit ja vedanta ovat myös tärkeitä ja niitä on hyvä opiskella. Mutta opiskelemme niitä tietääksemme, mikä on elämämme päämäärä ja mitä tietä meidän tulee kulkea. Kun tiedämme sen, meidän pitäisi yrittää edetä tuolla tiellä.

Kun tulemme rautatieasemalle, katsomme juna-aikatauluja, ostamme lipun ja nousemme asianomaiseen junaan. Monia ihmisiä, jotka pitävät itseään oppineina, voisi verrata heihin, jotka seisovat asemalla opettelemassa juna-aikatauluja ulkoa. He eivät ota oppineisuuttaan käyttöön.

Jos meillä on laukullinen sokeria, täytyykö meidän syödä se kaikki tietääksemme, että se on makeaa? Kun olemme nälkäisiä, meidän pitäisi syödä vain sen verran, että tulemme kylläisiksi. Ei meidän tarvitse syödä kaikkea mitä keittiöstä löytyy. Niin sanotut oppineet eivät ajattele tällä tavoin. He näyttävät haluavan syödä kaiken ja hukkaavat näin elämänsä.

Suurimmalla osalla oppineista on vain tietoa, ei kokemuksia. Ja mikä on lopputulos? Opiskeltuaan jopa 90-vuotiaiksi saakka he eivät pääse surustaan. Suurin osa heistä istuu kotona muistelemassa mitä ovat oppineet. Jos he olisivat oppineet sen mikä on tarpeen ja harjoittaneet samanaikaisesti tapasia, heidän tiedostaan olisi ollut hyötyä heille ja maailmalle. Siksi Amma sanoo, että sinun tulisi opiskella pyhiä kirjoituksia tiettyyn rajaan asti, mutta sitten sinun pitäisi harjoittaa tapasia. Vain se kohottaa opiskelusi kokemuksen tasolle, tuo sinulle rauhan ja mahdollistaa sen, että voit tehdä maailmalle jotakin hyvää.

Kun olet opiskellut ja saavuttanut voimaa henkisen itsekurin ansiosta, palvele toisia ja pelasta sillä tavoin monia ihmisiä. Jotkut yksilöt istuvat temppelin edessä lukien *Gitaa* ja upanisadeja, mutta jos joku lähestyy heitä, he kavahtavat ja huutavat: 'Älä koske minua, älä koske minua!' Minkälaista on heidän antaumuksensa? Nauhuri toistaa sen, mitä muut ovat sanoneet. Samalla tavoin nämä ihmiset sylkevät suustaan viisauden sanoja, jotka joku toinen on sanonut, mutta he eivät kykene soveltamaan tietoaan omaan elämäänsä. He eivät osaa olla rakkaudellisia ketään kohtaan, sillä he eivät ole ikinä vapaita ylpeydestä ja kateudesta. Mitä hyötyä on sellaisesta oppineisuudesta? Lapseni, meidän täytyy rakastaa lähimmäisiämme ja olla myötätuntoisia niitä kohtaan, jotka kärsivät. Ilman sitä emme voi koskaan saavuttaa Jumalaa. Ilman rakkautta toisia kohtaan olemme vain itsekeskeisiä olentoja."

Ammaa kuunteleva brahmachari kysyi: "Jos meditaatio johtaa todelliseen tietoon, miksi emme voi vain meditoida kaiken aikaa? Mihin tarvitaan oppitunteja? Mihin tarvitaan *karmajoogaa?*" Amma: "Sehän sopii. Mutta kuka kykenee meditoimaan päivän jokaisena tuntina? Jos istumme tunnin meditaatiossa, saavutammeko edes viiden minuutin keskittyneisyyttä? Siksi Amma sanoo, että meditoituamme meidän on työskenneltävä maailman hyväksi. Ei pidä torkkua meditaation nimissä ja olla rasitteeksi maailmalle. Olemme syntyneet ja meidän tulee olla hyödyksi maailmalle ennen kuin lähdemme täältä.

Jos joku kykenee meditoimaan 24 tuntia päivässä, se on oikein hyvä. Amma ei lähetä häntä minnekään. Amma järjestää hänelle kaiken tarvittavan. Mutta kun istut meditoimaan, sinun pitäisi todella meditoida. Se ei ole meditaatiota, jos mieli vaeltaa tuhannessa paikassa, kun itse istut yhdessä paikassa. Mieli pitää keskittää Jumalaan, silloin siitä tulee meditaatiota. Jos teet työsi Jumalaa muistaen ja mantraasi toistaen, silloin sekin on meditaatiota. Meditaatio ei ole vain sitä, että istut hiljaa.

Brahmachari: "Amma, mitä ehdotat? Miten meidän pitäisi palvella maailmaa?"

Amma: "Ihmiset ovat tänä päivänä hukassa, tietämättä mitä kulttuurimme merkitsee. Meidän pitäisi saada heidät ymmärtämään, mitä todellinen samskara tarkoittaa. Lukemattomat ihmiset kärsivät köyhyydestä, sekä aineellisesta että henkisestä. Meidän pitäisi pyrkiä poistamaan se. Jos meillä ei ole ruokaa mitä antaa nälkäisille, meidän pitäisi jopa lähteä kerjäämään sitä ruokkiaksemme heidät. Sitä on todellinen voima. Ei meidän pitäisi harjoittaa tapasia vain oman vapautuksemme tähden. Sitä tulisi harjoittaa saadaksemme voimaa palvella maailmaa. Kun mielestä tulee näin myötätuntoinen, jumaloivallus seuraa pian. Voimme saavuttaa

152

päämäärämme nopeammin myötätuntoisen palvelemisen avulla kuin pelkästään tapasin avulla." (Nauraen): "Mutta mitä hyötyä on hänestä, joka tapasin nimissä istuskelee puoliunessa siellä ja täällä, eikä palvele ketään?" Brahmachari: "Amma, oppikaamme ensin keitä me olemme. Emmekö voi odottaa siihen asti alkaaksemme sitten palvella maailmaa? Tällä hetkellä niin moni ihminen väittää palvelevansa maailmaa. Maailma ei ole muuttunut siitä hiukkaakaan. Eikö toisaalta ole totta, että yksikin henkilö, joka on saavuttanut vapautuksen, voi muuttaa koko maailman?" Amma sulki silmänsä. Hän katseli vähän aikaa sisälleen, sitten hän avasi hitaasti silmänsä.

Amma: "Lapseni, jos sanotte, ettette voi tehdä palvelutyötä, että haluatte vapautusta, osoittakaa siinä tapauksessa sellaista intensiteettiä! Kellä on sellainen kaipuu, ei hukkaa hetkeäkään ajattelematta Jumalaa. Syöminen ja nukkuminen eivät merkitse hänelle mitään. Hänen sydämensä kaipaa kaiken aikaa suunnattomasti Jumalaa."

Muistoja Amman lapsuudesta

Kyyneleet täyttivät Amman silmät. Sitten hän puhui muistoistaan, oman lapsuutensa koskettavista tapahtumista.

Amma: "Kun Amma alkoi etsiä Jumalaa, hän riutui tuskasta siihen saakka, kunnes saavutti päämäärän. Kyyneleet eivät milloinkaan loppuneet. Uni ei tullut. Kun aurinko laski, hänen sydämensä oli levoton. Menikö tämäkin päivä hukkaan? Onko hän tuhlannut jälleen päivän tuntematta Herraa? Suru oli liikaa kestettäväksi. Hän oli koko yön hereillä ajatellen, että jos hän ei nukkuisi, päivä ei menisi hukkaan. Alati mielessä oli tämä kysymys: 'Missä sinä olet? Missä sinä olet?' Kykenemättä kestämään sitä tuskaa, ettei saanut nähdä Herraa, hän puri ja raapi omaa kehoaan. Toisinaan hän kieri lattialla, itki ääneen, kutsui Herraa hänen eri nimillään. Hän purskahti spontaanisti itkuun. Eikä hän halunnut nauraa. Mitä iloa on nauramisesta, kun et ole vieläkään saanut tuntea Jumalaa? 'Kuinka voin iloita tuntematta sinua? Miksi minun pitäisi syödä, kun en tunne sinua? Miksi kylpeä?' Amman päivät kuluivat tällä tavoin." Amma vaikeni hetkeksi ja jatkoi sitten: "Kun koet voimallista takertumattomuutta, saattaa olla, ettet pidä maailmasta. Mutta sinun täytyy mennä myös tuon vaiheen yli. Sinun on nähtävä, että kaikki on Jumalaa. Amma tunsi suurta rakkautta köyhiä kohtaan ollessaan nuori. Kun he näkivät nälkää, hän varasti ruokaa kotoa ja vei sen heille. Tuntiessaan myöhemmin sietämätöntä tuskaa, koska ei ollut nähnyt Jumalaa, hän kääntyi koko maailmaa vastaan. Hän oli vihainen luonnolle. Hän sanoi: 'En pidä sinusta lainkaan, luontoäiti, koska saat meidät tekemään asioita, jotka ovat väärin!' Hän sylki luontoäitiä ja huusi hänelle käyttäen kaikenlaisia sanoja, mitkä vain tulivat hänen mieleensä. Siitä tuli eräänlaista hulluutta. Kun ruokaa tuotiin hänen eteensä, hän sylkäisi siihen. Se oli hyvin vaikea tila. Hän oli vihainen kaikelle. Hän halusi heittää mutaa kaikkien päälle, jotka tulivat hänen lähelleen. Nähdessään jonkun kärsivän hän ajatteli sen johtuvan hänen itsekkyydestään, kun hän näin joutui vain kokemaan oman karmansa seurausvaikutuksia. Mutta tämä asenne muuttui pian. Hän alkoi ajatella: 'Ihmiset tekevät virheitä tietämättömyytensä takia. Jos annamme heille anteeksi ja rakastamme heitä, he lopettavat virheiden tekemisen. Jos suutumme heille, eivätkö he vain toista pahoja tekojaan?' Kun tällaiset ajatukset heräsivät, hänen sydämensä täyttyi myötätunnolla. Hänen vihansa katosi kokonaan."

Amma istui vaipuneena hetkiseksi meditaatioon. Jokainen loi mielessään kuvan Amman lapsuudesta oman mielikuvituksensa mukaisesti. Luontoäiti, joka oli todistanut nuo vertaansa vailla olevat tapahtumat, oli sekin hiljainen ja tyyni.

Amma sanoi syvällä äänellä: "Lapseni, sydämenne tulisi aina sykkiä kaipuuta Jumalaan. Vain ne, jotka ovat toimineet näin, ovat saavuttaneet vapautuksen."

Amman neuvot takertumattomuudesta ja kaipuusta vapautukseen koskettivat kuulijoitten sydäntä. He seisoivat hiljaa, ulkomaailman unohtaneina.

Neljäs luku

Perjantai 20. syyskuuta 1985

Brahmacharit ja perheelliset

Muutamia oppilaita seisoskeli meditaatiohallin edessä odottamassa Ammaa. Annettuaan brahmachareille meditaatio-ohjeita hän ilmestyi näkösälle ja tervehti oppilaitaan: "Mistä tulette, lapseni?"

Oppilas: "Kollamista, Amma."

Amma: "Oletko ollut täällä ennen, poikani?"

Oppilas: "Yritin tulla pari kolme kertaa aiemmin, mutta joka kerran matka peruuntui jonkin odottamattoman syyn takia. Eikö ole totta, että meidän halumme ei yksin riitä siihen, että saisimme mahatman darshanin? Matkustan usein Kanyakumariin liiketoimieni vuoksi, mutta toistaiseksi en ole kyennyt tapaamaan Mayiammaa siellä. En tiedä, miksi. Vierailen usein ashrameissa. Viime vuonna menin perheeni kanssa Rishikeshiin."

Amma: "Löydät aikaa kaikelle tälle kiireisen työsi keskellä, se itsessään on Jumalan siunausta."

Oppilas: "Se on ainoa asia, mikä saa minut pysymään tasapainoisena. Miten muuten kykenisin nukkumaan rauhallisesti kaikkien liiketoimieni keskellä? Se, että minulla on suhde ashrameihin ja sanjaaseihin, antaa minun kokea helpotusta elämän ongelmien keskellä ja se tuo minulle rauhan. Jos minulla ei olisi tätä elämääni, olisin jo kauan aikaa sitten turvautunut alkoholiin."

Amma: "Oi Shiva! Shiva!"

Oppilas: "Amma, vaikka olenkin vieraillut monissa ashrameissa, en ole koskaan aiemmin tuntenut ilmapiirin olevan näin täynnä jumalallisuutta kuin tässä paikassa. En ole myöskään nähnyt missään muualla näin monia nuoria ashramin asukkaita."

Amma: "Täällä olevat lapseni tapasivat Amman, kun he olivat yliopistossa tai työskentelivät erilaisissa työpaikoissa. He luopuivat kaikesta ja tulivat Amman luo, vaikka suurin osa heistä ei tuntenut henkisyyden merkitystä tai meditaatiota. He näyttivät joutuneen jonkinlaisen hulluuden valtaan, kun he näkivät Amman. Heidän kiinnostuksensa ei ollut enää opinnoissa tai työssä. He eivät enää syöneet oikeaan aikaan eivätkä pesseet vaatteitaan. He eivät huomioineet enää mitään eivätkä lähteneet Amman viereltä minnekään. Hän yritti ajaa heidät pois, mutta he eivät lähteneet. Lopulta Amman piti hyväksyä häviö, hänen täytyi pitää heidät täällä. Vaikka Amma on heille kaikki kaikessa, heidän täytyy silti harjoittaa sadhanaa. Tänä päivänä, Ammaa kohtaan tuntemansa rakkauden ansiosta, he eivät ole enää kiinnostuneita ulkomaailmasta. He eivät kuitenkaan kykene pitämään tätä asennetta yllä ilman sadhanan harjoittamista.

Eikö Amman täydy pitää kaikin tavoin huolta heistä, näistä lapsistaan, jotka ovat turvautuneet häneen? Aiemmin hänellä oli aikaa huomioida heitä, mutta nyt hän ei kykene antamaan heille tarpeeksi huomiota oppilaiden kasvavan määrän tähden. Sen vuoksi, milloin hyvänsä hänellä on aikaa, hän komentaa heidät istumaan aloilleen ja meditoimaan, niin kuin hän teki juuri nyt. Sen lisäksi hän on sanonut heille, että he kertoisivat hänelle heti, jos heillä on ongelmia. Heidän ei tarvitse odottaa sopivaa ajankohtaa sille. Onhan hän, loppujen lopuksi, heidän ainoa äitinsä, isänsä ja gurunsa."

Oppilas: "Amma, minä kadun sitä, että olen perheellinen. Kykenenkö saavuttamaan itseoivalluksen?"

Amma: "Poikani, Jumalan silmissä ei ole olemassa perheellisiä ja brahmachareja. Hän katsoo ainoastaan mieltämme. Voit elää todella henkistä elämää ollessasi perheellinen. Kykenet nauttimaan Itsen autuutta, mutta mielesi täytyy olla Jumalassa kaiken aikaa. Silloin voit helposti saavuttaa autuuden. Emolintu ajattelee pesässä olevia pienokaisiaan, jopa silloin kun se etsii niille ruokaa. Samalla tavoin sinun täytyy pitää Jumala kaiken aikaa mielessäsi suorittaessasi maallisia toimiasi. Tärkeää on olla kokonaan antautunut Jumalalle tai gurulle. Kun omaat tällaisen antautumuksen, päämäärä ei ole enää kaukana. Kerran guru saapui opetuslapsineen erääseen kylään pitämään henkisiä esitelmiä. Eräs liikemies perheineen tuli joka päivä kuuntelemaan hänen puheitaan. Kun satsangit olivat ohi, hänestä tuli gurun oppilas, ja hän ja hänen perheensä päättivät ryhtyä elämään gurun ashramissa.

Kun guru palasi ashramiinsa, hän näki liikemiehen odottavan perheineen. He kertoivat gurulle päätöksestään elää ashramissa. Guru kertoi heille ashram -elämän vaikeuksista, mutta koska hänen selostuksensa ei saanut oppilasta luopumaan ajatuksestaan, guru suostui lopulta. Ja niin liikemiehestä ja hänen vaimostaan tuli ashramin pysyviä asukkaita.

He osallistuivat ashramin töihin siinä missä muutkin asukkaat. Opetuslapset eivät kuitenkaan pitäneet siitä, että maallikko asui perheineen ashramissa. He alkoivat valittaa liikemiehestä ja hänen perheestään. Guru päätti osoittaa opetuslapsilleen uuden oppilaan antautumisen voiman. Hän kutsui oppilaan luokseen ja sanoi tälle: 'Olette luopuneet kodistanne ja omaisuudestanne, eikä teillä ole enää mitään. Valitettavasti täällä ashramissa ei kuitenkaan ole riittävästi varoja. Olemme pärjänneet jotenkin, koska brahmacharit ovat työskennelleet kovasti. Olisi ollut helppoa, jos olisit ollut yksin; on vaikea huolehtia sekä vaimosi että lastesi kustannuksista. Joten huomisesta lähtien sinun pitää mennä töihin ja ansaita riittävästi heidän ylläpitämisekseen.' Oppilas suostui.

Hän löysi seuraavana päivänä työpaikan läheisestä kaupungista, ja joka ilta hän toi gurulleen sen mitä oli ansainnut. Muutaman päivän kuluttua opetuslapset alkoivat valittaa jälleen. Niinpä guru kutsui jälleen oppilaan luokseen ja sanoi: 'Raha jonka tuot riittää sinun ylläpitämiseen, mutta se ei riitä vaimosi ja lastesi ylläpitämiseen. Koska ashram on vastannut näistä menoista tähän asti, sinun täytyy työskennellä kaksi kertaa enemmän maksaaksesi velkasi ashramille. Vasta sen jälkeen sinä ja perheesi voitte syödä ashramissa.'

Oppilas kutsui vaimonsa ja lapsensa luokseen ja selitti heille: 'Kunnes olemme maksaneet velkamme, meidän ei pitäisi syödä täällä. Olisimme taakaksi gurulle ja se olisi synti. Minä tuon teille ruokaa illalla. Olkaa kärsivällisiä siihen asti.' He suostuivat. Seuraavasta päivästä lähtien hän työskenteli aamusta myöhäiseen iltaan ja antoi kaikki ansionsa gurulle. Hän jakoi vaimonsa ja lastensa kanssa sen ravinnon, minkä sai työpaikaltaan. Joinakin päivinä heillä ei ollut lainkaan syötävää, ja silloin perhe joutui olemaan nälässä.

Toiset opetuslapset olivat hämmästyneitä nähdessään, että oppilas ja hänen perheensä eivät lähteneet ashramista näistä vaikeuksista huolimatta. He valittivat jälleen gurulle: 'Nykyisin liikemies tulee takaisin myöhään illalla. Hän ansaitsee rahaa ulkopuolella, kun hänen vaimonsa ja lapsensa elävät mukavasti täällä ashramissa. Kuinka miellyttävä järjestely!'

Tuona iltana guru odotti oppilasta. Kun hän tuli ja kumartui gurun jalkojen juureen, tämä sanoi hänelle: 'Olet petturi! Älä kumarra minulle. Pidät perhettäsi täällä samalla kun keräät itsellesi omaisuutta työskentelemällä ulkopuolella, ja silti väität antavasi kaiken mitä ansaitset ashramille.' Oppilas ei sanonut mitään vastaukseksi. Hän kuunteli gurua yhteenliitetyin käsin. Sitten hän meni hiljaa omaan huoneeseensa.

Myöhään illalla guru kutsui kaikki opetuslapsensa ja sanoi: 'Huomenna vietämme ashramissa juhlia. Täällä ei ole lainkaan polttopuuta. Jonkun pitäisi mennä välittömästi metsään ja tuo-

da sieltä polttopuita, tarvitsemme niitä ennen auringonnousua.'
Sitten hän meni nukkumaan. Kuka lähtisi metsään näin myö-
hään? Opetuslapset herättivät perheellisen oppilaan. He kertoivat
gurun kehotuksesta noutaa polttopuuta välittömästi seuraavan
päivän juhlaa varten. Oppilas lähti mielihyvin metsään opetus-
lasten mennessä nukkumaan.

Kun guru ei nähnyt oppilasta auringonnousun aikaan, hän
kutsui opetuslapset koolle ja tiedusteli hänestä. He sanoivat, että
oppilas oli mennyt metsään keräämään polttopuuta. Guru ja ope-
tuslapset lähtivät metsään etsimään häntä. He etsivät kaikkialta,
mutta eivät löytäneet häntä. Lopulta he huusivat hänen nimeään
ja kuulivat äänen vastaavan. Ääni tuli isosta kaivosta. Oppilas oli
liukastunut ja pudonnut kaivoon ollessaan palaamassa pimeässä
polttopuiden kanssa. Vaikka kaivo ei ollutkaan kovin syvä, sii-
tä oli vaikea kiivetä ylös ilman apua. Ja koska miesparka ei ollut
syönyt moneen päivään, hänellä ei ollut tarpeeksi voimaa päästä
ylös polttopuiden kanssa.

Guru pyysi opetuslapsia auttamaan oppilaan kaivosta. Alhaal-
la oli pimeää. Kun he ojensivat kätensä kaivoon, he tunsivat vain
kasan polttopuita. He pyysivät oppilasta kohottamaan kätensä,
mutta hän vastasi: 'Jos päästän irti, polttopuut putoavat veteen.
Pidän niitä ylhäällä, etteivät ne kastuisi. Antakaa nämä gurul-
lemme niin pian kuin mahdollista, ne ovat aamun juhlia varten.
Voitte hakea minut täältä sen jälkeen.'

Gurun silmät täyttyivät kyynelistä, kun hän näki oppilaansa
antaumuksen. Hän pyysi opetuslapsiaan nostamaan tämän heti
ylös, mutta hän suostui tulemaan ylös vasta kun joku oli otta-
nut ensin polttopuut häneltä. Guru syleili oppilastaan, joka tärisi
kylmästä oltuaan kaivossa niin kauan. Hän oli niin tyytyväinen
oppilaansa epäitsekkääseen rakkauteen ja antaumukseen, että siu-
nasi välittömästi oppilaan itseoivalluksella.

Lapseni, kukaan ei menetä itseoivalluksen mahdollisuutta sen takia, että on grihastashrami. Olitpa sitten brahmachari tai perheellinen, tärkeintä on usko ja antautuminen gurulle."

Muutamia hetkiä brahmacharien kanssa

Brahmachari Ramakrishnan toi Ammalle vettä juotavaksi. Tavasta jolla hänen huulensa liikkuivat saattoi päätellä, että hän toisti jatkuvasti mantraa.

Amma on hyvin tarkka sen suhteen, että kaikki toistavat mantraa kaiken aikaa, kun valmistavat tai tarjoilevat hänelle ruokaa. Eräänä päivänä Bri. Gayatri valmisti Ammalle teetä. Amma antoi teekupin takaisin Gayatrille ja sanoi: "Valmistaessasi teetä mielesi ei ollut siinä mitä teit eikä mantrassasi. Sinä ajattelit Australiaa, joten voit itse juoda tämän teen."

Gayatri lähti hiljaisena, muistaen miten oli teetä tehdessään kertoillut eräälle brahmacharille varhaisista ajoistaan Australiassa. Hän teki teen nyt uudelleen, tällä kertaa shraddhalla ja toistaen mantraa jatkuvasti. Juodessaan sitä Amma sanoi: "Sinun sydämesi on tässä, se saa minut haluamaan juoda sitä, ei sen maku."

Ramakrishnan kumarsi Ammalle ja istuutui hänen lähelleen. Edellisenä päivänä joku oli puhunut veneessä pahaa ashramista. Ramakrishnan oli kuullut sen eikä ollut voinut kestää tilannetta. Hän oli reagoinut kovaäänisesti heihin. Kun hän kertoi tästä tapahtumasta, Amma sanoi:

"Poikani, kun ihmiset ylistävät Ammaa ja osoittavat rakkautta teille, olet onnellinen. Olet tyytyväinen, kun toiset nyökyttelevät hyväksyvästi sille mitä sanot. Imet sen sisääsi kuin nektarin. Mutta kun tuhansia ihmisiä kokoontuu, pari kolme heistä saattaa puhua meitä vastaan. Silloin meidän pitäisi katsoa sisällemme. Meidän pitäisi havainnoida, kuinka kärsivällisesti kykenemme toivottamaan tällaiset tilanteet tervetulleeksi. Meidän ei pitäisi suuttua heille. Jos suutumme ja sanomme, että he eivät saa enää tulla tänne, hyötyvätkö he mitenkään meidän elämästämme? Jokaisen toimemme tulee hyödyttää maailmaa. Emmekö arvosta opettajan kyvykkyyttä eniten silloin, kun hänen huonoimmat oppilaansa, jotka eivät yleensä opi mitään, menestyvät kokeessa? Voimme sanoa elämämme olevan hyödyllinen vain silloin, kun kykenemme muokkaamaan heitteille jätettyä joutomaata, joka on täynnä roskia ja rikkaruohoa, ja korjaamaan siitä satoa. Eilen kohtaamasi ihmiset matkaavat vain valtameren pinnalla, he haluavat pelkästään kalaa. Mutta me emme voi toimia heidän laillaan, sillä me etsimme helmiä. Vain sukeltamalla syvälle ja etsimällä tarkkaavaisesti voimme kenties löytää helmen.

He puhuivat tietämättömyydestään käsin, mutta jos reagoimme heitä kohtaan vihalla, kumpi meistä on tietämättömämpi? Jos meluamme heidän laillaan, mitä muut ajattelevatkaan meistä? Meidän pitäisi säilyttää tasapainomme vaikka toiset vastustaisivatkin meitä tai puhuisivat meistä pahaa. Se itsessään on sadhanaa. Tällainen tilanne tarjoaa meille mahdollisuuden havainnoida, minkä verran meillä on kärsivällisyyttä. Meidän pitäisi toivottaa tyynesti tuollaiset tilanteet tervetulleiksi."

Eräs brahmachari mainitsi Pohjois-Intiassa sijaitsevan ashramin kolmesta asukkaasta, jotka olivat tulleet tänne jonkin aikaa sitten ja halunneet asettua tänne asumaan.

Amma: "Joku heidän ashramissaan vieraillut oli antanut heille Amman elämäkerran. Kun he olivat lukeneet sen, he olivat halunneet heti olla hänen kanssaan. He olivat keksineet jonkin tekosyyn ja lähteneet ashramistaan ja tulleet tänne. Amman täytyi olla periksiantamaton ja lähettää heidät takaisin. Emme voi sallia niiden jäädä, jotka tulevat toisista ashrameista, ilman sikäläisten johtajien lupaa."

Ryhmä oppilaita oli tässä vaiheessa kerääntynyt Amman ympärille, ja hän johdatti heidät nyt darshanmajaan.

Lapsiaan syöttämässä

Amma puhuu usein henkisten lupausten ja ohjeitten seuraamisen tärkeydestä etsijän elämässä. Tällaiset harjoitukset ovat keino mielen voittamiseksi. Hän ei kuitenkaan hyväksy sitä, että kenestäkään tulisi jonkin tietyn lupauksen tai harjoituksen orja. Amma painottaa erityisesti paastoamista ja hiljaisuuden harjoittamista. Hän on kehottanut ashramin asukkaita paastoamaan ja mikäli mahdollista harjoittamaan hiljaisuutta aina lauantaisin. Tätä periaatetta toteutettiinkin säännöllisesti. Jotkut asukkaat harjoittivat puhumattomuutta koko päivän, puhuen ainoastaan Ammalle. Toiset taas pitivät hiljaisuutta yllä kuuteen asti illalla. Kaikkien edellytettiin pysyttelevän meditaatiohuoneessa auringonlaskuun asti, kukaan ei saanut mennä ulos.

Eräänä lauantaina Amma kehotti kaikkia menemään meditaatiohalliin jo seitsemältä aamulla, ja sitten hän sulki oven ulkopuolelta käsin. Hän oli sanonut heille aiemmin, että hän toivoi kaikkien viettävän koko päivän japaa ja meditaatiota harjoittaen. Kuullessaan Amman äänen yhdeksän aikaan he avasivat silmänsä:

"Lapset..."

Kaikkien edessä oli lasillinen kahvia, makeutettua *avalia* (riisiä) ja kaksi banaania. Amma seisoi heidän edessään hymyillen.

"Lapseni, meditoikaa vasta kun olette syöneet tämän."

Hän sulki oven ja katosi. He söivät Amman prasadin suurella antaumuksella ja jatkoivat sitten japaa ja meditaatiota.

Kello soi. Brahmacharit katsoivat toisiaan hämmästyneinä, sillä se oli selvästikin lounaskello. Kello oli puoli yksi. Brahmachari, joka valmisti lounaan päivittäin, oli meditaatiohallissa, joten kysymys kuului: 'Kuka oli valmistanut lounaan? Minkälainen olikaan tämä Amman uusi *liila?*' Kaikkien miettiessä tätä eräs oppilas ilmestyi kertomaan, että Amma kutsui heitä lounaalle. He löysivät Amman ruokailuhallista, missä hän odotti heitä. Hän oli järjestänyt heidän lautasensa oikeille paikoilleen, annostellut riisin ja curryn valmiiksi ja asettanut lasillisen juomavettä jokaisen lautasen viereen. Heidän ei tarvinnut kuin syödä. Ja ruokalajeja oli yksi enemmän kuin normaalisti. Äidin erikoisuus! Hän itse palveli heitä, kun he söivät.

Amma kertoi perheellisille oppilailleen, jotka aterioivat brahmacharien kanssa: "Kun Amma oli lukinnut lapsensa meditaatiohalliin, hän ajatteli, kuinka julma hän olikaan pakottaessaan heidät näkemään nälkää. Mennessään keittiöön hän havaitsi, ettei siellä ollut ruokaa, niinpä hän valmisti makeaa avalia ja kahvia, ja löysi muutamia banaaneja. Hän laittoi kaiken tämän lastensa eteen. Heidän mielensä alkaisivat vaeltaa, jos he poistuisivat huoneesta. Hän halusi antaa heille samalla oppitunnin siitä, että jos me turvaamme Jumalaan kokonaan, hän tuo eteemme kaiken mitä tarvitsemme.

Sitten hän palasi keittiöön ja keitti riisin ja vihannekset. Koska Amma oli sanonut lapsilleen, että kukaan ei saisi oleskella meditaatiohallin ulkopuolella, kaikki pysyttelivät sisällä. Siitä on jo pitkä aika, kun Amma on viimeksi valmistanut ruokaa lapsilleen. Lopulta tänään Amma saattoi tehdä näin. Amma on valmis näkemään nälkää kuinka kauan hyvänsä, mutta hänellä ei ole voimia katsella, kun hänen lapsensa ovat nälissään. Kun yhä enemmän oppilaita saapuu, Ammalla ei ole enää yhtä paljon aikaa kuin aiemmin huolehtia ashramissa asuvista lapsistaan. Hän tietää, että Jumala huolehtii siitä, ettei heiltä puutu mitään."

Yksi brahmachareista oli pysähtynyt matkallaan meditaatiohalliin. Hän kuuli askelten ääntä ja katsahti taakseen. Amma tuli hymyillen häntä kohti. Brahmachari Rao[19] oli hänen seurassaan.

"Mitä sinä ajattelit?" Amma kysyi.

"Satuin muistamaan, miten sinä laitoit meidät paastoamaan eräänä lauantaina joitakin aikoja sitten."

Amma: "Miksi muistit sen tänään?"

---

[19] Nykyään Swami Amritatmananda

Brahmachari: "Tänäänhän on lauantai. Eikö?"
Amma: "Älä kuluta aikaasi seisoskelemalla siinä, on aika meditoida." Amma meni heidän kanssaan meditaatiohalliin.

Hän sanoi meditaatiohallissa odotteleville barhmachareille: "Lapseni, älkää yrittäkö hiljentää mieltänne väkipakolla, kun istuudutte meditoimaan. Jos teette niin, ajatukset nousevat kymmenkertaisella voimalla. Se on sama kuin jos yrittäisitte tukahduttaa lähdettä. Yrittäkää selvittää, mistä ajatukset nousevat, ja hallitkaa niitä tuolla tiedolla. Älkää saattako mieltä minkäänlaiseen jännitystilaan. Jos jokin kehonne kohta on jännittynyt tai siinä tuntuu kipua, mielenne pysyttelee siinä. Rentouttakaa kehonne jokainen osa ja havainnoikaa ajatuksianne täydellisellä tarkkaavaisuudella. Silloin mieli asettuu itsestään. Älkää ryhtykö seurailemaan ajatuksianne. Jos kuljette niiden matkassa, vain kehonne on täällä ja mielenne jossakin muualla. Oletteko nähneet autojen liikkuvan pölyisellä tiellä? Ne nostattavat kiitäessään suuren määrän pölyä, ja lopulta et näe autoja lainkaan. Jos seuraat tällaista autoa, tulet aivan pölyiseksi. Jos seisot vaikkapa vain tien varressa, tulet silti pölyiseksi. Joten kun näet auton lähestyvän, sinun täytyy seisoa matkan päässä. Samaan tapaan meidän pitäisi tarkkailla ajatuksiamme etäisyyden päästä. Jos menemme liian lähelle niitä, ne vetävät tietämättämme meidät mukaansa; mutta jos tarkkailemme niitä etäisyyden päästä, voimme nähdä pölyn laskeutuvan ja rauhan palaavan."

Amma Ottoorin seurassa

Krishnan suuri palvoja ja juhlittu runoilija Ottoor Unni Namboodiripad oli asettunut asumaan ashramiin. Hän oli 82-vuotias ja hyvin huonossa kunnossa. Hänen ainoa toiveensa oli saada kuolla Amman sylissä. Hänelle annettiin huone kalarin takaa, talosta, joka oli rakennettu meditaatioluolan yläpuolelle.

Amma meni yhdeksän aikaan illalla Ottoorin huoneeseen. Muutamat brahmacharit olivat myös siellä. Amman estelyistä huolimatta Ottoor kävi suurin ponnistuksin lattialle ja kumarsi hänelle. Amma auttoi hänet ylös ja istutti hänet sängylle, ja asettui hänen viereensä istumaan. Mikäli Amma olisi seisonut, Ottoor olisi kieltäytynyt istumasta.

Ottoor: "Amma, sano jotakin! Anna minun kuulla sinun puhettasi!"

Amma: "Mutta sinä tiedät jo kaiken, poikani!"

Ottoor: "Eikö tämä poikasi ole tuottanut näille brahmachareille paljon vaivaa?"

Brahmachari: "Ei, ei suinkaan! On meidän hyvää onneamme, että saamme tilaisuuden palvella sinua. Missä muualla, tässä maailmassa, saisimmekaan kuulla yhtä hyvää satsangia?"

Amma: "Teidän pitäisikin rukoilla nimenomaan sitä, että saisitte osaksemme hyvän onnen saada palvella Jumalan opetuslapsia. Vain sillä tavoin voimme löytää Jumalan."

Seva ja sadhana

Brahmachari: "Mutta Amma, eikö ole totta, että palveleminen, olipa se sitten kuinka suurta hyvänsä, on vain karmajoogaa? Shankaracharya on sanonut, että vaikka mieli puhdistettaisiinkin karmajoogan avulla, niin itseoivallus saavutetaan kuitenkin vain *jnanan* avulla."

Amma: "Itse ei rajoitu vain sinun sisällesi, vaan se läpäisee koko maailmankaikkeuden. Voimme saavuttaa itseoivalluksen vain havaitsemalla, että kaikki on yhtä ja samaa. Meitä ei hyväksytä Jumalan valtakuntaan ilman pienimmänkään muurahaisen allekirjoitusta anomuspaperissamme. Sen tähden ensimmäinen edellytys, Jumalan muistamisen lisäksi, on rakastaa kaikkia ja kaikkea, sekä elollista että elotonta. Jos meillä on sydämen suuruutta, vapautus ei ole kaukana.

Menemme temppeliin, teemme pyhän kierroksen kolme kertaa ja kumarramme Jumalalle, mutta mennessämme ulos potkaisemme ovella olevaa kerjäläistä! Tällainen on asenteemme vielä tässä vaiheessa. Ansaitsemme oivalluksen vain nähdessämme jopa tuossa kerjäläisessä hänet, jolle juuri kumarsimme. Tällä tavoin meistä tulee nöyriä ja kunnioittavia. Meitä ei auta lainkaan, jos alamme tuntea: 'Minä palvelen maailmaa!' Mitä hyvänsä teemmekin tuollaisella asenteella, sillä ei ole mitään tekemistä *sevan* kanssa. Todellinen seva tarkoittaa, että sanamme, hymymme ja toimemme ovat täynnä rakkautta ja asennetta että 'minä en ole mitään'.

Ihmiset eivät ole tietoisia todellisesta olemuksestaan. Katsokaa lammikossa eläviä pikkulintuja. Ne eivät tajua, että niillä on siivet. Ne eivät halua lentää korkealle ja nauttia lammikon ympärillä olevien puiden kukkien nektarista. Ne elävät vain lammikon liassa. Jos ne kohoaisivat korkealle ilmaan ja maistaisivat nektaria, ne eivät enää koskaan palaisi alhaalla olevaan likaan. Samalla tavoin ihmiset elävät elämänsä tietämättöminä autuudesta ja Jumalan puhtaasta rakkaudesta. Päämääränämme on tehdä heidät tietoisiksi siitä ja auttaa heitä oivaltamaan oma olemuksensa. Se on velvollisuutemme ashramia kohtaan."

Brahmachari: "Kuinka voimme harjoittaa epäitsekästä palvelutyötä tuntematta totuutta Itsestä?"

Amma: "Lapseni, palvelutyö on myös yksi sadhanan muodoista. Jos väität saavuttaneesi täydellisyyden tekemällä sadhanaa istumalla yhdessä paikassa, Amma ei hyväksy tätä. Maailmaan meneminen ja palvelutyön tekeminen on erittäin tärkeä osa sadhanaa. Jos haluamme poistaa sydämemme syvimmässä piileksivät vihollisemme, meidän on palveltava maailmaa. Vain silloin voimme nähdä, kuinka tehokasta meditaatiomme on ollut. Vain silloin kun joku suuttuu meille, voimme havaita, onko sisällämme vielä vihaa.

Istuessaan yksin metsässä shakaali ajattelee: 'Nyt minä olen vahva, enkä enää hauku nähdessäni seuraavan kerran koiran.' Mutta heti kun se näkee koiran, se unohtaa kaiken muun ja alkaa haukkua vimmatusti. Ollessamme tekemisissä ihmisten kanssa meidän on pysyteltävä vihan yläpuolella silloin, kun he ovat vihaisia. Vasta silloin kykenemme ymmärtämään, missä määrin olemme kehittyneet.

Saatat saada korkean arvosanan oppilaitoksesi kokeissa, mutta se ei välttämättä takaa sinulle työpaikkaa. Ansaitaksesi työpaikan sinun pitää onnistua myös erittäin hyvin kokeissa, joihin tuhannet työpaikkaa hakevat osallistuvat. Samaten kun meditaatiosi on kohottanut sinut tietylle tasolle, sinun pitäisi työskennellä yhteiskunnan hyväksi. Vasta sitten kun sinulla on voimaa kestää minkälaista pilkkaa ja sättimistä hyvänsä, Amma sanoo että olet valmis.

Jopa kokematon kuljettaja kykenee ajamaan autoa tyhjällä niityllä. Todellinen testi kuljettajan ajotaidon suhteen on kyky ajaa turvallisesti ruuhkaisilla kaduilla. Samaten et voi sanoa, että joku on rohkea vain sen takia, että hän istuu yksinäisyydessä ja tekee henkisiä harjoituksia. Todella rohkea on hän, joka huolehtii moninaisista tehtävistä ja kykenee etenemään epäröimättä vihamielisyyden keskellä. Häntä voimme kutsua todella viisaaksi. Minkäänlainen tilanne ei voi tuhota hänen mielenrauhaansa.

Niinpä palvelu pitäisi nähdä sadhanana ja sen tulisi olla uhrilahjamme Jumalalle. Jos joku sitten vastustaa meitä, saatamme tuntea hieman vihamielisyyttä, mutta voimme vapautua siitä mietiskelemällä: 'Kuka hänessä on minun suuttumukseni kohde? Enkö minä suuttunutkin hänelle, koska uskoin olevani tämä keho? Mitä olen oppinut pyhistä kirjoista? Mihin maailmaan olen matkalla (henkiseen vai materiaaliseen)? Kuinka saatoinkaan tuntea minkäänasteista pahaa tahtoa häntä kohtaan julistettuani, etten ole keho enkä mieli, vaan sielu?' Meidän pitäisi harjoittaa jatkuvasti tällaista itsetutkiskelua. Lopulta emme enää tunne suuttumusta ketään kohtaan. Me tunnemme katumusta ja se johdattaa meidät oikealle polulle."

Brahmachari: "Jos emme sano sanaakaan, kun toiset osoittavat vihaansa, emmekö anna heille tilaisuuden toimia väärin ja käyttää rumaa kieltä? Onko oikein sellaisina hetkinä vain pysytellä vaiti ja kuvitella, että me olemme Atman? Eivätkö he pidä kärsivällisyyttämme vain heikkouden osoituksena?"

Ei-kaksinaisuus päivittäisessä elämässä

Amma: "Meidän pitäisi nähdä kaikki Brahmanina, mutta meidän tulee myös käyttää erottelukykyämme toimiaksemme oikein jokaisessa tilanteessa. Olettakaamme, että seisomme kadun varrella ja koira juoksee meitä kohti perässään ihmisjoukko, joka huutaa: 'Varokaa hullua koiraa!' Vesikauhuisella koiralla ei ole erottelukykyä ja niinpä se puree meitä, jos seisomme sen tiellä. Joten meidän on astuttava syrjään ja otettava kenties keppi käteemme. Amma ei neuvo sulkemaan silmiämme tältä vaaralta. Silti meidän ei pitäisi lyödä koiraa tarpeettomasti, sillä se ei kykene erottamaan oikeaa väärästä. Meidän sen sijaan pitäisi viedä siltä mahdollisuus purra meitä siirtymällä syrjään sen tieltä.

Meidän ei toisin sanoen tule nähdä vain koiraa, vaan myös varoituksen antaneet ihmiset Jumalana. Jos jätämme huomioimatta varoituksen siirtyä syrjään ja yksinkertaisesti vain seisomme siinä, ajatellen että koira on Brahman, saamme varmasti pureman. Eikä meidän hyödytä olla enää jälkikäteen pahoillamme.

Lapseni, meidän pitäisi käyttää erottelukykyämme kaikissa tilanteissa. Henkisen etsijän ei pitäisi koskaan olla heikko. Ajatelkaapa esimerkiksi pientä poikaa, meidän Shivaniamme (Amman sisarenpoika). Hän tekee monia virheitä, ja me torumme häntä, mutta emme tunne minkäänlaista vihamielisyyttä häntä kohtaan. Emme toru häntä kostaaksemme. Hän on pieni poika ja tiedämme, että hän tekee virheitä tietämättömyytensä takia. Jos rankaisemme häntä tänään, huomenna hän on varovainen, siksi teeskentelemme olevamme vihaisia. Näin meidän pitäisi asennoitua. Meidän pitäisi toki opastaa niitä, jotka toimivat vailla erottelukykyä, mutta tehdessämme niin meidän ei kuitenkaan pitäisi menettää omaa tasapainoamme. Vaikka osoitammekin tyytymättömyytemme ulkoisesti, meidän pitäisi rakastaa heitä ja toivoa, että heistä tulee hyviä. Vain näin voimme itse kehittyä. Ulkoisesti kuin leijona mutta sisäisesti kuin kukka. Sellainen pitäisi sadhakan olla. Hänen sydämensä pitäisi olla kukoistava kukka, joka ei koskaan kuihdu. Mutta ulkoisesti hänen pitäisi olla rohkea ja voimakas kuin leijona. Näin hän kykenee opastamaan maailmaa. Harjoittaessaan sadhanaa hänen pitäisi kuitenkin olla kuin alhaisin palvelija. Hän pyytää ruokaa, mutta kävelee pois suuttumatta, vaikka saisi osakseen vain sättimistä. Henkisen etsijän omaksuessa tällaisen asenteen hän kehittyy. Lapseni, vain rohkea ihminen voi olla kärsivällinen. Tällainen kerjäläisen asenne sadhanan aikana voimistaa hänen rohkeuttaan; rohkeuden siemen itää vain kärsivällisyyden maaperässä."

Iäkäs "Unnikannan" (lapsi-Krishna, niin kuin Amma tapasi kutsua Ottooria) istui sängyllään, kumartui eteenpäin kasvot ilosta säteillen, imien sisäänsä Ammasta virtaavia jumalallisia sanoja. Nähdessään Äidin nousevan ylös valmiina lähtöön, Ottoor kumarsi hänelle istualtaan ja ojensi hänelle paketin jossa oli sokeria, jota oli uhrattu Jumalalle Guruvayoorin temppelissä. (Ottoor oli ollut tekemisissä Guruvayoorin temppelin kanssa koko elämänsä ajan, ja hänellä oli aina hiukan prasadia sieltä mukanaan). Amma antoi hänen nauttia ensimmäisenä prasadia paketista, asettaen huolellisesti hieman siunattua sokeria hänen kielelleen, joka oli siunattu vuosikausien ajan toistetulla Jumalan nimellä.

171

Tiistai 24. syyskuuta 1985

Oppitunti keittiössä

Kello oli hieman yli viisi iltapäivällä. Brahmacharini pilkkoi vihanneksia illallista varten. Muutaman minuutin väliajoin hän nousi ylös kohentaakseen keittotulta. Kun Amma saapui keittiöön ja näki tämän, hän sanoi: "Tyttäreni, huolehdi sinä keittotulesta. Amma tekee tämän." Kun Amma oli lähettänyt brahmacharinin huolehtimaan keittotulesta, hän ryhtyi itse pilkkomaan vihanneksia. Nähdessään Amman työn touhussa moni liittyi hänen seuraansa työskentelemään.

Amma: "Lapseni, tämä tyttäreni ponnisteli täällä yksin. Hän joutui sekä pilkkomaan vihanneksia että huolehtimaan samaan aikaan liedestä. Kukaan ei tullut auttamaan häntä, mutta heti kun Amma saapui, kaikki ryntäsivät avuksi. Lapseni, sadhana ei tarkoita sitä, että istutte jossakin toimettomana. Teidän pitäisi tuntea myötätuntoa nähdessänne toisten ponnistelevan, teidän tulisi tuntea halua auttaa. Harjoitamme sadhanaa kehittääksemme itsellemme myötätuntoisen mielenlaadun. Kun olette tavoittaneet sen, teillä on kaikki. Kun Amma on näyttämöllä, kaikki tulevat juosten. Sellainen ei ole todellista antaumusta. Kuka rakastaa kaikkia tasa-arvoisesti, rakastaa Ammaa."

Brahmachari: "Amma, tässä eräänä päivänä tulin tänne keittiöön auttaakseni, mutta sain osakseni vain syyttelyä."

Amma: "Sinun on täytynyt tehdä jotakin väärää."

Brahmachari: "Taisin pilkkoa vihannekset liian suuriksi paloiksi."

Amma ja muut nauroivat. Amma kutsui brahmacharinin luokseen.

Amma (edelleen nauraen): "Sätitkö tätä poikaani tässä eräänä päivänä, vaikka hän tuli tänne auttamaan?"

Bri.: "On totta, että hän tuli auttamaan, mutta sen seurauksena minun työni vain kaksinkertaistui. Sanoin hänelle, että hänen pitäisi pilkkoa vihannekset pieniksi paloiksi. Hän teki sen sijaan isoja paloja, ja minun piti leikata kaikki uudelleen, se vei kaksinkertaisen ajan. Sanoin hänelle, että mikäli hän toimisi tällä tavoin, hänen ei tarvitsisi enää tulla auttamaan."

Amma: "Mutta hän ei ole tottunut tällaiseen. Eikö hän toiminutkin siksi noin? Eikö sinun olisi pitänyt näyttää hänelle, miten halusit sen tehtävän? Hän ei ole tottunut vihannesten pilkkomiseen, sillä hän ei ole tehnyt mitään työtä kotonaan."

Amma selitti kaikille, kuinka vihannekset tuli pilkkoa oikealla tavalla. Siinä vaiheessa kun oppitunti keittiössä oli ohi, kaikki vihannekset oli jo pilkottu. Brahmacharini toi hieman vettä ja Amma pesi kätensä, ja lähti sitten keittiöstä.

Amma siunaa lehmän

Amma käveli navettaan. Hänen perässään tulevat näkivät hämmästyttävän näyn. Amma kumartui lehmän vierelle ja ryhtyi juomaan maitoa suoraan sen utareista! Lehmä antoi maidon virrata anteliaasti, sillä kun Amma laski yhden nisän vapaaksi ja ryhtyi juomaan toisesta, maitoa pirskottui hänen kasvoilleen. Lehmä, joka oli onnekas saadessaan imettää Maailman Äitiä, tuntui sanovan silmillään: "Tein kaiken tapasini tätä hetkeä varten. Nyt minun elämäni on täyttynyt."

Amma tuli ulos pyyhkien kasvojaan sarin kankaallaan. Nähdessään paikalle kokoontuneet lapsensa hän sanoi: "Tuo lehmä oli jo pitkään halunnut antaa Ammalle maitoa."

Amma täyttää jopa lehmän hiljaisen toivomuksen, sen täytyi olla siunattu sielu.

Amma jatkoi: "Kauan sitten kun Amman perhe ja naapurit vastustivat häntä, linnut ja eläimet tulivat hänen avukseen. Omasta kokemuksestaan Amma voi sanoa, että jos antaudut kokonaan

Jumalalle, hän pitää huolen ettei sinulta puutu mitään. Kun kukaan ei antanut hänelle ruokaa, koira toi riisipaketin pitäen sitä hampaissaan. Toisinaan Amma ei ollut syönyt moneen päivään. Hän makasi meditaation jälkeen tiedottomana hiekalla. Kun hän avasi silmänsä, hän huomasi yhden lehmistä seisovan vierellään utareet täynnä maitoa, valmiina antamaan hänen juoda. Amma joi niin paljon kuin halusi. Tuo lehmä tuli ja tarjosi maitoaan aina kun Amma vain tunsi itsensä väsyneeksi."

Oppilaat, jotka surivat sitä, etteivät olleet paikan päällä todistamassa noita jumalallisia leikkejä, saivat ainakin osakseen sen hyvän onnen, että saattoivat tänään todistaa tällaisen kohtauksen.

Jumalien ja gurun palvominen

Amman kävellessä takaisin ashramiin yksi brahmachareista kysyi: "Amma, ovatko jumalat todella olemassa?"

Amma: "He ovat olemassa hienosyisellä tasolla. Jokainen jumalista edustaa ominaisuutta, joka on olemassa piilevänä meissä. Mutta sinun pitäisi nähdä valitsemasi jumala erottamattomana korkeimmasta Itsestä. Jumala voi omaksua minkä haluamansa muodon tahansa. Hän omaksuu erilaisia hahmoja riippuen palvojiensa toiveista. Eikö valtameri nousekin kuun aikaansaaman vetovoiman seurauksena?"

Brahmachari: "Amma, sen sijaan että palvoisimme jumalia joita emme ole koskaan nähneet, eikö olisi parempi turvautua mahatmaan, joka elää keskuudessamme?"

Amma: "Kyllä. Todellisella *tapasvilla* on voima ottaa kantaakseen meidän prarabdhamme. Jos turvaudumme mahatmaan, prarabdhamme päättyy pian. Joudumme ponnistelemaan enemmän hyötyäksemme jumalien palvomisesta tai temppelipalvonnasta.

Jos palvomme valitsemaamme jumalaa asennoituen siten, että hän on korkein Itse, voimme toki saavuttaa itseoivalluksen. Muoto on kuin tikapuut. Varjot katoavat keskipäivän aikana, niin

myös muodot sulautuvat lopulta muotoa vailla olevaan. Mutta
jos turvaudumme satguruun, tiestämme tulee helpompi. Gurun
apu on tarpeen sadhanan esteiden poistamiseksi ja oikean tien
osoittamiseksi. Guru kykenee auttamaan meitä poistamalla epäi-
lyksemme kriisin hetkellä, näin tiestämme tulee helpompi. Lapsi
voi tehdä mitä vain, jos hänen äitinsä pitää häntä kädestä kiinni.
Hän ei kaadu vaikka irrottaisi molemmat jalkansa maasta. Lap-
sen ei pitäisi yrittää vapauttaa itseään äitinsä kädestä, hänen tulisi
antaa äidin ohjata itseään, tai muuten hän kaatuu. Samalla tavoin
guru tulee aina opetuslapsen avuksi."
    Oppilas: "Onko mahatman meditoiminen samanarvoista
kuin Itsen meditoiminen?"
    Amma: "Jos näemme mahatman oikealla tavalla, voimme saa-
vuttaa Brahmanin. Todellisuudessa mahatma on muodon tuolla
puolen. Jos muovaamme suklaasta kirpeän melonin, se on silti
edelleen makea. Täydellisen tiedon Itsestä saavuttaneet mahatmat
ovat yhtä kuin Brahman, joka on omaksunut muodon. Heidän
muotonsa ja kaikki heidän mielentilansa ovat suloisia."
    Brahmachari: "Jokut meditoivat Ammaa, toiset Kalia[20]. Onko
näiden kahden välillä eroa?"
    Amma: "Jos tarkastelet ydinsisältöä, missä on ero? Mitä
hyvänsä muotoa meditoitkin, merkityksellistä on *sankalpasi*, jolla
suhtaudut tuohon muotoon. Saat itsellesi tuloksen, joka vastaa
sitä. Jotkut meditoivat tiettyjä jumalia ja saavuttavat siddhejä, he
toimivat näin saavuttaakseen tietyn tuloksen. Heidän käsityk-
sensä jumalan olemuksesta on hyvin rajoittunut. Meidän pitäisi
ymmärtää (valitsemamme) jumalan ydinolemus. Vain sillä tavoin
voimme ylittää muodon, mennä rajoitusten tuolle puolen. Mei-
dän pitää ymmärtää, että kaikki on kaikenläpäisevää Itseä. Kyse
on vain erilaisesta sankalpasta. Toisinaan ihmiset palvovat jota-

[20] Kali on Jumalallisen Äidin tuhoava olemuspuoli, Kali tuhoaa oppilaan
tietämättömyyden ja hänen kielteiset ominaisuutensa.

175

kin jumalaa tiettyjen harjoitusten tai rituaalien yhteydessä. Tällaisessa tilanteessa on kyse vain tuota jumalaa koskevasta mielikuvasta, ei Jumalasta.

Kaikki muodot ovat rajallisia. Mikään puu ei kosketa taivasta eikä yksikään juuri ulotu alamaailmaan. Me pyrimme saavuttamaan korkeimman Itsen. Noustuamme bussiin tarkoituksenamme ei ole asettua sinne asumaan. Eikö totta? Päämääränämme on päästä kotiin. Bussi vie meidät kotiportille ja meidän tehtävänämme on kävellä portilta taloomme. Jumalat vievät meidät korkeimman *sat-chit-anandan* porteille, siitä ei olekaan enää pitkä matka itseoivallukseen. Jopa he, jotka ovat ylittäneet kaikki rajoitukset, eivät hylkää (jumalallista) muotoa. Sanotaan, että jopa *jivanmuktat* (tässä elämässä vapautuksen saaneet sielut) haluavat kuunnella Jumalan nimeä."

Amman puhe paljasti hienosyisiä yksityiskohtia sadhanasta levittäen uutta valoa kuuntelijoiden mieliin. Kaikki kumarsivat hänelle täyttymyksen tunteen vallassa ja palasivat tavallisiin toimiinsa.

Sunnuntai 13. lokakuuta 1985

Ken näkee kaiken itsessään ja itsensä kaikessa, ei enää joudu vastenmielisyyden kutistamaksi.
— Isavasya Upanisadit

Amma valmistautui tyhjentämään ja puhdistamaan vierastalon wc:n sakokaivoa, sillä se oli täyttynyt. Hän oli juuri palannut päivän pituiselta matkaltaan, jonka aikana hän oli laulanut bhajaneita ja antanut darshania. Heti kun hän oli jälleen ashramissa, hän ryhtyi työhön. Ei ollut kyse siitä, etteivätkö hänen lapsensa olisi olleet halukkaita tekemään tuota työtä — itse asiassa he olivat pyytäneet Ammaa seisomaan sivussa - mutta hän halusi antaa esimerkin. Näin hän tapasi toimia, harvoin hän pyysi ketään tekemään työn.

Amma: "Äidistä ei ole vastenmielistä puhdistaa vauvansa ulosteita, sillä hän tuntee lasta kohtaan 'minun'-tunnetta. Meillä tulisi olla samanlaista rakkautta kaikkia kohtaan, silloin emme tunne minkäänlaista vastenmielisyyttä tai torjuntaa."

Amman kanssa työskentelemisen synnyttämä innostuneisuus on ainutlaatuista, se on huumaannuttavaa ja niinpä nytkin kaikki halusivat työskennellä hänen rinnallaan, vaikka kyse oli raskaasta työstä. Kukaan ei asettanut kyseenalaiseksi tätä, oli sitten kyse hiekan, sementin tai ulosteiden parissa työskentelystä.

Amma jatkoi: "Alkuaikoina meillä ei ollut saniteettitiloja niitä varten, jotka tulivat darshaniin. Se merkitsi sitä, että Amman vanhimpien oppilaiden ensimmäinen tehtävä heti aamulla oli puhdistaa ashramin ympäristö. Ja koska minkäänlaista aitaa ei ollut erottamassa ashramia naapuritonteista, jouduimme puhdistamaan myös naapuritontit."

Yksi brahmachareista käsitteli erittäin varovaisesti ämpäreitä, jotka olivat täynnä sakokaivon sisältöä, ettei olisi läikyttänyt sitä minnekään. Kun ämpäreitä alettiin liikuttaa nopeasti, hänen keskittyneisyytensä pääsi kuitenkin herpaantumaan ja niin yksi ämpäreistä pääsi putoamaan maahan, ulosteen roiskuessa eri puolille hänen kehoaan.

Amma: "Älä ole huolissasi, poikani. Me kannamme lopulta tätä kaikkea sisällämme. Sen saa pestyä pois. Todellinen lika, mitä hyvänsä työtä teemmekin, oli sitten kyse pujasta tai loan puhdistamisesta, piilee 'minä olen tekijä' asenteessamme. Tuota asennetta on vaikea pestä pois. Lapseni, teidän pitäisi oppia pitämään kaikkea tekemäänne uhrilahjana Jumalalle, silloin puhdistutte sisäisesti. Sen tähden Amma laittaa teidät tekemään tätä kaikkea. Amma ei halua rakkaiden lastensa seisovan syrjässä komentamassa muita tekemään tällaista työtä. Brahmacharin tulisi olla valmis tekemään minkälaista työtä hyvänsä."

Ei ainoastaan brahmacharit, vaan myös jotkut perheelliset oppilaat ottivat osaa työhön. Eräs oppilas, joka oli herännyt meluun ja valoon, ja tullut ulos, havaitsi nyt mitä oli tapahtumassa. Nähdessään, mitä Amma oli tekemässä, hän ei kyennyt seisomaan syrjässä. Otettuaan paitansa pois ja käärittyään dhotinsa hän ryhtyi kiipeämään sakosäiliöön.

Amma: "Ei, poikani. Työ on lähes tehty. Sinun ei tarvitse kylpeä enää tänään."

Oppilaan huulet värisivät hänen tunnetilansa tähden: "Antaisitko minulle tuon ämpärin ja astuisitko syrjään, Amma?"

Amma hymyili kuullessaan hänen äänessään rakkaudesta nousevan auktoriteetin.

Amma: "Poikani, Amma ei tunne minkäänlaista vastenmielisyyttä puhdistaessaan oppilaidensa ulosteita. Se on nautinto."

Oppilas: "Älä tavoittele nyt sitä nautintoa, Amma. Annatko tämän minulle?" oppilas sanoi hengästyneellä äänellä yrittäen ottaa astian Amman kädestä.

Näemme usein oppilaiden ottavan sellaisia vapauksia Amman kanssa, joihin ashramin asukkaat epäröisivät ryhtyä. Mutta Amma antautuu puhtaan, tahrattoman antaumuksen edessä.

Hyväenteisellä hetkellä, tuntia ennen auringonnousua, työ saatiin valmiiksi. Ashramin elämää tarkkailevien mieleen nousi ajatus, että *Bhagavad-Gitan* tekstiä voisi hieman parannella: 'Silloin kun on yö kaikille eläville olennoille, joogi valvoo.' Täällä yö oli päivä, jopa niille, jotka olivat tehneet valinnan viettää aikansa jooginin seurassa.

Lauantai 19. lokakuuta 1985

Elä rituaalien periaatteiden mukaisesti

Amma tuli alas kalariin myöhään iltapäivällä vaikkei ollutkaan vielä bhajaneitten aika. Brahmacharit ja muutamat perheelliset oppilaat olivat hänen seurassaan. Ottoorin sukulainen, joka oleskeli ashramissa pitääkseen huolta vanhasta miehestä, oli sairaana. Tämän vuoksi jotkut brahmachareista huolehtivat Ottoorista. Hän oli hyvin tarkka rituaalien suhteen, joten häntä oli vaikea miellyttää. Kun keskustelu kääntyi tähän, Amma sanoi:

"Amma ei tunne *acharoita*[21]. Hän ei kasvanut niitä noudattaen. Siitä huolimatta Damayantiamma (Amman äiti) oli hyvin tarkka. Hän ei sallinut meidän luoda minkäänlaisia ystävyyssuhteita. Mutta tästä oli yksi hyöty: ollessasi yksin saatoit laulaa Jumalan ylistystä. Saatoit puhua hänelle. Kun joku toinen on kanssasi, aika hukkaantuu tarpeettomaan keskusteluun. Pölyhiukkanen yhdessäkin pestyssä astiassa riitti siihen, että Damayantiamma läimäytti Ammaa. Ja jos pihalta löytyi vähänkin likaa sen jälkeen kun Amma oli lakaissut sen, Damayantiamma löi häntä harjalla kunnes se meni rikki. (Nauraen): Ehkäpä tällainen kasvatus saa Amman olemaan niin tarkka lastensa suhteen. Hän on nykyisin kauhu. Eikö totta?

Noina päivinä kun Amma oli lakaissut pihan, hän seisoi nurkkauksessa kuvitellen, että Jumala käveli hänen edessään. Hän kuvitteli näkevänsä jokaisen hänen jalanjälkensä hiekalla, missä hän käveli. Mitä hyvänsä Amma tekikin hän ajatteli vain Jumalaa.

Lapseni, mitä hyvänsä teettekin teidän pitäisi ajatella vain Jumalaa. Tässä on rituaalien tarkoitus. Rituaalit auttavat ylläpitämään hyviä tottumuksia ja näin elämään tulee järjestystä. Mutta

---

[21] Perinteiset juhlamenot tai rituaalit.

meidän pitäisi mennä rituaalien tuolle puolen, meidän ei pitäisi olla sidoksissa niihin kuolemaamme asti."

Brahmachari: "Eikö ole totta, että rituaalit saavat mielen suuntautumaan ulospäin eikä kohti Jumalaa?"

Amma: "Kaikki rituaalit on luotu apukeinoksi pitämään rikkumatonta Jumalan muistamista yllä. Mutta pikkuhiljaa ne muuttuivat pelkiksi rutiineiksi. Ettekö ole kuulleet tätä tarinaa? Oli pappi, jonka kissa tapasi häiritä häntä, kun hän suoritti pujan. Hän oli tästä sen verran harmissaan, että laittoi eräänä päivänä kissan koriin ennen jumalanpalveluksen alkamista, ja vapautti sen vasta kun puja oli ohi. Pian tästä tuli tapa. Hänen poikansa auttoi häntä. Ajan myötä vanha pappi kuoli ja hänen poikansa otti vastuun pujan suorittamisesta. Hän ei koskaan unohtanut laittaa kissaa koriin ennen palvontamenojen alkamista. Jonkin ajan kuluttua myös kissa kuoli. Seuraavana päivänä, kun oli aika aloittaa puja, poika oli huolissaan. Kuinka hän saattoi aloittaa pujan laittamatta ensin kissaa koriin? Hän juoksi ulos ja nappasi naapurin kissan kiinni ja laittoi sen koriin ja meni eteenpäin. Koska aina ei ollut mahdollista löytää naapurin kissaa ajoissa jokaista pujaa varten, hän hankki lopulta uuden kissan.

Poika ei tiennyt, miksi hänen isänsä oli aina laittanut kissan koriin eikä hän ollut koskaan kysynyt. Hän oli vain tehnyt kaiken niin kuin isänsä. Rituaalien ei tulisi olla tällaisia, meidän pitäisi harjoittaa *acharaa* vasta ymmärrettyämme niiden takana olevan periaatteen. Vain sillä tavoin voimme hyötyä niistä, muussa tapauksessa ne taantuvat pelkiksi rutiineiksi.

Meidän pitäisi kyetä pitämään yllä ajatusta Jumalasta kaikissa toimissamme. Meidän tulisi esimerkiksi ennen istuutumista koskettaa istuinta ja kumartaa sille kuvitellen, että rakas Jumalamme on edessämme. Meidän pitäisi tehdä samoin noustessamme ylös. Kun poimimme jotakin käteemme, olisi meidän osoitettava kunnioituksemme kuvitellen jumaluuden tuon esineen sisälle.

Pitäessämme näin yllä tarkkaavaisuutta mielemme pysyy juma-
luudessa eikä vaella maallisiin seikkoihin.

Oletteko tarkkailleet äitiä, joka työskentelee naapuritalos-
sa jätettyään lapsensa kotiin? Mitä hyvänsä hän tekeekin, hänen
ajatuksensa ovat kaiken aikaa lapsessa. Meneekö hän liian lähel-
le kaivoa? Vahingoittavatko toiset lapset häntä jollakin tavoin?
Meneekö hän navettaan ja ryömii lehmien alle? Meneekö hän
lähelle keittiön tulta? Hän ajattelee kaiken aikaa tähän tapaan.
Sadhakan tulisi olla tällainen ja ajatella jatkuvasti Jumalaa.
Täällä olevat brahmacharit eivät ole oppineet lainkaan rituaa-
leja. Palvellessaan hänen kaltaisiaan ihmisiä (tarkoittaen Ottooria)
he oppivat jotakin. (Kääntyen brahmacharin puoleen) Poikani, jos
hän moittii sinua et saisi tuntea minkäänlaista suuttumusta. Jos
vihastut, kaikki mitä olet tehnyt, menee hukkaan. Sinun täytyisi
pitää jokaista tilaisuutta palvella sadhua suurena siunauksena."

Kuinka kohdata moite ja ylistys

Yksi brahmachareista valitti Ammalle erään perheellisen oppi-
laan luonteesta. Hän sanoi, että tämä oppilas näki brahmachari-
en pienimmätkin virheet suurina eikä epäröinyt arvostella heitä
armottomasti, näkemättä heidän hyviä puoliaan.

Amma: "Poikani, on helppoa pitää heistä, jotka ylistävät mei-
tä, mutta meidän tulisi pitää vielä enemmän heistä, jotka osoit-
tavat virheemme ja puutteemme. Voi sanoa, että he rakastavat
meitä enemmän. Kun havaitsemme virheemme, voimme korja-
ta ne ja edistyä. Meidän tulisi pitää heitä, jotka ylistävät meitä,
vihollisinamme ja heitä, jotka arvostelevat meitä, ystävinämme.
Mutta pitäkäämme tämä asenne omana tietonamme, meidän ei
tarvitse paljastaa sitä kenellekään. On totta, että tällaista asennetta
on hyvin vaikea kehittää itsessään. Olkoon kuinka hyvänsä, me
olemme lähteneet Itsen oivaltamisen tielle, eikä kehon oivalta-
misen tielle. Älkää unohtako sitä.

Ylistys ja kritiikki ovat fyysisellä tasolla, eivät Itsen tasolla. Meidän pitäisi kyetä näkemään ylistys ja haukkuminen samanarvoisina. Meidän olisi parasta oppia mielen tasapainon säilyttäminen, riippumatta saammeko osaksemme rakkautta vai vihaa, ylistystä vai syytöstä. Se on todellista sadhanaa. Voimme edistyä vain, jos onnistumme tässä."

Brahmachari: "Amma, miksi sinä sanoit, että meidän tulisi nähdä heidät, jotka ylistävät meitä, vihollisinamme?"

Amma: "Koska he vieraannuttavat meidät päämäärästämme. Meidän pitää ymmärtää tämä ja edetä erottelukykyisesti, se ei kuitenkaan tarkoita, että meidän tulisi olla välittämättä jostakusta. Kaikki elävät olennot etsivät rakkautta. Niin kauan kuin etsimme maallista rakkautta, tulemme kärsimään kuin tulikärpänen, joka tuhoutuu tulessa. Kaikki maallisen rakkauden etsintä päättyy kyyneliin. Tällainen on elämämme tarina tällä hetkellä. Todellista rakkautta ei löydy mistään, on vain pinnallista rakkautta. Se on kalastajien käyttämän valon kaltaista. He laskevat verkkonsa veteen, laittavat kirkkaan valon päälle ja odottavat. Kala tulee valon houkuttelemana. Pian verkko on täynnä ja kalastaja täyttää laukkunsa. Kaikki rakastavat toista itsekkään syyn vuoksi.

Kun toiset rakastavat meitä, menemme heidän lähelleen ja uskomme, että he antavat meille rauhan, mutta emme näe, että hunaja jota he tarjoavat on kuin pisara neulankärjessä. Jos yritämme nauttia hunajasta, neula pistää kielemme lävitse. Siksi tunne tämä totuus ja kulje eteenpäin. Tiedä, että meillä ei ole muuta ystävää kuin Jumala, silloin meidän ei enää tarvitse olla pahoillamme."

Taivas ja maa kylpivät ilta-auringon kultaisessa valossa, ja pian läntinen taivas muuttui syvän punaiseksi.

"Merelle lähtevät kalastajat olisivat tänään onnellisia", Amma sanoi osoittaen loistavan punaista väriä. "He sanovat, että tuo tarkoittaa suurta saalista."

Joku ryhtyi soittamaan harmoniumia, ja Amma istuutui paikalleen kalarissa. Pian hän oli täydellisesti vetäytynyt ulkoisesta maailmasta. Hän omaksui yksin oleilevan etsijän puhtaan antaumuksellisen mielentilan. Bhajanit alkoivat *Kumbhodara varadalaululla.*

Oi sinä jolla on suuri vatsa
ja elefantin kasvot,
armolahjojen antaja, Shivan poika,
Ganasin Herra.

Oi sinä viisikätinen armolahjojen antaja,
surun tuhoaja,
Shivan poika, siunaa meidät vapautuksella,
anna suopean katseesi langeta minuun!

Oi alkuperäinen Herra, joka viet meidät
samsaran joen tuolle puolen,
armon asuinsija, hyväenteisyyden antaja,
oi Hari, autuuden nektari,
kahleitten poistaja,
osoita myötätuntosi.

Ashram ja sen ympäristö kylpivät suloisen, antaumuksellisen musiikin virrassa. Kaikki sulautuivat bhaktin ekstaasiin.

Lauantai 20. lokakuuta 1985

Koiran aiheuttama vahinko

"Lapseni, meidän pitäisi rakastaa kaikkia eläviä olentoja, mutta tuon rakkauden ei tulisi koskaan vahingoittaa ketään. Meidän täytyy mennä maailmaan ja palvella ihmisiä, mutta sen rakkauden jota me osoitamme yhtä kohtaan ei tulisi vahingoittaa toista. Jos elämme eristyneessä paikassa, voimme pitää kissoja ja koiria tai mitä tahansa. Tämä on paikka, minne tulee paljon ihmisiä oleskelemaan. Jos pidämme koiraa täällä, pienet lapset pyrkivät leikkimään sen kanssa, ja he saattavat saada pureman. On parempi, ettemme pidä koiraa ashramin alueella."

Kuullessaan Amman äänen lukuisia ihmisiä ilmestyi paikalle ja kerääntyi hänen ympärilleen. Hän tuli huoneestaan aamulla kuultuaan voimakasta ääntä alhaalta. Amman isoäiti (Achamma, mikä tarkoittaa isänäitiä) oli mennyt majan taakse hakemaan pitkää sauvaa pudotellakseen sen avulla kukkasia puista. Koira oli vastikään synnyttänyt pentuja ja nyt se imetti niitä majan takana, mutta Achamma parka ei tiennyt tätä. Koira puri ärsyyntyneenä Achammaa, joka ryhtyi kovaäänisesti parkumaan. Brahmacharit ja oppilaat olivat kokoontuneet hänen ympärilleen siinä vaiheessa, kun Amma oli tullut alas huoneestaan.

Amma: "Raukkaparka, kuinka hän nyt voi poimia kukkasia? Koira on purrut häntä syvälle."

Achamma tapasi kerätä naapurustosta kukkia päivittäistä, *kalarissa* pidettävää pujaa varten. Hän ei koskaan luopunut tästä tavastaan riippumatta siitä, kuinka heikoksi hän tunsi itsensä. Kesäisin, kun oli vaikeaa löytää tuoreita kukkia, hän näki usein unissaan paikan josta löytäisi tuoreita kukkia, eivätkä hänen unensa olleet koskaan väärässä. Hän löysi paljon kukkia noista paikoista, ja naapurit vastustivat harvoin hänen toivettaan saada poimia kukkia heidän tontiltaan.

Ashramin asukkaat keskustelivat siitä mitä oli tapahtunut.

Brahmachari Rao: "Unni ryhtyi pitämään koiraa täällä. Hän alkoi syöttää sille riisiä päivittäin, siksi se ei halua lähteä ashramista."

Amma: "Missä on Unni? Kutsukaa hänet tänne." Sitten hän huomasi Unnin seisovan takanaan. "Onko tämä koira sinun, poikani? Tulitko tänne kasvattamaan koiria?"

Unni: "Amma, pestessäni monena päivänä käsiäni ruokailun jälkeen näin koiran odottavan vesihanan lähettyvillä. Olin kovin pahoillani nähdessäni millä tavoin se seisoi siinä."

Amma: "Kauanko olet syöttänyt sitä?"

Unni: "Olen syöttänyt sitä vain silloin tällöin. En ajatellut, että se synnyttäisi tänne pentuja."

Amma: "Tarvitseeko koira lupasi synnyttääkseen pentunsa?"

Unni (yrittäen tukahduttaa nauruaan): "Amma, tunsin sääliä nähdessäni sen nälkäisen katseen."

Amma: "Jos vaadit saada syöttää sitä, vie se jonnekin kauas ja syötä sitä siellä. Jos olisit toiminut näin, meillä ei nyt olisi tätä ongelmaa."

Hän jatkoi vakavaan äänensävyyn: "Olit pahoillasi nälkäisen koiran takia. Etkö ole pahoillasi tämän vanhan isoäidin vuoksi, joka seisoo nyt täällä vertavuotavana koiran purtua häntä? Meidän pitäisi nähdä Jumala kaikessa ja tarjota palveluksiamme, se on totta. Se on sadhanaa. Meidän pitäisi osoittaa myötätuntoa jokaiselle elävälle olennolle. Mutta kaikelle on oikea ympäristönsä. Tämä ei ole sopiva paikka pitää kissoja ja koiria. Ymmärtääkö eläinparka, että tämä on ashram tai että Achamma yritti vain ottaa sauvan? Sinulle pitäisi antaa selkäsauna, koska olet pitänyt koiraa täällä ja syöttänyt sitä."

Amma otti Unnin kädet ja piti niitä yhdessä.

Unni: "Amma, en syöttänyt sitä päivittäin, ainoastaan silloin tällöin."

Amma: "Ei, älä sano mitään. Minä sidon sinut kiinni tänään!"

Päästämättä häntä vapaaksi Amma käveli ruokahalliin. Seisoen tukipilarin luona hän pyysi oppilaita tuomaan köyden. Oppilaat tiesivät, että tämä oli hänen liilaansa ja toivat pienen köydenpätkän. Kun Amma näki köyden, hänen mielentilansa muuttui. Hän sanoi: "Tämä köysi ei ole hyvä. Jos Amma käyttää sitä, häneen sattuu. Joten ehkä annamme hänen mennä tällä kertaa." Niinpä hän vapautti brahmacharin.

Tohtori Liila[22] toi Achamman Amman luo ja sanoi: "Amma, minä en tiedä, onko koira vesikauhuinen tai jotakin muuta sellaista. Pitäisikö minun antaa hänelle rokote?" Amma: "Koira ei ole vesikauhuinen eikä mitään muutakaan. Laita vain jotakin lääkettä Achamman haavaan, siinä kaikki." Koska oli sunnuntai, oppilaita oli saapunut paljon. Kun Amma saapui darshanmajaan, he parveilivat hänen ympärillään. Eräs nainen kuiskasi Amman korvaan: "Minä olin peloissani Amman mielentilan tähden tänä aamuna." Amma nauroi ääneen ja suukotti rakkaudellisesti hänen poskiaan. Ne, jotka eivät ole aiemmin nähneet Amman kurittavan brahmachareja, kokevat väistämättä hämmennystä tuollaisessa tilanteessa. Amman kasvot tulevat hyvin vakaviksi; mutta oppilaat hämmästyvät seuraavassa hetkessä yhtä suuresti nähdessään rakkauden ja myötätunnon nektarin virtaavan Ammasta. Amma on itse rakkaus. Hän ei osaa olla vihainen, hän osaa vain rakastaa.

Äiti joka lahjoittaa näkymättömiä siunauksiaan

Amma kysyi naisoppilaaltaan: "Tyttäreni, Amma etsi sinua muutamia päiviä sitten. Miksi lähdit niin aikaisin?"

Pari päivää aiemmin, Amman tullessa huoneestaan, hänen ovensa edessä oli ollut paketti keitettyä *kachilia*[23] höysteineen. Amma oli maistanut sitä hieman ja pyytänyt brahmacharinia etsimään henkilö, joka oli tuonut paketin. Koska ketään ei ollut löydetty, paketin lahjoittaja oli ilmiselvästi lähtenyt. Kukaan ei tiennyt, kuka oli laittanut paketin ovelle.

---

[22] Swamini Atmaprana.
[23] *Kachil* on perunan kaltainen eteläintialainen juurikasvi.

Oppilas: "Olin hyvin huolissani tuona päivänä, Amma. Kiinteistökauppa, johon olimme ryhtymässä, piti saattaa päätökseen sinä päivänä. Olin luvannut olla oikeudessa rahojen kanssa puoleenpäivään mennessä. Pantattuamme kaikki nilkkakoruni ja ketjuni emme siltikään olleet saaneet kasaan riittävästi käteistä. Pyysimme apua monelta ihmiseltä, mutta kukaan ei auttanut meitä. Jos kauppaa ei olisi rekisteröity puoleenpäivään mennessä, olisimme menettäneet maksamamme ennakkomaksun. Ajattelin näkeväni Amman aamulla ja siksi toin mukanani keitettyä kachilia. Ehdin tänne puoli kymmeneltä ja minulle kerrottiin, että Amma tulisi huoneestaan vasta myöhemmin. Jos menisin tuomioistuimeen ennen puoltapäivää, voisin pyytää ainakin puolet ennakkomaksusta takaisin siinä tapauksessa, että kauppa peruuntuisi. Niinpä jätin paketin Amman ovelle ja lähdin. Itkin paljon. Olin toivonut, että Amman siunauksella olisin voinut saada puolet ennakkomaksusta takaisin.

Kun tulin Ochiraan, näin pitkäaikaisen ystäväni bussia odottamassa. Hänen aviomiehensä työskenteli Saudi-Arabiassa. Nähdessäni hänet ajattelin, että voisin yhtä hyvin pyytää häneltäkin apua. Niinpä selostin hänelle tilanteeni: 'Jos minulla ei ole kymmentätuhatta rupiaa ennen puoltapäivää, kauppa peruuntuu.' Amman armosta hänellä oli juuri sen verran rahaa mukanaan! Hänelle oli näet juuri maksettu velka takaisin ja hän oli palaamassa kotiinsa noudettuaan rahat. Hän antoi minulle rahan mukisematta, ja minä purskahdin itkuun. Kauppa toteutui Amman armosta!"

Naisen silmät kimmelsivät kyyneleistä. Amma syleili häntä tiukasti ja pyyhki sarillaan hänen kyyneleensä.

Sisäinen aarre

Erään oppilaan talossa oli määrä pitää puja. Rituaalin suorittava brahmachari tuli Amman luo saadakseen siunauksen ennen lähtöään.

Amma siunasi hänet ja sanoi: "Poikani, heidän paikassaan on muurahaispesä. He noudattavat jonkun ohjetta, jonka mukaan pesää ei saisi tuhota, ja niinpä he suojelevat sitä. Amman mukaan tuo ei ole kovin tärkeää. Vaikka tekisimmekin kaiken oikein, mutta jos oppilailla ei ole oikeanlaista uskoa ja antaumusta, eivät he saa tällaisesta paljoakaan ansioita. Jotkut ihmiset saattavat uskoa sokeasti johonkin, eivätkä luovu uskostaan, selitimmepä heille asioita kuinka paljon hyvänsä. Niinpä meidän täytyy laskeutua heidän tasolleen ja tehdä se mikä on tarpeen. Tässä vaiheessa tarpeen on se mikä antaa heille rauhan. Se ei kuitenkaan tarkoita, että jätämme heidät sokean uskonsa varaan. Joten sano heille: 'Tämän muurahaiskeon poistaminen ei aiheuta teille minkäänlaista vahinkoa, joten ei ole tarpeen jättää sitä tähän. Pitäkää pieni osanen siitä pujahuoneessanne. Loput voitte tuhota. Jos pesä kasvaa tässä, menetätte tilaa.' Ota pujan loputtua hieman hiekkaa muurahaispesästä ja anna se heille, että he pitäisivät sitä pujahuoneessaan."

Amma kertoi ympärillään oleville oppilaille: "Kerran eräs vierailija puhui samaan tapaan. Hänen talonsa lähettyvillä oli nimittäin muurahaiskeko. Astrologi oli saanut hänet uskomaan, että sen alla olisi aarre ja että hän löytäisi sen tehtyään tietyt pujat. Mies konsultoi useita astrologeja ja vastaavia löytääkseen aarteen. Moni lupasi auttaa häntä ja he veivät häneltä paljon rahaa, mutta aarretta ei löytynyt. Lopulta mies tuli tänne. Hänen ainoa kysymyksensä oli, milloin hän löytäisi aarteen, eikä, oliko aarretta lainkaan olemassa? Mitä Amma saattoi sanoa? Mies oli vihainen Ammalle, kun hän sanoi, ettei mitään aarretta ollut olemassakaan. 'Kaikki astrologit kertoivat minulle, että aarre oli olemassa. Jos sinä et näe sitä, miksi tulisin tänne?' Sen sanottuaan mies lähti. Hänen mielensä oli aarretta koskevan unelman täyttämä. Mitä me saatoimme tehdä? Amma sanoi hänelle, että mitään aarretta ei ollut, mutta hän ei kyennyt hyväksymään sitä.

Pian hän palasi. Hän oli kokenut jotakin, joka toi hänet takaisin." Amma nauroi. "Nyt hän oli kiinnostunut sisäisestä aarteesta, ei enää ulkopuolellaan olevasta aarteesta. Jos Amma olisi torjunut hänet alun pitäen, hänen tulevaisuutensa olisi ollut synkkä. Sen tähden, kun tällaiset ihmiset tulevat luoksemme, meidän pitäisi ensin selvittää heidän ymmärryksensä taso ja mennä sitten heidän tasolleen. Aste asteelta voimme esitellä heille henkisiä ajatuksia ja näkökulmia. Kaikki haluavat ulkopuolella olevan aarteen. Sen vuoksi he ovat valmiit näkemään kuinka paljon vaivaa hyvänsä. Kukaan ei halua sisäistä aarretta. Sisällämme on aarre, jota emme koskaan menetä ja jota kukaan ei voi meiltä varastaa, mutta emme löydä sitä etsiessämme sitä ulkopuoleltamme. Meidän on katsottava sisällemme. Meidän täytyy uhrata sydämemme kukkanen Jumalalle."

Amma kiipesi portaat huoneeseensa ja lahjoitti mennessään suloisen hymyn, jonka he voisivat sulkea sydämiinsä. Jotkut heistä pohtivat mielessään, minkälainen olisi se sydämen kukkanen, joka olisi sopiva uhrattavaksi hänelle. Helliessään Amman suloista hymyä sydämessään he muistivat laulun, *Pakalonte karavalli thazhukatha pushpamin*, jota Amma lauloi usein - se kertoo kukkasesta joka uhrataan Jumalalliselle Äidille:

Kukkanen jota auringon säteet eivät hyväile,
kukkanen jota tuuli ei voi varastaa,
mieli on tuo kukkanen – se on täydessä kukassaan.

Mieli jota halu ei tahraa,
mieli jossa vihan liekit eivät loimua,
kukkanen jota ei uhrata rakkaudesta neitsyeelle,
sellaisessa mielessä Jumalallinen Valtiatar asustaa.

Mieli joka antaa elämällesi sen täyden merkityksen,
mieli joka haluaa toisten parasta,

mieli joka on tahratonta rakkautta täynnä,
sellaista mieltä Äiti pitää kukkaseppeleenään!

Voima jota etsit on sisälläsi,
luovu kompuroivasta etsinnästäsi, oi mieli!
Etene urheasti elämän päämäärään,
siellä missä itsekkyys katoaa, Äiti säteilee.

Kun kaikesta luovutaan, siellä on sielu,
vapaana väärästä ylpeydestä, rauhan läpäisemänä.
Tuota rauhaa ei voi sanoin ilmaista,
siellä Jumalallinen Äiti tanssii ikuisesti!

Keskiviikko 23. lokakuuta 1985

Oppimisen jumalattaren vihkimys

Tuona päivänä, Vijaya Dashamin päivänä, oppilaita alkoi saapua aikaisin aamulla mukanaan pieniä lapsia, jotka tulisivat saamaan ensimmäisen oppituntinsa itse oppimisen Jumalattarelta. Useimmat näistä oppilaista olivat äitejä läheisiltä ranta-alueilta. Ihmisiä oli saapunut kaukaa jo kahta päivää aiemmin ja he olivat yöpyneet ashramissa. Amma tuli meditaatiohalliin muutamien lasten kanssa, jotka olivat jo laittaneet oppikirjansa pinoon paikkaan, jossa Saraswatin, Oppimisen Jumalattaren, oli määrä suorittaa puja. Monet oppilaista olivat jo asettuneet istumaan huoneeseen. Koko ashram oli juhlatunnelman vallassa.

Meditaatiohallissa ei ollut tarpeeksi tilaa kaikille samaan aikaan. "Pienet lapset, tulkaa ensin!" Amma kutsui heitä.

Lapset kerääntyivät kirjapinon ympärille pitäen tulasin lehteä käsissään.

Om mushaka vahana modaka hasta
Chamarakarna vilambita sutra
Vamanarupa maheswara putra
Viswa vinayaka pahi namaste

Oi Herra Ganesha joka ratsastat hiirellä,
jolla on suloinen modaka käsissään,
jonka korvat ovat kuin viuhkat,
joka poistaa kaikki esteet,
suojele minua!
minä kumarran sinulle.

Saraswati namstubyam
Varade Kamarupini
Vidyarambham karishyami
Siddhir Bharata me sada

Oi Saraswati (Viisauden Jumalatar),
aloittaessani opintoni
minä kumarran Sinulle,
joka olet armolahjojen antaja,
kenen olemus on lumoava.
Salli minun menestyä aina!

Padma putra vishalakshi
Padma Kesara varnini
Nityam padmalaya Devi
Sam mam pata Saraswati.

Tervehdys Saraswatille,
jonka silmät ovat suuret
niin kuin lootuksen lehdet,
jonka iho on sahraminkeltainen
niin kuin lootuksen heteet
ja ken ratsastaa kaiken aikaa lootuksella.

Monet pehmeät äänet toistivat kaikuna Amman lausumia mant-
roja rivi riviltä, ylistäen Ganesha-jumalaa ja Devi Saraswatia.

Amma: "Ja nyt kaikki lapset, kuvitelkaa näkevänne edessän-
ne jumala, josta pidätte eniten. Suukottakaa noita jumalallisia
jalkoja ja kumartakaa."

Amma kumarsi ensin, ja sitten lapset seurasivat hänen esi-
merkkiään. Moni lapsi odotti ulkopuolella.

Brahmacharit istuutuivat huoneen eteläpäätyyn aloittaakseen
bhajanit. Amma istuutui pohjoispäätyyn sylissään riisiä täynnä ole-
va astia, johon odottavien lasten sormet tulisivat piirtämään aak-
kosten kirjaimia. Vuorollaan vanhemmat toivat lapsensa Amman
luo, jotta hän voisi ohjata heidän ensimmäisiä askeleitaan oppi-
misen maailmassa. Yksitellen hän otti lapset syliinsä ja rauhoit-
ti heidät karamellillä. Kaikki huoneessa olijat katsoivat Ammaa
haltioituneina, kun hän ohjasi lasten sormia laittaen heidät näin
kirjoittamaan muutamia kirjaimia riisin joukkoon.

"Hari!" Amma sanoi. Hänen sylissään istuva pieni lapsi, joka
oli puettu uuteen *munduun* (hamemaiseen kankaaseen) jossa oli
kullatut reunukset, ja jolla oli santelipuutahnaa otsassaan, katsoi
hänen kasvojaan ihmetellen, mitä oikein oli tapahtumassa.

Amma kehoitti häntä: "Hari! Sano: 'Hari!'"

Lapsi toisti uskollisesti: "Hari! Sano: Hari!" Kaikki purskah-
tivat nauruun, niin Ammakin.

Moni lapsi alkoi itkeä tullessaan hänen luokseen, mutta hän
ei päästänyt ketään lähtemään ennen kuin oli laittanut heidät
kirjoittamaan riisiin. Samanaikaisesti bhajanit, jotka ylistivät
oppimisen jumalatarta, saivat vanhempien sydämet värisemään
tunteen vallassa:

Oi Saraswati, kaiken oppimisen Jumalatar,
suo meille siunauksesi!
Emme ole oppineita,

vaan hitaita oppimaan,
nukkeja sinun käsissäsi.

Amma ei halunnut lasten antavan *dakshinaa* (perinteistä uhrilahjaa hänelle, joka suorittaa jumalanpalveluksen tai seremonian). Siitä huolimatta vanhemmat halusivat lastensa antavan hänelle jotakin tässä tilanteessa. Monet rannikon köyhät vanhemmat olivat tuoneet lapsensa, eivätkä he kyenneet antamaan mitään siihen verrattavaa mitä toiset. Jotta heistä ei tuntuisi pahalta, Amma oli päättänyt, että riitti kun jokainen antaisi yhden rupian vanhan perinteen kunnioittamiseksi, ja tuo kolikko oli määrä laittaa Saraswatin kuvan eteen. Hän ei halunnut, että kukaan äideistä olisi pahoillaan lastensa puolesta, jotka eivät voisi antaa samanlaista dakshinaa kuin toiset. Kello oli yksitoista siinä vaiheessa, kun kaikki lapset oli vihitty aakkosiin.

Myöhemmin Amma tuli ulos pihalle. Perheelliset ja brahmacharit istuivat siellä riveissä. Amma istui heidän seuraansa ja lausui: "Om." Kaikki toistivat tämän alkutavun ja kirjoittivat sen hiekkaan:

"Om."

Oppitunti jatkui: "Hari Shrii Ganapatayee Namaha!"

Lopulta kaikki oppilaat saivat prasadia Amman kädestä sen merkiksi, että oppiminen on suloista.

Puolenpäivän aikaan moni vierailija lähti kotiin. Kaikki olivat onnellisia saatuaan Ammalta oppimista koskevia ohjeita. Brahmacharit istuskelivat siellä täällä toistaen oppimaansa tai resitoiden vedisia mantroja. Moni oppilas, joka ei ollut saanut tilaisuutta juhlallisuuksien takia purkaa surunsa taakkaa Amman sylissä, odotti kärsimättömänä. Väsymätön Amma keräsi heidät kaikki yhteen ja meni darshanmajaan.

Anna tarvitseville

Pandalamin kaupungista kotoisin oleva Janaki keskusteli Amman kanssa. Tämä eläkkeellä oleva nainen tuli usein tapaamaan Ammaa. Hän oli huolissaan vanhimman poikansa käytöksestä.

Amma: "Kuinka poikasi voi nyt?"

Janaki: "Sinun täytyy ojentaa häntä, Amma. Minä en kykene. Mitä minä voin tehdä, jos hänen ikäisensä ei huolehdi omasta elämästään?"

Amma: "Näin käy, jos osoitat liiaksi huolenpitoa lapsia kohtaan."

Janaki: "Hänellä on runsaasti aikaa ystävilleen ja naapureille. Jos joku puhuu hänelle rahavaikeuksistaan, hän on valmis auttamaan, vaikka se tarkoittaisi meidän talomme ryöstämistä. Minä olen nyt eläkkeellä. On surullista, jos hän ei kykene huolehtimaan itsestään tästä eteenpäin. Mitä hän saa siitä, että antaa rahaa tuolla tavoin? Huomenna kukaan näistä ihmisistä ei edes tunne meitä, jos menemme heidän luokseen saadaksemme apua."

Amma: "Kun annamme, meidän pitää tietää, kenelle annamme. Meidän pitäisi antaa niille, jotka tarvitsevat, ja ilman että toivomme saavamme mitään takaisin. Jos annamme saadaksemme jotakin, eikö se ole eräänlaista kaupankäyntiä?

Meidän pitäisi tunnistaa tarvitsevat ja auttaa heitä. Meidän pitäisi antaa niille, jotka ovat menettäneet terveytensä eivätkä voi enää tehdä työtä, niille, jotka ovat vammaisia, lapsille, joiden vanhemmat ovat hylänneet heidät, niille, jotka ovat sairaita eikä heillä ole varaa hoitoon, niille, jotka ovat vanhoja ja joilla ei ole perhettä, joka heitä auttaisi. Se on *dharmamme*, eikä meidän pitäisi odottaa mitään apumme vastineeksi. Mutta meidän pitäisi ajatella kaksi kertaa ennen kuin annamme terveille ja työhön kykeneville. Jos annamme heille rahaa, heistä tulee vain laiskempia. Ja jos monet ihmiset antavat heille, heillä on paljon rahaa. Eikö totta? He käyttävät sen alkoholiin ja huumeisiin. Jos näin tapahtuu, keräämme itsellemme syntitaakkaa heidän toimistaan, sillä jos emme olisi antaneet heille rahaa, he eivät olisi tehneet noita virheitä. Voimme antaa osan ruoastamme niille, jotka ovat nälkäisiä. Voimme antaa lääkkeitä sairaille. Voimme antaa vaatteita niille, jotka tarvitsevat suojaa kylmyydeltä. Jos joku ei löydä itselleen säännöllistä työtä, voimme tarjota hänelle jotakin työtä ja antaa hänelle siten taloudellista apua. Jos köyhdymme antamalla ajattelemattomasti rahaa toisille, emme voi syyttää siitä Jumalaa. On oikein antaa rahaa ashrameille ja muille järjestöille, jotka palvelevat maailmaa. He eivät hukkaa tuota rahaa. Ashramien kaltaiset laitokset käyttävät rahan hyväntekeväisyyshankkeisiin, mutta tässäkään tilanteessa meidän ei tulisi antaa vain sen takia, että saavuttaisimme kuuluisuutta anteliaisuudellamme. Meidän pitäisi nähdä se tilaisuutena palvella Jumalaa. Ansio siitä, että annamme lahjan, tulee joka tapauksessa osaksemme. Kun annamme lahjan, vain meidän tulee tietää siitä. Eikö olekin olemassa sanonta, että vasemman käden ei pitäsi tietää mitä oikea antaa?"

Amma pyyhki naisen kyyneleet, syleili häntä ja lohdutti häntä sanoen: "Älä ole huolissasi, tyttäreni. Amma on tässä sinua varten!"

Janaki: "Amma, antakoon poikani kaiken pois kenelle hyvänsä hän haluaa. Minä en valita. Mutta minulla ei ole voimia katsoa jonakin päivänä, kun hän kerjää kolikoita. Sinun pitäisi ottaa minut pois ennen sitä, Amma."

Amma: "Älä itke, tyttäreni. Sinun ei koskaan tarvitse nähdä sitä. Sinulta ei koskaan puutu mitään. Eikö Amma ole aina sinun kanssasi?" Amma syleili häntä jälleen ja antoi hänelle suukon.

Tosi oppilas ei joudu kärsimään köyhyyttä

Heti kun nainen vetäytyi Amman luota, kasvoillaan rauhallinen hymy, jonka Amman suukko oli saanut aikaan, seuraava oppilas, mies nimeltä Divakaran, oli hänen sylissään.

Amma: "Milloin tulit, poikani? Amma ei nähnyt sinua antaessaan prasadia kaikille."

Divakaran: "Tahdoin tulla jo aamulla, Amma, mutta bussi oli myöhässä ja pääsin tänne vasta nyt."

Amma: "Viime kerralla matkassasi oli toinen poikani."

Divakaran: "Kyllä, se oli Bhaskaran. Hän on aina vaikeuksissa, Amma. Hän on vieraillut Sabarimalan temppelissä viimeiset 17 vuotta. On harvoja temppeleitä, joissa hän ei vieraile, silti köyhyys ja monenlaiset ongelmat kiusaavat häntä yhtä paljon kuin ennenkin. Nähdessäni hänen tilanteensa minä jopa ihmettelen, minkä takia meidän pitäisi rukoilla Jumalaa."

Amma: "Poikani, jos turvaudumme Jumalaan kokonaan, vain hyviä asioita tapahtuu meille, sekä materiaalisessa että henkisessä mielessä. Yhdenkään mahatman ei tiedetä koskaan kuolleen nälkään. Koko maailma laskeutuu polvilleen heidän edessään. Joka turvautuu voimallisesti Jumalaan, ei joudu kärsimään köyhyydestä. Suurin syy nykyiselle kärsimyksellemme on siinä, että me emme antaudu kokonaan Jumalalle. Antaumuksemme ei ole antaumusta sen itsensä takia, vaan sen tähden että saisimme toiveemme täytetyiksi. Mutta halut johtavat suruun."

Toinen oppilas: "Eikö Kuchelalla[24] ollutkin voimakas antaumus Herraansa kohtaan? Ja silti hän joutui kärsimään köyhyyttä."

Amma: "Ei ole oikein sanoa, että Kuchela kärsi köyhyytensä tähden. Kuinka hänellä olisi voinut olla aikaa kärsiä surua, sillä hän oli uppoutunut jatkuvasti Jumalaa koskeviin ajatuksiin? Hänen puhdas antaumuksensa lahjoitti hänelle kyvyn olla autuaallinen jopa köyhyytensä keskellä. Hänen Jumalaa kohtaan kokemansa antaumuksen tähden jopa köyhyys, joka oli osa hänen *prarabhaansa*, katosi. Kuchela ei romahtanut köyhyyden painon alla eikä hän unohtanut Jumalaa ylitsevuotavan ilon hetkellä, kun kaikki rikkaudet tulivat hänen luokseen.

---

24 Kuchela oli Krishnan oppilas ja koulutoveri.

Jos turvaudumme Jumalaan, vapaana haluista, hän antaa meille kaiken mitä tarvitsemme, silloin kun sen tarvitsemme. Kun antaudumme hänelle sillä asenteella, että hän pitää huolen kaikesta, silloin meidän ei tarvitse pelätä mitään. Vauraus ja onnellisuus tulevat vallitsemaan kaikkialla. Varallisuuden Jumalatar toimii hänen palvelijanaan, jolla on puhdasta antaumusta. Mutta minkälaista antaumusta meillä on nyt? Sanomme menevämme temppeliin, mutta kukaan ei mene vain sen takia, että kohtaisi Jumalan. Jopa hänen pyhässä seurassaan juttelemme vain maallisista asioista. Mitä hyödyttää mennä temppeliin, jos puhumme vain perheestämme ja naapureistamme? Silloin kun olemme temppelissä meidän pitäisi mietiskellä vain Jumalaa, luovuttaa kaikki taakkamme hänelle ja oivaltaa että Hän on tietoinen ongelmistamme, vaikka emme olisikaan kertoneet niistä hänelle. Meidän ei pitäisi mennä temppeliin vain valittaaksemme, vaan palvomaan ja voimistamaan Jumalan muistamista itsessämme."

Tässä vaiheessa keskustelua jotkut oppilaista, jotka olivat pysytelleet vaiti siihen asti, ryhtyivät esittämään kysymyksiä.

Muunna uskosi toiminnaksi

Oppilas: "Mutta Amma, sinä olet itse sanonut, että meidän tulisi avata sydämemme Jumalalle ja kertoa Hänelle kaikki."

Amma: "Emmekö saa helpotusta siitä, että uskomme ongelmamme niille, jotka ovat meille rakkaita? Meidän pitäisi tuntea samanlaista rakkautta ja läheisyyttä Jumalaa kohtaan. Meidän pitää tuntea, että hän on meidän omamme. Meidän ei tarvitse salata häneltä mitään. Tässä mielessä Amma sanoo, että meidän pitäisi kertoa hänelle kaikki. On hyvä keventää sydämemme taakkaa kertomalla kaikki surumme Jumalalle. Meidän pitäisi olla vaikeuksiemme keskellä riippuvaisia ainoastaan hänestä. Tosi oppilas ei koskaan kerro kenellekään muulle vaikeuksistaan, Jumala on ainoa todellinen suhteemme. Ei silti hyödytä mennä Jumalan luo sydän täynnä vain haluja ja perheongelmia.

Meidän pitää kertoa tarinamme taustat lakimiehelle, vain sillä tavoin hän voi taistella puolestamme. Samalla tavoin meidän on kerrottava lääkärille oireemme, vain sen jälkeen hän voi hoitaa meitä. Mutta meidän ei tarvitse mennä yksityiskohtiin kertoessamme ongelmistamme Jumalalle. Hän tietää kaiken. Hän asuu sisällämme katsoen jokaista tekoamme. Hänen voimansa mahdollistaa sen, että näemme, kuulemme ja toimimme. Hänen voimansa avulla voimme tuntea hänet. Voimme nähdä auringon vain Hänen valonsa ansiosta. Sen tähden meidän on luovutettava kaikki Hänelle ja muistettava Häntä jatkuvasti.

Voimakkain suhteemme pitäisi olla Jumalaan. Jos päätämme kertoa Hänelle suruistamme, sen pitäisi tapahtua vain sen tähden, että pääsemme lähemmäksi Häntä. Meidän uskomme ja antautumisemme Jumalalle tai gurulle poistaa surumme, pelkkä vaikeuksiemme kuvaileminen ei auta."

Lähellä istuva brahmachari esitti epäilyksen: "Amma, onko mahdollista saavuttaa itseoivallus pelkästään uskomalla Jumalaan?"

Amma: "Jos uskosi on täydellinen, se itsessään on oivallus, mutta meillä ei ole sitä. Joten meidän on todella ponnisteltava sen eteen ja tehtävä sadhanaa. Ei riitä, että uskot lääkäriin, sinun tulee myös ottaa lääkettä parantuaksesi. Samalla tavoin tarvitaan sekä uskoa että ponnistelua. Jos istutat siemenen, se itää, mutta jotta se kasvaisi kunnolla, se tarvitsee vettä ja ravinteita. Usko tekee meidät tietoisiksi todellisesta olemuksestamme, mutta jotta voisimme kokea sen suoraan, meidän täytyy ponnistella.

Tarina kertoo isästä ja pojasta. Pojalla oli sairaus ja tohtori määräsi lääkkeeksi tietystä kasvista valmistettavaa uutetta. He etsivät kasvia kaikkialta, mutta eivät kyenneet löytämään sitä mistään. He kävelivät pitkään ja tulivat hyvin väsyneiksi ja janoisiksi. Nähdessään kaivon he lähestyivät sitä ja löysivät köyden ja ämpärin kaivon viereltä. Monia villejä kasveja kasvoi lähettyvillä. Kun isä laittoi ämpärin kaivoon ottaakseen vettä, hän huomasi kaivon pohjalla sen lääkekasvin, jota he olivat etsineet kaikkialta. Hän yritti päästä kaivoon mutta ei onnistunut. Portaita ei ollut ja kaivo oli hyvin syvä. Isä tiesi, mitä nyt piti tehdä. Hän sitoi köyden poikansa vyötäisille ja laski tämän varovaisesti kaivoon. 'Poimi kasvi kun pääset alas', hän sanoi pojalleen. Muutama ohikulkija sattui kävelemään juori tuolla hetkellä heidän ohitseen. Miehen toiminta hämmästytti heitä. 'Minkälainen mies sinä oikein olet laittaessasi pienen pojan köyden varassa kaivoon?' he kysyivät. Isä oli hiljaa. Poika tavoitti kaivon pohjan ja poimi kukat varovasti. Isä veti hänet hitaasti ylös, ja kun poika pääsi ylös, toiset kysyivät häneltä: 'Miten rohkenit mennä alas kaivoon köyden varassa?' Poika vastasi epäröimättä: 'Isänihän piteli köyttä.'

Poijalla oli syvä uskon isäänsä, mutta vasta sitten kun hän sovelsi uskonsa toiminnaksi ja meni alas kaivoon saadakseen lääkkeen, hän sai uskostaan hyötyä. Lapseni, tällaista uskoa me tarvitsemme Jumalaa kohtaan. Meidän pitäisi ajatella: 'Jumala suojelee minua, joten miksi olisin huolissani? En ole edes huolissani itseoivalluksen saavuttamisesta.' Meidän tulee olla tällainen luottamus. Sellaisen ihmisen antaumus, jota epäilykset vaivaavat kaiken aikaa, ei ole todellista antaumusta, sellainen usko ei ole todellista uskoa."

Usko Jumalaan ja Itseen

Nuori mies: "Amma, miksi meidän pitäisi olla riippuvaisia Jumalasta? Eikö riitä, että turvaudumme omaan ponnisteluumme? Meillähän on lopulta kaikki voimat sisällämme. Eivätkö jumalat ole ihmisten luomuksia?"

Amma: "Poikani, elämme nykyisin 'minä' ja 'minun'-asenteen varassa. Niin kauan kuin olemme tällaisen asenteen vallassa, emme kykene löytämään tuota voimaa sisältämme. Jos ikkunan edessä on verho, emme voi nähdä taivasta. Vedä verho syrjään ja taivas tulee näkyviin. Samalla tavoin, jos poistamme 'minä' -tunteen mielestämme, kykenemme näkemään valon sisällämme. Tuota tunnetta ei voi poistaa ilman nöyryyttä ja omistautumista. Kanoottia rakennettaessa puuta lämmitetään tulessa, jotta se voidaan taivuttaa oikeaan muotoon. Voimme sanoa, että tämä muokkaa puun todelliseen muotoonsa. Samalla tavoin nöyryys paljastaa todellisen olemuksemme.

Jos lanka on paksu tai päästä levinnyt, sitä ei voi pujottaa neulansilmään. Se täytyy puristaa ohueksi ennen kuin se menee neulansilmän läpi. Langan antautuminen mahdollistaa sen, että voimme ommella monia kangaspaloja yhteen. Samalla tavoin antautuminen on tekijä, joka tuo yksilöllisen Itsen (jivatman) korkeimman Itsen (Paramatmanin) luo. Kaikki tämä on sisällämme, mutta saadaksemme sen ilmenemään, meidän on ponnisteltava jatkuvasti.

Saatamme olla musikaalisesti lahjakkaita, mutta ainoastaan jos harjoittelemme säännöllisesti, kykenemme laulamaan tavalla mikä tuottaa nautintoa kuulijoille. Se mikä on sisällämme, täytyy tuoda kokemuksen tasolle. Ei hyödytä sanoa, että 'kaikki on minun sisälläni'. Ylpeilemme statuksellamme, asemallamme ja kyvyillämme, mutta kun joudumme vaikeisiin tilanteisiin, horjumme. Menetämme uskon itseemme. Tarvitaan jatkuvaa ponnistelua, jotta tämä voitaisiin muuttaa.

Me uskomme, että kaikki toimii meidän voimiemme ansiosta. Silti, ilman Jumalan voimaa, olemme vain kuolleita kehoja. Ylpeilemme sillä, että voimme polttaa koko maailman poroksi vain yhtä nappulaa painamalla. Eikö meidän pidäkin liikuttaa sormeamme voidaksemme painaa tuota nappulaa? Mistä me saamme tuon voiman?

Liikennemerkit maalataan heijastavalla maalilla. Kun lähestyvien ajoneuvojen valot osuvat niihin, ne loistavat. Tämä auttaa kuljettajia saamaan tietoa ajoreitistä ja tiestä. Mutta kuvittele liikennemerkin ajattelevan: 'Nuo autot pääsevät ajamaan minun valoni avulla. Löytäisivätkö ne tietään ilman minua?' Kun sanomme 'minun voimani' tai 'minun kykyni', tilanne on samanlainen. Liikennemerkit loistavat vain, kun auton valot osuvat niihin. Samalla tavoin kykenemme liikkumaan ja toimimaan vain Korkeimman Voiman armon ja Hänen voimansa ansiosta. Hän suojelee meitä aina. Jos antaudumme Hänelle, Hän ohjaa meitä aina. Tällaisen uskon avulla me emme koskaan horju."

Oli jo keskipäivä eikä Amma ollut syönyt mitään. Hän oli ollut lastensa kanssa aikaisesta aamusta lähtien. Näin käy joka päivä. Kumarruksia yhä uudelleen tälle epäitsekkyyden ruumiillistumalle, joka näkee koko maailman lapsinaan ja jonka rakkaus säteilee jatkuvasti kaikille.

201

Viides luku

Äiti antaa siunauksensa

Sethurman, joka työskenteli Assamissa, ja hänen perheensä lähestyivät Ammaa ja kumarsivat hänelle. Valmistuttuaan yliopistosta Sethu ei ollut löytänyt töitä moneen vuoteen. Hän oli tullut yhä epätoivoisemmaksi ja oli lopulta tullut tapaamaan Ammaa. Äiti oli antanut hänelle mantran ja kehottanut häntä toistamaan sitä 108 kertaa päivittäin ja harjoittamaan *archanaa*. Hän oli noudattanut Amman ohjeita kirjaimellisesti. Kolme viikkoa myöhemmin hänen setänsä, joka työskenteli Assamissa, oli tullut lomalle. Hän oli luvannut järjestää veljenpojalleen työpaikan. Sethu oli lähtenyt pian tämän jälkeen Assamiin ja palannut nyt kotiin lomille. Hänellä oli vaimonsa mukanaan. Vaimo oli hänen työtoverinsa, jonka kanssa hän oli avioitunut perheensä ja Amman siunauksella. Amma oli itse suorittanut nimenantoseremonian heidän ensimmäiselle lapselleen, Saumyalle. Amma toivotti Sethun vaimon vauvoineen tervetulleeksi ottamalla heidät syliinsä. Hänen kasvonsa säteilivät matriarkan onnellisuutta, joka toivottaa nuoren miniänsä perheeseensä. Sethu seisoi vieressä onnen kyynelten täyttäessä hänen silmänsä.

Amma: "Jäättekö tänne huomiseen, lapseni?"

Sethu: "Ajattelimme lähteä tavattuamme sinut, Amma, mutta olemmekin päättäneet jäädä huomiseen."

Amma (vieressä seisovalle brahmacharille): "Anna heille oma huoneesi, poikani." Sethulle hän sanoi: "Amma tapaa teidät bhajaneitten jälkeen."

Brahmacharit olivat jo asettuneet paikoilleen ja niin bhajanit
alkoivat *Prapanchamenumilla...*

Oi harhainen ilmentymä,
joka täyttää koko maailmankaikkeuden;
oi loistokkuus, etkö voisi kohota sydämeni taivaanrannalle
ja oleilla siellä
antaen ikuisesti valoasi?

Tahdon juoda sydämeni täyteen
äidillistä rakkauttasi,
tulla lähellesi ja
sulautua jumalalliseen loistoosi
niin että kaikki huoleni kaikkoavat!

Kuinka pitkään olenkaan vaeltanut
etsien sinua, kaiken alkulähdettä;
oi Äiti, etkö tulisi eteeni ja
soisi minulle Itsen autuutta?
Etkö tulisi?

Tähdet loistivat kirkkaasti. Amma ryhtyi kaivamaan chembu-kas-
vien alta löytääkseen syötäväksi kelpaavia juurimukuloita, mutta
ei löytänyt. Hän oli useasti aiemminkin etsinyt näitä syötäviä juu-
rimukuloita. Antaumuksellinen musiikki virtasi kalarista ilmojen
halki. Amma oli aluksi laulanut muiden mukana ja tullut sitten
kirtanin lopuksi kalarista ja mennyt ashramin pohjoispuolelle.
Aika ajoin hän teki näin. Jos hän sulautui laulamiseen liiaksi,
hänestä alkoi tuntua, ettei kykenisi enää pitämään itseään tällä
tasolla. Tällöin hän yritti vetää mielensä takaisin keskittymällä
johonkin työhön. Hän on usein sanonut: "Amma ei voi laulaa
edes yhtä riviä ilman täydellistä huomiota. Tällöin hän menettää
otteensa! Joten kun hän laulaa yhtä riviä, hän yrittää tietoisesti

muistaa seuraavan rivin. Hän ihmettelee, miten hänen lapsensa kykenevät laulamaan bhajaneita itkemättä!" Kaivettuaan monen chembu-kasvin alta hän löysi kourallisen juurimukuloita. Hän pesi ne, laittoi ne kattilaan veden kanssa, sytytti tulen ja ryhtyi keittämään niitä. Ne olivat vasta puoliksi keitettyjä, kun Amma laittoi kuuman palasen suuhunsa. Loput hän antoi opetuslapsilleen ja meni sitten huoneeseensa. Amman prasad oli tällä kertaa puoliksi keitettyjä, suolaamattomia chembuja, jotka muistuttavat hieman varpusen munia!

Kun hänen lapsensa kävelivät kalariin pitäen prasadia käsissään, he saapuivat sinne parahiksi bhajanien lopuksi laulettavaan aratiin. Se mitä Amma oli aiemmin sanonut, avautui heidän mielessään kuin yöllä kukkiva kukkanen: "Lapseni, tiedättekö kuinka paljon Amman täytyy ponnistella voidakseen pysytellä teidän maailmassanne?"

Tunti puolenyön jälkeen Amma tuli alas huoneestaan. Yksi brahmachareista harjoitti japaa kalarissa. Nähdessään Amman äkkiarvaamatta edessään hän kumarsi tämän jalkojen juuressa. Amma kehotti häntä kutsumaan kaikki paikalle. Brahmacharit olivat hetkessä hereillä kuullessaan, että Amma kutsuu heitä, ja he kiiruhtivat hänen luokseen ymmärtämättä, miksi hän kutsui heitä. Amma kehoitti heitä hakemaan istuinalustansa ja ryhtyi kävelemään kohti merenrantaa.

Kaikki ymmärsivät, että oli aika meditoida. Amma vei heidät aina aika ajoin merenrantaan meditoimaan. Tätä tarkoitusta varten ei ollut olemassa mitään tiettyä ajankohtaa, niin saattoi tapahtua mihin kellonaikaan hyvänsä. Kaikki istuutuivat hiekkarannalle Amman ympärille. Oli hiljaista lukuun ottamatta meren syvää *om*-ääntä aaltojen lyödessä rantaan. Kalastusalusten valot tuikkivat kaukana merellä. Amma toisti kolme kertaa "*om*", ja kaikki vastasivat kuorossa "*om*". Hän sanoi: "Jos joku tuntee itsensä väsyneeksi, nouskoon seisomaan ja toistakoon mantraansa. Jos joku vielä senkin jälkeen on väsynyt, juoskoon hetken hiekkarannalla ja istuutukoon jälleen. Tämä ajankohta, jolloin luonto on hiljainen, on parasta aikaa meditaatiolle." Kaksi tuntia meni nopeasti. Lopuksi Amma lausui jälleen "*om*", jonka kaikki toistivat. Seuraten hänen ohjeitaan he kuvittelivat rakkaan jumaluuden eteensä ja kumarsivat hänelle. Amma lauloi Jumalallista Äitiä ylistävän hymnin *Sri chakra ennorun*... Kuunvalo valaisi meren. Horisontti oli osittain peitossa ohuen sumuverhon takana, muutamia yksittäisiä tähtiä loisti sen yläpuolella. Näytti siltä, kuin jopa aallot olisivat yrittäneet olla hiljaa. Valkoasuiset laulajat hiekkarannalla olivat kuin lauma joutsenia, jotka olivat laskeutuneet hetkiseksi rannalle, aivan kuin joltakin muinaiselta aikakaudelta. Amman hahmo loisti heidän mielessään kuin valkoinen vuori, jonka kuvajainen heijastuu Manasa[25] järveen.

Tiistai 29. lokakuuta 1985

Amma juo myrkytettyä maitoa

Iltapäivällä Amma kutsui brahmacharit huoneeseensa. Hän istui keskellä huonetta ja hänen edessään oli paketteja, joissa oli erilaisia makeisia.

Amma: "Äiti on jo jonkin aikaa halunnut antaa lapsilleen nämä, mutta hänellä ei ole ollut siihen aikaa ennen kuin vasta nyt."

Hän antoi jokaiselle muutamia makeisia. Havaitessaan, että jotkut ashramilaiset eivät olleet tulleet, hän tiedusteli: "Missä toiset ovat?"

Brahmachari: "Kahdella on silmätulehdus ja he lepäävät."

---

[25] Manasa on myyttinen järvi Kailasa vuorella Himalajalla, jonka nimi viittaa mieleen (manas). Uskotaan, että Brahmanin mieli on luonut järven, jota kutsutaan joutsenten synnyinpaikaksi.

206

Amma: "Ovatko he makuulla? Eivätkö he kykene edes käve-
lemään?"

Brahmachari: "Ei heillä ole vaikeuksia kävelyn suhteen, mutta
he pelkäävät tartuttavansa tulehduksen sinuun, Amma."

Amma: "Heidän ei tarvitse olla huolissaan sen suhteen. Riip-
pumatta siitä mikä sairaus teillä lapsilla on, voitte silti aina tulla
Amman luo. Poikani, ihmiset, joilla on erilaisia tarttuvia tauteja,
tulevat hänen luokseen darshaniin. Kuinka moni ihminen, jolla
on ollut silmätulehdus, vesirokko ja ihosairauksia, onkaan tullut
hänen luokseen. Tähän mennessä hänen ei ole koskaan tarvin-
nut keskeyttää darshanin säännöllisyyttä. Jumala on aina suojel-
lut häntä. Hän uskoo, että näin tulee jatkumaankin.

Kerran eräs naisoppilas toi maitolasillisen. Amma joi sen
kokonaan. Vähän myöhemmin hän alkoi oksentaa. Hän tuli hyvin
heikoksi kehon nestehukan vuoksi. Silti hän ajatteli oppilasjouk-
koa, joka odotti darshania. Heidän joukossaan oli hyvin köyhiä
ihmisiä, jotka olivat työskennelleet monia päiviä ja säästäneet joka
päivä muutaman paisan[26] bussimatkaa varten voidakseen tulla
tapaamaan Ammaa. Jos heidän täytyisi lähteä näkemättä Ammaa,
milloin he saisivat seuraavan tilaisuuden? Ammasta tuntui pahalta
ajatellessaan heitä. Hän rukoili ja istui alas. Hän kutsui oppilaat
luokseen, lohdutti heitä ja antoi heille ohjeita, mikäli he tarvit-
sivat niitä. Tässä vaiheessa hän alkoi jälleen oksentaa, joten hän
sulki ovet, istui lattialle ja oksensi. Vähän myöhemmin hän vaih-
toi vaatteensa ja jatkoi darshanin antamista. Kohdattuaan kym-
menen ihmistä hän antoi jälleen ylen. Kun hän oli liian heikkona
noustakseen ylös, hän kuvitteli laulavansa kirtania ja tanssivansa.
Se antoi hänelle energiaa, mutta hieman myöhemmin hän antoi
jälleen ylen, ja jälleen hän jatkoi darshanin antamista.

Näin jatkui aamuun asti. Lopulta hän oli hyvin heikkona,
vaikka hän jatkoikin aina siihen asti kunnes oli kohdannut viimei-

---

[26] Yksi rupia on sata paisaa.

senkin oppilaan. Heti kun hän oli antanut darshanin viimeiselle ihmiselle, hän romahti. Ihmiset kantoivat hänet huoneeseensa. Kaikki olivat hyvin huolissaan, peläten että hän saattaisi kuolla. Jos Amma olisi ajatellut vain omaa mukavuuttaan, ei olisi ollut mitään tarvetta tällaiseen. Hän olisi vain mennyt huoneeseensa ja käynyt makuulle, ja olisi saattanut tuntea olonsa paremmaksi hyvin nopeasti. Mutta kun hän ajatteli kaikkien niiden ihmisten surua, jotka olivat tulleet tapaamaan häntä, hän ei voinut toimia näin. Hän oli valmis kuolemaan, jos hänen täytyisi.

Ammalle annettu maito sisälsi myrkkyä. Perhe, joka oli suhtautunut Ammaan vihamielisesti, oli antanut maidon oppilaalle, jotta hän olisi tuonut sen tänne. Oppilas ei ollut tiennyt, että maito oli ollut myrkytettyä, eikä hän ollut tiennyt, että perhe joka oli antanut maidon, oli vastustanut Ammaa."

Jonkin ajan kuluttua Amma jakoi makeisia kaikille ja meni alas rappusia. Hän istuutui vesitankin lähettyville, meditaatiohallin eteläpuolelle. Lähellä tuota paikkaa, takavesien penkereellä, kasvoi joitakin sokeriruokoja. Yksi ruo'oista oli murtunut ja brahmachari leikkasi sen ja toi sen Ammalle. Äiti leikkasi sen pieniksi palasiksi ja antoi palaset brahmachareille. Koska sokerijuurikas kasvoi lähellä suolavettä sen makeudessa oli kevyt suolainen vivahde. Amma pureskeli muutamia palasia.

Sylkäistyään jäännökset pois hän sanoi: "Lapseni, kun opiskelette pyhiä kirjoituksia, teidän pitäisi muistaa nämä jäännökset. Me syljemme kuidun pois nautittuamme sitä ennen sokeriruo'on mehun. Samalla tavoin meidän pitäisi omaksua pyhien kirjoitusten ydinolemus ja hylätä loput. Olisi tyhmää takertua pyhiin kirjoituksiin kuolemaan saakka. Samalla tavoin pitäisi menetellä mahatman puheiden suhteen. Meidän pitäisi hyväksyä vain se minkä kykenemme sulattamaan ja hyödyntämään omassa elämässämme. Kaikki heidän ohjeensa eivät ole samalla tavoin soveltuvia kaikille. He ottavat huomioon tietyt olosuhteet ja sen ihmisen ymmärryskyvyn, jota neuvovat." Amma käveli kalaria kohti. Odottavat oppilaat syöksyivät hänen luokseen. Hän vei heidät kaikki kalariin ja istuutui.

Amman todellinen muoto

Naisoppilas kumarsi Ammalle ja alkoi sitten nyyhkyttää voimakkaasti asettuessaan hänen syliinsä. Naisen surun aiheutti pilkka, jonka ihmiset olivat kohdistaneet häneen veneessä, kun hän oli tullut tänne. Amma pyyhki hänen kyyneleensä ja lohdutti häntä. Hän sanoi oppilaille:

"Jos nipistät puun kylkeä, ei se tunne sitä; mutta jos nipistät hentoa nuppua, se tuntee kivun. Amma kykenee sietämään kaiken mitä kuka hyvänsä sanoo hänestä, mutta jos joku vahingoittaa oppilaita jollakin tavoin, jos he sanovat kauheita asioita hänen oppilaistaan, sitä hän ei voi sietää. Vaikka kaikki ovatkin yhtä ja samaa atmania, Amma ei voi seistä syrjässä, kun hänen oppilaansa kärsivät. Hän näkee lastensa kärsimyksen. Krishna ei perääntynyt, kun Bhisma ampui sata nuolta häntä kohden. Mutta kun nuolet lensivät kohti Arjunaa, kun hänen oppilaansa oli vaarassa, Krishna rynnisti kohti Bhismaa chakraansa (kiekon muotoista asettaan) käyttäen. Oppilaan suojeleminen on tärkeämpää kuin oman lupauksen pitäminen. Tuon Krishna näytti meille."

Oppilas: "Amma, eikö ole mahdollista vapautua heistä, jotka parjaavat Jumalaa ja sättivät henkisen tien kulkijoita?"

Amma: "Poikani, jos otamme tuollaisen asenteen, olemme vahingollisempia kuin he. Henkisen ihmisen ei pitäisi koskaan ajatella toisten vahingoittamista. Hänen tulisi rukoilla Jumalaa tekemään noista ihmisistä hyväsydämisiä ja tekemään heistä hyviä ihmisiä. Antaumuksen ja rukouksen tavoitteena on kehittää rakkautta kaikkia kohtaan. Älä elättele minkäänlaisia pahoja ajatuksia, jos joku puhuu sinusta pahaa. Sinun pitää ajatella, että myös tämä on sinun parhaaksesi. Onko olemassa maailmaa ilman vastakohtia? Koska on olemassa pimeyttä, emmekö me sen takia tajua valon suuruuden?"

Oppilas: "Kuinka onnekkaita me olemmekaan kun olemme saaneet tulla luoksesi, Amma! Kun olemme kanssasi koemme vain autuutta!"

Amma: (nauraen) Älkää olo siitä niin varmoja, lapseni. Olette kaikki sairaita nyt. Teillä kaikilla on tulehtuneita haavoja. Amma puristaa noita haavoja saadakseen mädän tulemaan ulos. Hän saa teidän pienet virheenne näyttämään isoilta. Se sattuu hieman. Amma sanoo lapsilleen, että Amma pitää Kuoleman Jumalasta enemmän kuin Shivasta. Eivätkö ihmiset huuda kuolemanpelossaan Shivaa apuun? Kuka muuten turvautuisi Shivaan? Amman pelossanne te kutsutte Jumalaa apuun." Amma nauroi. "Aiemmin brahmacharilapset tapasivat laulaa *Amme, snehamayi…* ('Äiti joka on täynnä rakkautta'). Nyt he laulavat *Amme, kruramayi…!* ('Äiti joka on täynnä julmuutta!')"

Amma nauroi ja lauloi *Amme kruramayi…* hitaasti, oikeaan rytmiin. Kaikki nauroivat katketakseen.

Amma jatkoi: "Toisinaan Amma sanoo, että hänen lapsensa ovat väärässä, vaikka he olisivatkin oikeassa. Miksi? Koska heillä täytyy olla *shraddhaa*. Siten he ovat tarkkaavaisia jokaisella askeleellaan. Jos Amma potkaisee heitä tai läiskäisee heitä, sillä ei ole minkäänlaista vaikutusta, he vain seisovat hymyillen. He sanovat usein: 'Meistä on mukavaa, kun Amma sättii meitä hieman. Silloin me ainakin voimme seisoa siinä ja katsella Ammaa, kun hän tekee niin. On jopa parempi, jos hän läimäyttää meitä muutamia kertoja.' Kuinka paljon hyvänsä Amma kurittaakaan heitä, he tietävät ettei hän voi kuin hymyillä heille seuraavassa hetkessä. Niinpä ainoa asia mikä toimii, on kun Amma ryhtyy nälkälakkoon. He eivät voi sietää katsella, kun Amma joutuu olemaan ilman ruokaa."

Kukaan ei sanonut hetkeen mitään. He kaikki ihmettelivät sitä huolenpidon ja rakkauden määrää, minkä Amma antoi lapsilleen, mikä ominaisuus olisi harvinainen jopa äidille joka oli heidät synnyttänyt.

Jumalalle antautuminen

Naisoppilas esitti kysymyksen: "Amma, sanot että meidän pitää nähdä Jumala kaikessa, mutta kuinka se on mahdollista?" Amma: "Lapseni, teidän täytyy päästä vapaaksi vasanoista, jotka ovat teissä. Jumalasta pitää tulla ainoa turvanne. Teidän tulee kehittää itsessänne tottumusta muistaa Jumala, riippumatta siitä mitä teette. Sitten hiljalleen alatte nähdä ykseyttä moninaisuudessa."

Tyttö astui esiin ja halasi Ammaa. Laitettuaan päänsä Amman olkapäätä vasten hän alkoi nyyhkyttää. Hän oli rekkakuskin tytär ja hänen isänsä ei ollut tavallisesti kotona. Hänen äitipuolensa työnsi häntä moraalitonta elämää kohti. Hän oli päättänyt lukion, mutta kukaan ei halunnut hänen menevän yliopistoon.

Tyttö: "Amma, minulla ei ole ketään! Minä jään tänne ja teen jotakin työtä täällä."

Amman silmät olivat täynnä myötätuntoa, hän sanoi: "Tyttäreni, Jumala on aina läsnä pitämässä meistä huolta. Hän on myötätunnon lähde. Hän on meidän todellinen isämme ja äitimme. Ihmiset joita pidämme vanhempinamme, ovat vain kasvattaneet meidät. Jos he olisivat todelliset vanhempamme, heidän pitäisi voida pelastaa meidät kuolemalta. Mutta eivät he kykene siihen. Me olimme olemassa jo ennen kuin meistä tuli heidän lapsiaan. Jumala on meidän todellinen isämme ja äitimme ja suojelijamme."

Amma lohdutti tyttöä ja valoi häneen luottamusta: "Mene kotiin, tyttäreni, ja kerro isällesi vakaasti, että tahdot mennä yliopistoon. Hän suostuu siihen. Amma sanoo sinulle tämän. Älä ole huolissasi, tyttäreni, älä ole huolissasi!"

Naisoppilas: "Haluan tulla tapaamaan sinua joka päivä, Amma, mutta minä olen yksin kotona. Kuinka voin tulla tänne ja jättää kodin vartioimatta? Tänään lukitsin taloni ja jätin avaimen naapurilleni." Amma: "On hyvä pyytää jotakuta pitämään taloa silmällä, kun tulet tänne. Meidän pitää kiinnittää huomiota ulkoisiin asioihin. Siitä huolimatta, eikö varkauksia satu silloinkin, kun käytämme kaikkein turvallisimpia lukkoja ja palkkaamme vartijoita valvomaan kotiamme? Miten voimme selittää tämän? Todellinen vartijamme on Jumala. Jos asetamme kaiken Hänen käsiinsä, Hän pysyy hereillä ja suojelee meitä aina. Muut vartijat nukahtavat, ja sillä hetkellä varkaat eivät jätä tilaisuutta käyttämättä ja varastavat omaisuutemme. Mutta kun Jumala on vartijanamme, meillä ei ole mitään pelättävää!

Kuvittele, että nousemme veneeseen. Kannamme raskasta taakkaa ja jatkamme sen kannattelemista, sen sijaan että laskisimme sen alas. Nähdessään ponnistelumme venemies sanoo: 'Olet nyt laivassa. Etkö laittaisi laukkuasi alas?' Emme kuitenkaan ole valmiita laittamaan laukkua alas, vaan itkemme ja valitamme, että laukku on liian painava. Onko tällaiseen tarvetta? Samalla tavoin, miksi me kannamme kaikkia näitä taakkojamme? Laske kaikki Jumalan jalkojen juureen! Hän pitää huolen kaikista taakoistamme."

Ei aikaa sadhanalle

Samaan aikaan Soman, joka oli opettaja ammatiltaan, lähestyi Ammaa kysymyksensä kanssa: "Amma, kun koulu päättyy, kotona on sata asiaa mitä pitäisi tehdä. Miten voisin löytää aikaa japaa varten?"
Amma: "Poikani, löydät kyllä aikaa, jos todella tahdot. Sinun täytyy olla näkemys, ettei ole mitään suurempaa kuin Jumalan muistaminen. Silloin löydät aikaa siihen jopa kaiken työsi keskel-

lä. Kerran rikas mies meni gurunsa luo ja valitti: 'Mestari, mieleni ei ole rauhassa. Olen aina huolestunut. Mitä voin tehdä?' Guru sanoi: 'Minä annan sinulle mantran. Toista sitä säännöllisesti.' Rikas mies vastasi: 'Mutta minulla on niin monia velvollisuuksia päivän aikana. Mistä voisin löytää aikaa toistaa mantraa?' Guru kysyi: 'Missä kylvet?' 'Joessa.' 'Kauanko sinulla vie aikaa mennä sinne?' 'Kolme minuuttia.' Guru sanoi: 'Voit toistaa mantraa siitä hetkestä, kun lähdet kotoasi ja saavut joelle. Yritä sitä.' Muutamien kuukausien kuluttua mies tuli jälleen tapaamaan gurua hyvin innostuneena. Hän kumarsi ja sanoi: 'Levottomuuteni on poissa, mieleni on rauhassa. Toistan antamaasi mantraa säännöllisesti. Nyt minun on mahdotonta olla toistamatta! Ensin ryhdyin toistamaan sitä matkallani joelle. Sitten toistin mantraa palatessani ja myös kylpiessäni. Sitten ryhdyin toistamaan sitä matkallani töihin. Jopa aina kun mantraa koskeva ajatus tuli mieleeni toimistolla, ryhdyin toistamaan sitä. Toistan kun menen sänkyyn, nukahdan toistaessani sitä. Nyt haluan toistaa sitä yhä enemmän ja enemmän joka päivä. Olen onneton, jos en toista sitä.'"

Amma jatkoi: "Jatkuvan harjoittelun avulla mantran toistamisesta tuli hänen tottumuksensa. Sinun pitäisi ryhtyä heräämään aikaisin. Heti kun nouset, meditoi kymmenen minuuttia. Kylvyn jälkeen meditoi jälleen puoli tuntia. Aluksi riittää, kun meditoit vähän aikaa. Sen jälkeen voit huolehtia tehtävistäsi. Ennen kuin menet kouluun, meditoi jälleen puoli tuntia. Mikäli aikaa jää meditaation jälkeen, käytä se japaan kävellessäsi tai istuessasi, tai mitä hyvänsä teetkin. Poikani, Amma suosittaa tällaista itsekuria, koska pidät henkisestä elämästä. Aloittelijoiden tulee meditoida vain puoli tuntia tai tunti. Loppuaika voidaan käyttää japaan tai kirtanien laulamiseen."

Soman: "Amma, kuinka voin pitää mieleni Jumalassa? Olen ollut naimisissa nyt muutamia vuosia. Minun pitää maksaa takaisin rahat, jotka lainasin talomme rakentamista varten. Vaimoni ei voi hyvin. Kun kaikki nämä ongelmat vaivaavat mieltäni, miten on mahdollista harjoittaa japaa ja meditaatiota?"

Amma: "Tuo on totta. Mutta mitä huolehtiminen auttaa, poikani? Auttaako huolehtiminen sinua saamaan rahaa lainan maksuun? Niinpä sinun pitää keskittyä työn tekemiseen. Älä hukkaa aikaa. Yritä toistaa mantraa kaiken aikaa. Jos toisinaan unohdat, jatka mantran toistamista niin pian kuin muistat. Jos kastelet puun juuria, ulottuu vesi myös oksistoon ja lehvästöön. Mutta jos kaadat vettä puun latvaan, siitä ei ole mitään hyötyä. Huolehtimisella ei saavuta mitään. Anna vain mielesi Jumalalle, turvaudu Häneen, eikä elämästäsi tule puuttumaan mitään. Sinulle annetaan kaikki mitä tarvitset. Ongelmasi ratkeavat jollakin tavoin ja löydät rauhan. Ne, jotka rukoilevat Jumalaa ja meditoivat Häntä vilpittömästi, heiltä ei tule puuttumaan mitään välttämätöntä. Sellainen on Jumalan tahto. Tämä on Amman oma kokemus. Jos et tee mitään muuta, niin toista *Lalita Sahasranamaa* joka päivä rakkaudella ja antaumuksella. Silloin sinulta ei tule puuttumaan mitään. Rakkaat lapseni, oli teillä sitten mitä muuta hyvänsä, mutta ilman sadhanaa te ette löydä mielenrauhaa. Olittepa kuinka rikkaita hyvänsä, jos haluatte nukkua rauhassa, teidän on turvauduttava Jumalaan. Alkää unohtako ajatella Häntä, vaikka unohtaisitte syödä"

Täydellinen antautuminen Jumalalle on Amman opetusten ydin. Olivatpa murheemme minkälaisia hyvänsä, niin jos luovutamme ne Hänelle, niiden paino ei murra meitä. Oman kokemuksensa valossa Amma vakuuttaa meille, että Jumala pitää meistä kaikin tavoin huolen. Hänen vastauksensa kaikkiin maallisiin kysymyksiin kohottaa meidät antaumuksen ja henkisyyden tasolle. Kun hänen autuaallinen olemuksensa yhdistyy hänen rakkaudellisen puheensa suloisuuteen, on kokemus unohtumaton.

Kun Amma kohottautui istuimeltaan, oppilaat kumarsivat hänelle ja nousivat seisomaan.

Lauantai 2. marraskuuta 1985

Amma Ernakulamissa

Amma ja hänen ryhmänsä oli majoittunut erään oppilaan, Gandharan Vaidyarin, taloon lähelle Ernakulamia. Seuraavana aamuna he lähtivät kohden toisen oppilaan taloa Eloorissa. Matkalla he vierailivat vielä kolmessa muussa talossa.

Paljon ihmisiä oli kokoontunut Eloorissa sijaitsevaan taloon nähdäkseen Amman, useat heistä ensimmäistä kertaa. Mukana oli vanhempia kehitysvammaisine lapsineen, ihmisiä, jotka olivat jotenkin rampautuneita, ihmisiä, jotka olivat etsineet työtä vuosia, henkisiä etsijöitä, jotka tarvitsivat tietoa sopivasta sadhanasta ja niitä, jotka halusivat elää sanjaasin elämää ashramissa Amman kanssa.

Oppilas astui esiin poikansa kanssa, joka näytti olevan noin 12-vuotias. Hän kumarsi ja työnsi poikansa Amman lähelle sanoen: "Amma, poikani on hyvin tuhma. Hän käy parasta koulua, mutta käyttää kykyjään vain kepposten tekemiseen eikä opiskeluun. Hän on vasta lapsi, mutta hän menee ja pyytää oman luokkansa tyttöä menemään kanssaan naimisiin. Eikä siinä kaikki, hän hakkasi pojan, joka kertoi tästä opettajalle. Amma, siunaa hänet ja ojenna häntä."

Amma (halaten poikaa): "Mitä tämä on, poikani? Puhuuko isäsi totta?" Amma piti sormeaan nenänsä edessä (mikä Intiassa tarkoittaa häpeää). Poika oli kovasti häpeissään ja olisi halunnut karata Amman otteesta. Amma ei kuitenkaan päästänyt häntä. Hän laittoi pojan istumaan syliinsä, antoi tälle omenan ja suukotti hänen poskeaan. Amma ei voinut puhua hänen isälleen kauaa, sillä hän vieraili talossa vain hetkisen. Hän antoi isälle luvan tulla tapaamaan häntä myöhemmin. Isä kumarsi ja lähti.

Amma oli jo myöhässä, sillä hänen piti mennä läheiseen Krishna-temppeliin johtaakseen siellä bhajaneitten laulua. Hän ei kuitenkaan noussut ylös ennen kuin oli antanut darshanin kaikille. Bhajaneitten jälkeen Amman piti mennä vielä muutamien oppilaitten kotiin. Oli jo hyvin myöhä hänen palatessaan takaisin Vaidyarin taloon Ernakulamissa. Vaikka hän olikin suunnitellut palaavansa takaisin ashramiin, hän antoi periksi oppilaiden toivomukselle ja päätti jäädä yöksi.

Oppilas, joka oli tuonut poikansa Amman luo aiemmin päivällä, oli odottamassa tavatakseen hänet uudelleen, mutta oli menettämässä toivonsa nähdä häntä enää sinä päivänä, sillä oli jo niin myöhä. Yhtäkkiä hän näki brahmacharin, joka sanoi hänelle että Amma kutsui häntä, joten hän meni Amman luo ja kumarsi.

Oppilas: "En uskonut enää tapaavani Ammaa tänä iltana."

Amma: "Amma oli suunnitellut lähtevänsä tänään, mutta päätti jäädä, koska kaikki hänen lapsensa sitä vaativat. Toiset lapset odottavat häntä Haripadissa. Me näemme heidät huomenna, matkallamme takaisin. Kun Amma tuli tänne, hän tunsi että olit onneton. Poikani, älä ole huolissasi pojastasi. Kaikki hänen kujeensa katoavat, kun hän kasvaa vanhemmaksi."

Oppilas: "Amma, mutta tämän päivän lapset tekevät asioita, joista emme voineet uneksiakaan silloin kun minä olin nuori. En voi ymmärtää syytä tähän, kuinka paljon hyvänsä sitä ajattelenkin."

Aloita dharma jo nuorella iällä

Amma: "Poikani, entisaikaan lapset kasvoivat *gurukulassa* gurun suorassa ohjauksessa. He elivät gurun kanssa, ja heille opetettiin, kuinka gurua tulee kunnioittaa, kuinka käyttäytyä vanhempia kohtaan ja kuinka elää maailmassa. Heille opetettiin, minkälainen on Jumalan ydinolemus. Eikä heille ainoastaan opetettu näitä asioita, vaan pidettiin myös huolta siitä, että he noudattivat näitä periaatteita. Gurun palveleminen, tapas ja pyhien kirjoitusten opiskeleminen olivat heidän koulutuksensa perusta. Tästä johtuen tuo aikakausi loi Harischandran kaltaisia ihmisiä. Minkälainen oli kuningas Harischandra? Hän osoitti, että hänen sanansa merkitsi hänelle enemmän kuin hänen omaisuutensa, vaimonsa ja lapsensa. Tällainen oli ihanne, jonka entisajan ihmiset antoivat meille. Se oli seurausta koulutuksesta, jonka he olivat saaneet. Kun lapset palasivat gurukulasta opintojensa jälkeen, he etenivät *grihastashramaan,* jolloin heidän vanhempansa luovuttivat heille kaiken vastuun taloudenpidosta ja siirtyivät itse *vanaprasthaan* (metsässa asuva erakko). Jopa kuninkaalla oli vain yksi vaatekappale ja hän meni metsään harjoittamaan tapasia. Hän ei pitänyt itsellään minkäänlaisia kuninkaallisuuteen kuuluvia houkutuksia. He elivät pitäen mielessään *sanjaasan* päämäärän. Tuohon aikaan suurimmalla osalla ihmisistä oli halu luopua jollakin tavoin kaikesta ja edetä sanjaasan elämään. Tällaisen kulttuurin ansiosta lapset vakiintuivat *dharmaan* ja he olivat täynnä rohkeutta kun he kasvoivat. He kykenivät menemään epäröimättä elämässä eteenpäin, olivatpa elämän olosuhteet minkälaiset tahansa."

Oppilas: "Amma, mutta tänä päivänä tilanne on aivan päinvastainen. Päivä päivältä meidän kulttuurimme taantuu."

Amma: "Kuinka hyvät ominaisuudet voisivatkaan kehittyä lapsissa näinä päivinä? Hyvin harvat perheelliset noudattavat oman elämänvaiheensa periaatteita. Kuinka he näin ollen voisivatkaan istuttaa hyviä ominaisuuksia lapsiinsa? Menneinä aikoina perheelliset elivät todellisen *grihastashramin* elämää. Heillä oli aikaa harjoittaa tapasia jopa kaikkien työtehtäviensä keskellä. He eivät ajatelleet, että elämä on vain syömistä ja juomista. He söivät vain elääkseen. He antoivat lapsilleen hyviä neuvoja ja tarjosivat näille hyvän esimerkin elämällä antamiensa neuvojen mukaisesti. Mutta kuka toimii näin tänä päivänä? Missä ovat gurukulat? Jopa sairaanhoito-opistossa nuoret huutavat poliittisia iskulauseita. Politiikkaa ja lakkoja on jopa kouluissa. Voit nähdä jopa lapsissa valmiuden tuhota vastakkaisen puolueen jäseniä. Niinpä heidät kasvatetaan hyvin tuhoavalla tavalla. Poika, jonka pitäisi huolehtia ja lohduttaa vanhaa ja sairasta isäänsä, vaatii sen sijaan osuuttaan tämän omaisuudesta. Kun kotitila jaetaan ja hänen veljensä osuudessa on muutama kookospuu enemmän, hän ottaa puukon iskeäkseen isäänsä. Poika on valmis tappamaan isänsä pienen omaisuuslisän vuoksi! Mutta mitä Rama ja muut näyttivätkään meille? Kunnioittaakseen isänsä lupausta Rama oli valmis luopumaan kuningaskunnasta. Eikä hänen isänsäkään, Dasaratha, pettänyt sanaansa. Hän piti lupauksen, jonka oli antanut vaimolleen Kaikeyille. Tuon lupauksen hän oli antanut, kun hänen vaimonsa oli tehnyt suuren uhrauksen. Dasarathaan ei ollut niinkään tehnyt vaikutusta hänen vaimonsa kauneus tai rakkaudenosoitukset vaan tämän epäitsekkyys taistelutantereella, missä tämä oli vaarantanut oman henkensä pelastaakseen hänet. Niinpä Dasaratha ei luopunut lupauksestaan minkään itsekkään syyn varjolla, ja Rama hyväksyi ehdoitta oman isänsä lupauksen.

Entä Sita? Nostiko hän suuren metelin, kun Rama päätti lähteä metsään? Hän ei sanonut miehelleen: 'Sinä olet kuningaskunnan oikeutettu perijä. Sinun pitäisi ottaa se itsellesi keinolla millä hyvänsä.' Kun hänen aviomiehensä lähti metsään, vaimo seurasi häntä ääneti. Hänen veljensä, Lakshmana, lähti myös heidän matkaansa. Ja mitä Bharata osoittikaan meille? Hän ei sanonut: 'He ovat menneet. Nyt minä voin hallita kuningaskuntaa.' Sen sijaan hän meni ja etsi veljensä. Hän nouti Raman sandaalit, toi ne mukanaan ja laittoi ne valtaistuimelle merkiksi siitä, että hän hallitsi maata ainoastaan veljensä puolesta. Näin asiat olivat vanhoina aikoina. Tuossa on ihanne, jonka eteen meidän on kilvoiteltava omassa elämässämme. Mutta kuka kiinnittää huomiota tuollaisiin arvoihin näinä päivinä tai harjoittaa niitä käytännössä?

Menneisyyden ihmiset opettivat meille todellisia elämänarvoja, mutta me emme kiinnitä heihin huomiota. Nyt näemme, mihin tämä torjunta on johtanut. Minkälaisen kulttuurin lapset saavatkaan osakseen tänä päivänä? Näet vain televisioita ja elokuvia kaikkialla. Ne käsittelevät voittopuolisesti romansseja, seksiä ja naimisiinmenoa. Lehdet ja kirjat käsittelevät pääsääntöisesti maallisia asioita. Lapset näkevät ja lukevat tällaisista asioista. Tällaisen kulttuurin lapset omaksuvat itselleen nykyaikana. Tämä auttaa luomaan vain Kamsan[27] kaltaisia ihmisiä. Tulemme harvoin tulevaisuudessa näkemään Harischandran kaltaisia ihmisiä.

Mikäli haluamme muutoksen tähän, meidän on annettava lapsillemme erityistä huomiota. Meidän pitää olla varovaisia sen suhteen, mitä annamme heidän lukea. Meidän pitäisi antaa heille vain sellaista luettavaa, mikä auttaa heitä opinnoissaan tai selventää henkisiä asioita. Meidän pitäisi jopa erityisesti painottaa, että he lukisivat tällaisia tekstejä. Sellainen kulttuuri (joka painottaa henkisiä arvoja) tulee säilymään heidän matkassaan, kun he kasvavat. Jopa silloin kun he tekevät jotakin väärää, he tietävät sen syvällä sisimmässään, ja tulevat katumaan toimiaan. Tämä muuttaa heidät.

Monet lapset katsovat televisiota ja elokuvia ja unelmoivat sellaisesta avioelämästä, jota elokuvissa kuvataan. Kuinka moni ihminen voi elää noiden tarinoiden onnellista luksuselämää? Kun he kasvavat ja menevät naimisiin, ja huomaavat, etteivät voi saada tuollaista, he pettyvät, ja tämä synnyttää vaimon ja miehen välille etäisyyttä. Kerran nuori nainen tuli tapaamaan Ammaa. Hän oli mennyt nuorena naimisiin ja oli jo eronnut. Kun Amma tiedusteli syytä tähän, hän kertoi tarinan. Hän oli nähnyt elokuvan rikkaasta pariskunnasta, jolla oli suuri talo, auto ja kalliita vaatteita. Elokuvassa he ajoivat aina iltaisin hiekkarannalle, eikä hei-

---

[27] Kamsa oli demoninen, äärimmäisen itsekäs ja tuhoava ihminen.

dän elämässään ollut koskaan hetkeä, jolloin he eivät olisi olleet onnellisia. Nähtyään elokuvan tyttö alkoi unelmoida kaikesta tästä. Pian hän oli naimisissa, mutta hänen miehellään oli vain pienipalkkainen toimi. Rahaa ei ollut riittävästi eikä hän kyennyt kustantamaan sellaista elämää, josta vaimo unelmoi. Vaimo halusi auton, enemmän sareja, päivittäisiä elokuvareissuja ja niin edelleen. Hän oli aina pettynyt. Mitä miesparka saattoi tehdä? Lopulta he alkoivat riidellä, mikä johti jopa lyönteihin. He olivat molemmat onnettomia. Niinpä avioliitto purettiin ja se johti heidät yhä syvempään epätoivoon. He katuivat kaikkea mitä oli tapahtunut. Mitä he saattoivat tehdä?

Ajattele entisaikoja. Siihen aikaan mies ja vaimo olivat valmiit kuolemaan toistensa puolesta. He todella rakastivat toisiaan. Vaikka he olivat kehollisesti erillisiä, heidän sydämensä olivat yhtä. Lapseni, rakkaus ja epäitsekkyys ovat avioliiton siivet. Ne auttavat teitä kohoamaan ilon ja täyttymyksen taivaaseen."

Amma antaa huomiota jopa sellaisille asioille, joita muut pitävät merkityksettöminä. Hän jättää huomiotta oman mukavuutensa ja antaa lapsilleen täyden huomionsa, ehdottaen ratkaisuja heidän ongelmiinsa.

Oppilas, joka oli kuunnellut tarkkaavaisesti Amman puhetta, sanoi: "Kun minä menen kotiin, haluan toteuttaa käytännössä kaiken mitä olet sanonut. Anna minulle siunauksesi, Amma!"

Amma: "Poikani, puhe tai teko johon ryhdytään tarkkaavaisuudella, ei mene koskaan hukkaan. Jos ei tänään, niin huomenna tulet saamaan siitä hyödyn.

Amma kylvää siemenet ja auttaa siitä eteenpäin. Jotkut niistä itävät huomenna ja toiset päivää myöhemmin. Jotkut itävät vasta vuosia myöhemmin. Vaikka kukaan ei kuuntelisikaan, luontoäiti tallentaa vilpittömät rukouksemme. Ponnistelkaa, lapseni, Amma on aina kanssanne!"

Sunnuntai 3. marraskuuta 1985

Kehitysvammaiset lapset – kenen karma aiheuttaa heidän vammaisuutensa?

Amma ja brahmacharit lähtivät Gangadharan Vaidyarin talosta puoli seitsemältä aamulla. Matkalla brahmacharit ryhtyivät puhumaan vammaisista lapsista, jotka olivat tulleet tapaamaan Ammaa päivää aiemmin. "Noiden lasten tila on valitettava. Heidän kehonsa on kasvanut, mutta heidän mielensä ei ole kehittynyt lainkaan. Minkälaista elämää!"

"Heidän vanhempiensa tilanne on vielä valitettavampi. Heillä ei ole lainkaan vapautta omassa elämässään. Voivatko he jättää lapsia ja mennä minnekään ilman että olisivat kaiken aikaa huolissaan?"

"Kenen *prarabdhasta* tämä johtuu, lasten vai vanhempien?"

Lopulta he päättivät kysyä asiaa Ammalta. Hän oli kuunnellut huolella heidän keskusteluaan.

Amma: "Nuo lapset elävät enemmän tai vähemmän kuin unessa. He eivät ole tietoisia kärsimyksestä, jonka me näemme heissä. Jos he olisivat tietoisia siitä, he olisivat pahoillaan tilanteestaan ja ajattelisivat: 'Voi, miksi olen tässä maailmassa tällaisessa tilassa?' Heillä ei ole tuota tietoisuutta. Heidän perheensä sen sijaan kärsii, he joutuvat kohtaamaan vaikeudet. Niinpä meidän pitää ajatella, että kyse on lähinnä vanhempien *prarabdhasta*."

Brahmachari: "Sääli vanhempia! Mitä he voivat odottaa elämältään! Mitä voimme tehdä heidän hyväkseen?"

Neuvoja brahmachareille

Amma: "Lapseni, tämä myötätunto itsessään, jota tunnette heitä kohtaan tuo heille rauhan, ja se laajentaa myös teidän sydäntänne. Meidän täytyy tuntea sympatiaa niitä kohtaan, jotka kärsivät. Mitä syvempi kaivo on, sitä enemmän vettä se pitää sisällään. Lapset, vain myötätunto saa *Paramatmanin* lähteen pulppuamaan. Tuo korkein periaate herää meissä myötätuntomme ansiosta. Jopa silloin kun jotkut istuutuvat meditoimaan, he ajattelevat vain kuinka kostaisivat jonkin asian. Lapseni, ette voi rakentaa taloa pelkästään kasaamalla tiilejä päällekkäin, tarvitsette sementtiä sitoaksenne tiilet yhteen. Tuo sementti on rakkaus. Ette voi hopeoida astiaa, joka ei ole puhdas. Se pitää ensin puhdistaa. Samalla tavoin vain silloin kun mieli on puhdas, voi antaumuksellinen rakkaus juurtua siihen siten, että voimme tuntea Jumalan läsnäolon. Ajattele Kuchelaa. Hänen lapsensa näkivät nälkää ja hän lähti kerjäämään ruokaa. Kun hän oli tulossa takaisin, joku toinen piti kättään ojennettuna, itkien, että hänen perheensä näki nälkää. Kuchela antoi hänelle kaiken ruoan minkä olikaan saanut.

Tunnetteko pyhimys Durvasasin ja kuningas Ambarishan tarinan? Pyhimys meni Ambarishan luo yrittäen rikkoa pyhän valan, jonka kuningas oli antanut. Jos hän onnistuisi tässä, hän kiroaisi kuninkaan. Mutta Ambarisha oli vilpitön oppilas. Vaikka Durvasas raivostui hänelle suuresti, Ambarisha ei reagoinut millään tavoin, vaan säilytti palvelijan asenteensa pyhimystä kohtaan. Hän oli tietoinen vallastaan, mutta ei millään tavoin ilmaissut vastustusta pyhimystä kohtaan. Yhteen liitetyin käsin hän rukoili Durvasia: 'Pyydän anteeksi, jos olen tehnyt jonkin virheen. Yritän vain pitää pyhän lupaukseni. Anna minulle anteeksi tietämättömyyteni.' Durvasas ei kuitenkaan antanut hänelle anteeksi. Sen sijaan hän päätti tappaa hänet, mutta ennen kuin näin tapahtui, Vishnu-jumalan *sudarshana chakra*[28] tuli Ambarishan avuksi. Sudarshana-aseen kauhistuttama Durvasas juoksi hakemaan apua jumalilta. Kun pyhimys oli lähtenyt, Ambarisha ei ajatellut: 'Hyvä, hän on mennyt. Nyt voin syödä rauhassa jotakin.' Kykenemättä saamaan *devoilta* apua Durvasasin ei auttanut kuin turvautua Ambarishaan. Jopa silloinkin kun pyhimys tuli ja pyysi anteeksiantoa, kuningas halusi vain pestä hänen jalkansa ja juoda tuon veden. Jumala on kokonaan tällaisten ihmisten kanssa. Hän tulee sellaisten tueksi, joilla on tuollaista nöyryyttä. Ihmiset, jotka ajattelevat: 'Minä haluan olla onnellinen, haluan olla rikas, haluan vapautuksen!', eivät tule löytämään Jumalaa puoleltaan."

Amma lopetti puhumisen ja istui hiljaa katsellen auton oikeanpuoleisesta ikkunasta ulos. He kiitivät puiden ja talojen ohi. Kuorma-auto ohitti heidät torvea soittaen. Kaikkien katseet olivat Ammassa. Brahmachari rikkoi hiljaisuuden ja sanoi: "Amma!"

"Niin, mitä haluat?" Amma vastasi takertumattomalla äänensävyllä.

Brahmachari alensi ääntään ja sanoi: "Olen pahoillani, että sain Amman suuttumaan joitakin päiviä sitten."

Amma: "Se on ollutta ja mennyttä. Miksi olisit siitä huolissasi nyt? Amma unohti sen saman tien. Eikö Amma puhunut sinulle niin tiukasti rakkautensa tähden, poikani?"

Kyyneleet alkoivat vuotaa brahmacharin silmistä. Amma pyyhki ne sarinsa kulmalla ja sanoi: "Älä ole pahoillasi, rakkaani."

Tuona päivänä Amma oli pyytänyt häntä puhdistamaan kalarin verannan ennen kuin he lähtisivät ashramista, mutta kiireessään hän oli unohtanut tehdä sen. Amma oli huomannut verannan valmistautuessaan lähtemään. Se oli ollut edelleen likainen, joten hän oli kutsunut brahmacharin luokseen ja nuhdellut tätä

---

[28] *Sudarshana chakra* kuvataan pyhissä kuvissa kiekkomaiseksi jumalalliseksi aseeksi.

ankarasti, minkä jälkeen hän oli itse ryhtynyt puhdistamaan paikkaa. Nähdessään tämän toiset olivat ryhtyneet auttamaan häntä, brahmacharin seistessä sillä aikaa häpeissään, päätään roikottaen. Amma oli lähtenyt vasta siivottuaan koko alueen.

Amma jatkoi: "Kun Amma sanoo jotakin ankarasti teille lapseni, se ei johdu siitä, että hän olisi todella vihainen. Sen tarkoituksena on vain estää, ettei teistä tulisi itsekkäitä. Amma haluaisi tehdä kaiken työn itse. Hän haluaisi tehdä näin niin kauan kuin on terve, mutta hänen mielensä on usein tämän tason tuolla puolen, joten hän tapaa unohtaa asioita. Vain tämän vuoksi hän pyytää teitä kiinnittämään huomiota tiettyihin asioihin. Amma haluaisi itse pestä vaatteensa. Jopa nytkin Amma yrittää tehdä niin, mutta Gayatri ei anna hänen toimia tällä tavoin. Amma ei halua aiheuttaa vaivaa kenellekään. Hän tahtoo palvella, ei olla kenenkään palveltavana. Hän ei tarvitse mitään palveluja. Siitä huolimatta hänen täytyy toisinaan hyväksyä palvelu tehdäkseen toiset onnellisiksi. Jopa silloinkin Amma ajattelee vain sitä, mikä on teille hyväksi.

Te lapset olette onnekkaampia kuin suurin osa ihmisistä. Teidän ei tarvitse huolehtia mistään. Amma on täällä huolehtiakseen kaikista ongelmistanne. Hän kuuntelee surujanne ja lohduttaa teitä. On olemassa sanonta, että tulisi mennä maailmaan vasta sitten kun on saavuttanut oivalluksen, mutta tämä ei päde niihin, jotka ovat löytäneet satgurun. Opetuslapsen, jonka satguru on lähettänyt maailmaan, ei tarvitse pelätä mitään. Guru suojelee häntä."

Brahmachari, joka kuunteli tätä kaikkea, kysyi: "Amma, olet usein sanonut, että ihminen voi oivaltaa Itsen jopa kolmessa vuodessa. Minkälaista sadhanaa määräät tätä tarkoitusta varten?"

Kypsyys oivallusta varten

Amma: "Etsijä jolla on voimakas kaipuu, ei tarvitse kolmea vuotta. Miksi? Hän ei tarvitse edes aikaa, joka kuluu neulan lävistäessä lootuksen lehden. Mutta tuon kaipauksen pitää olla valtavan voimakas. Jokaisella hengityksellä hänen pitäisi itkeä Jumalaa: 'Missä olet?' Hänen pitäisi kohota tilaan, jossa hän ei voi enää elää ilman Jumalan saavuttamista.

Jotkut ihmiset eivät saavuta mitään, vaikka olisivat tehneet tapasia harjoittavais 50-60 vuotta. Jos toteutat sen mitä Amma sanoo, voit ilman muuta saavuttaa päämääräsi kolmessa vuodessa. Mutta tarvitset tähän shraddhaa. Tarvitset todellista *lakshya bodhaa* ja todellista omistautumista. Amma puhuu tällaisista ihmisistä. Jos nouset tavalliseen bussiin, et voi olla varma, milloin se saavuttaa määränpäänsä, koska se pysähtelee joka paikassa. Mutta jos nouset pikabussiin, voit sanoa, milloin se saavuttaa määränpäänsä, sillä se ei pysähdy sinne tänne matkan varrella. Me emme voi olla varmoja heistä, joiden takertumattomuus kestää vain kaksi päivää.

Poikani, kun ajatus että olet syntynyt kuolee, on se itseoivallus. Kun olet tietoinen siitä, että olet puhdas olemassaolo, vapaa syntymisestä, kasvamisesta ja kuolemasta, niin on se oivallus. Et saavuta sitä mistään ulkopuolelta. Sinun on saatava oma mielesi hallintaasi –siinä on se mitä tarvitaan.

Tiedätkö, millaista Amman elämä oli? Hän ei jättänyt edes jalanjälkiään, kun hän lakaisi etupihan. Jos hänen jalanjälkensä olivat yhä siellä, hän lakaisi ne pois. Sillä kun kaikki oli puhdasta, Jumalan jalanjälkien tuli näkyä siellä ensimmäisenä! Hän oli vakuuttunut siitä, että Jumala kävelisi siellä. Jos hän sattui hengittämään kerrankin muistamatta Jumalaa, peitti hän sieraimensa lopettaakseen hengityksen, ajatteli sen jälkeen Jumalaa, ja jatkoi vasta sitten hengittämistä. Kun hän käveli, otti hän jokaisen askeleen vain muistettuaan ensin Jumalan. Jos hän ei tehnyt näin jonkin askeleen kohdalla, hän otti askeleen taaksepäin, ajatteli Jumalaa, ja jatkoi vasta sen jälkeen matkaansa.

Tunnetko tarinan miehestä, joka meni etsimään Tambran leijonaa? Meidän on saavutettava tuon kaltainen intensiteetti[29]. Meidän pitäisi etsiä jatkuvasti: 'Missä sinä olet? Missä sinä olet?' Etsintämme voiman tähden kaikkialla alkaa olla niin kuuma, ettei Jumala voi enää istua rauhassa. Hänen täytyy ilmestyä eteemme. Ennen kuin Amma ryhtyi meditoimaan, hän päätti kuinka monta tuntia hän istuisi. Hän ei noussut ylös ennen sitä. Jos hän ei kyennyt istumaan niin kauan, hän syytti luontoäitiä, huusi ja oli valmis lyömään häntä. Öisin hän ei nukkunut lainkaan. Jos hän tunsi väsymystä, hän istui ja itki. Yleensä hän ei tuntenut väsymystä. Kun tuli aika nukkua, hän suri sitä, että jälleen oli yksi päivä mennyt hukkaan. Amma ei voi edes kestää tuota muistoa, niin vaikeaa se oli."

Brahmachari: "Mutta jos tavallinen ihminen ei nuku, eikö se häiritse hänen meditaatiotaan?"

Amma: "Se joka riutuu saavuttaakseen tiedon Jumalasta, ei lopeta hänen ajattelemistaan edes hetkeksi. Hän ei tunne väsymystä eikä hän käy makuulle. Vaikka hän kävisikin makuulle, hänen

---

[29] Tambra on kunnioittava termi, jota alemman kastin jäsenet käyttivät puhuessaan ylemmän kastin väestä. Tarina johon Amma tässä viittaa on seuraava: Kerran eräs lukutaidoton metsän asukki ystävystyi joogin kanssa, joka vietti suurimman osan ajastaan meditoiden Narasimha-jumalaa (Vishnu-jumalan inkarnaatio ihmisleijonan muodossa). Nähdessään joogin suuren kaipauksen, tunsi metsän asukki sääliä joogia kohtaan ja päätti itse lähteä etsimään ihmisleijonaa. Hänen etsinnästään tuli todella intensiivistä. Hän luopui ruoasta, unesta ja levosta ja jatkoi väsymättä ihmisleijonan etsimistä ystävälleen. Hänen viaton ja palava kaipuunsa lopulta pakotti Vishnu-Jumalan ilmestymään Narasimhan muodossa hänelle. Ilman pienintäkään aavistusta siitä, että hänen saaliinsa oli korkein Jumala, mies sitoi köyden Jumalan kaulan ympärille ja talutti hänet joogin luokse. Sillä hetkellä Jumala antoi vapautuksen metsän asukille, kun taas äimistynyt joogi sai lupauksen vapautuksesta tämän syntymänsä aikana.

surunsa pitää hänet hereillä. Amma puhuu tällaisista ihmisistä. He, joilla on takertumattomuutta ja halua tuntea Jumala, heille *tapas* on todellista lepoa. Ei ole olemassa *tapasia* suurempaa lepoa. He, jotka toimivat näin, eivät todellakaan tarvitse unta. Me tähtäämme tuohon tilaan."

Brahmachari: "Eikö *Gita* sano, että ne, jotka nukkuvat liikaa tai jotka eivät nuku lainkaan, eivät saavuta *joogaa*?"

Amma: "Amma ei sano, että sinun pitäisi luopua unesta kokonaan. Sinun pitäisi nukkua riittävästi, mutta vain riittävästi. Sadhaka ei voi nukkua, kun hän muistaa päämääränsä. Hän ei käy makuulle nukkuakseen, hän jatkaa japaa ja nukahtaa tietämättään. Opiskelijat, jotka haluavat läpäistä kokeen, eivät tunne väsymystä. He valvovat koko yön ja opiskelevat. Opiskelusta tulee heidän toinen luontonsa. Tällainen asennoituminen tulee sadhakalle luonnostaan.

Lasten, jotka todella rakastavat Ammaa, tulisi omaksua periaatteet, joita hän opettaa. Heidän pitäisi olla valmiita uhraamaan mitä hyvänsä elääkseen noiden periaatteiden mukaisesti. He todella rakastavat Ammaa. Tällaisen ihmisen tavoitteena on pitäytyä poikkeuksetta näissä periaatteissa, vaikka se merkitsisi kuolemaa. Sen sijaan hän, joka vain sanoo: 'Amma, minä rakastan sinua', ei todella rakasta häntä.

Kuninkaalla oli kaksi palvelijaa. Toinen heistä oli aina kuninkaan lähettyvillä huolehtimatta tehtävistään. Toinen käytti kaikki päivän tunnit tehden niitä asioita, joita kuningas oli pyytänyt häntä tekemään. Hän raatoi ilman ruokaa ja lepoa. Hän ei välittänyt siitä, näkikö kuningas sen tai tiesikö kuningas siitä. Kumpi näistä kahdesta oli parempi? Kumpaa kuningas arvosti enemmän?"

Amman todellinen olemus

Amma jatkoi puhumista ryhtyen selittämään omaa todellista olemustaan: "Joki virtaa itsestään. Se puhdistaa kaiken minkä kanssa joutuu tekemisiin. Se ei tarvitse vettä lammikosta. Teidän ei tarvitse rakastaa Ammaa hänen takiaan. Amma rakastaa teitä jokaista. Siitä huolimatta teidän parhaaksenne Amma ei aina näytä rakkauttaan. Amma ei osoita ulkoisesti rakkauttaan Gayatrille lainkaan, mutta kun Gayatri ei ole paikalla, Amman silmät täyttyvät kyynelistä pelkästään kun hän ajatteleekin Gayatria ja sitä, miten paljon työtä hän tekee ja miten hän kärsii. Amma rakastaa tuon tyttärensä mieltä ja hänen toimiaan, ja tuo rakkaus tulee itsestään. Amma ei tuo sitä tietoisesti esiin. Silti hän ei ilmennä tuota rakkauttaan sekuntiakaan. Hän löytää vikaa kaikesta, mihin Gayatri koskee ja mitä hän tekee. Useimmiten hän ei edes kutsu häntä sanalla 'mol' (tyttäreni).

Usein Amma ajattelee: 'Olenko minä todella niin julma, etten voi ilmaista Gayatrille myötätuntoani? Minä laitan hänet aina vain kärsimään!' Vaikka Amma päättää illalla, että osoittaa seuraavana päivänä rakkautta Gayatrille, hän päätyy sättimään häntä yhdestä tai toisesta asiasta. Hän on herättänyt Gayatrin unesta ja laittanut hänet seisomaan. Hän on pannut hänet ulos ja sulkenut oven. Hän on rankaissut häntä monin eri tavoin, mutta tämä ei johdu siitä ettei Amma rakastaisi häntä riittävästi. Amman rakkaus häntä kohtaan on täysinäistä. Amma vain tavoittelee hänen mieltään. Gayatri ei ole koskaan epäröinyt hiukkaakaan. Se on todellista *premaa*.'"

Säännöt palvelemista varten

Brahmachari Pai esitti tässä vaiheessa kysymyksen: "Amma, sanot usein, että sadhakalla ei pitäisi olla läheisiä suhteita maallisiin ihmisiin ja että hänen ei pitäisi käyttää heidän vaatteitaan ja muita tavaroitaan eikä mennä heidän makuuhuoneiseensa. Voiko hän näin ollen palvella heitä?"

Amma: "Palvelemisesta ei ole mitään haittaa, mutta koskaan ei pitäisi menettää shraddhaan. On totta, että kaikki on samaa

Itseä, että kaikki on Jumalaa ja että Jumala on jokaisessa ja kaikessa, mutta meidän pitäisi toimia erottelukykyisesti olosuhteiden edellyttämällä tavalla. Kun sadhaka vierailee jonkun kodissa, hänen pitäisi välttää menemästä makuuhuoneeseen. Jos menet paikkaan, missä käsitellään hiiltä, vaikka et koskisikaan siihen, silti hiiltä tarttuu sinuun. Sanotaan, että jos menet Kurukshetraan[30], voit edelleen kuulla tuon muinaisen taistelun ääniä, joka käytiin siellä. Maallisten ihmisten ajatusten värähtelyt ovat heidän huoneissaan läsnä. Jos vietät vähänkään aikaa noissa huoneissa, värähtelyt tarttuvat alitajuntaasi ja ennemmin tai myöhemmin joudut kärsimään niiden huonoista vaikutuksista. Joten jos vierailet jonkun kotona, oleile pujahuoneessa niin paljon kuin mahdollista ja juttele perheenjäsenten kanssa siellä.

Vältä keskustelussasi maallisia asioita. On parempi olla puhumatta mistään mikä ei ole henkisesti hyödyllistä. Keskustelu tarpeettomista aiheista on kuin pyörre, joka vetää mielen alas ilman että huomaat sitä. Toisten pitämissä vaatteissa on heidän ajatustensa värähtelyt. Siksi sadhakan ei tulisi käyttää maallisten ihmisten pitämiä vaatteita. Ei ole myöskään hyvä käyttää heidän saippuaansa; jos annat saippuasi jollekulle, on parempi ettet ota sitä enää takaisin. Ota mukaasi tarvitsemasi vaatteet ja *asanasi* minne hyvänsä menetkin.

Sadhakan ei pitäisi ylläpitää katkeamatonta suhdetta keheenkään, erityisesti perheellisiin, mutta silti meidän käytöksemme ei pitäisi myöskään loukata ketään. Jos he vaativat jotakin, selosta hymyillen näkökantasi muutamalla sanalla. Tietyssä vaiheessa sadhanaa tällaiset asiat eivät paljoakaan vaikuta etsijään. Etsijä oleilee silloin vaikutuksista vapaana kuin lootuksen lehti veden tippuessa sen päälle. Jopa silloinkin pitäisi pysyä tarkkaavaisena."

---

[30] Kurukshetra on tanner, missä *Bhagavad-Gitassa* kuvattu muinainen sota käytiin viisituhatta vuotta sitten. Tanner sijaitsee Intian nykyisen pääkaupungin New Delhin pohjoispuolella.

Vierailtuaan muutamien oppilaiden kotona ja sivuashramissaan Ernakulamissa Amma saapui Haripadiin keskipäivän aikaan. Professori NMC Warrier perheineen oli odottanut Ammaa koko yön nukkumatta, sillä Amma oli sanonut saapuvansa illalla tai yöllä. Koska he olivat päättäneet, etteivät söisi ennen kuin hän saapuisi, kukaan perheenjäsenistä ei ollut syönyt mitään. Näin Amma oli antanut heille hyvän mahdollisuuden meditaatioon. Mitä Jumala ei tekisikään pitääkseen oppilaiden mielen vakaasti sidottuna Itseensä?

Toivottaakseen Amman tervetulleeksi isännän poika oli tehnyt kalamin lattiaan - perinteisen kuvion, joka tehdään riisi- ja kurkumajauheella – ja sytyttänyt öljylampun sen keskustaan. Amma katsoi kuviota tarkkaavaisesti ja sanoi: "Tuossa on pieni virhe. Sinun ei pitäisi tehdä pienintäkään virhettä valmistaessasi kalamia. Sanotaan, että jos teet virheen, perheen sisälle syntyy kiistaa. Piirrämme tällaiset kuviot tietynlaisella *sankalpalla*. Poikani, sinun pitäisi ensin harjoitella tätä hiekalla. Mittaa ja varmista, että kaikki on oikein. Vasta harjoiteltuasi riittävästi voit tehdä kalamin. Mutta se mitä olet tehnyt nyt, on oikein, sillä olet tehnyt sen puhtaalla sydämellä, täynnä rakkautta ja antaumusta Ammaa kohtaan. Mutta seuraavalla kerralla sinun pitäisi olla tarkkaavainen."

Amma vieraili viidessä eri kodissa Haripadissa. Kun hän menee jonkun kotiin, naapurit kutsuvat hänet vierailemaan myös heidän luonaan. Riippumatta siitä kuinka väsynyt hän on, ja riippumatta siitä miten paljon muut painostavat häntä lepäämään, Amma menee kaikkiin koteihin. Siinä autuudessa minkä oppilaat saavat siitä, että hänen pyhien jalkojensa tomu pyhittää heidän kotinsa, oppilaat tapaavat unohtaa Amman vaikeudet.

Kun Amma saapui ashramiin, hän havaitsi, että monet oppilaat olivat odottaneet häntä aamusta alkaen. Vaikka hän olikin fyysisesti hyvin väsynyt, hän ei silti luopunut bhavadarshanista juhlasta.

Maanantai 4. marraskuuta 1985

Kolmen aikaan iltapäivällä Amma oli Brahmachari Srikumarin huoneessa istuen hänen sänkynsä reunalla. Srikumar oli kärsinyt kuumeesta viimeisen kahden päivän ajan. Yksi brahmachareista toi astian kuumaa vettä, jotta Srikumar voisi ottaa höyrykylvyn. Astia oli suljettu tiiviisti banaaninlehdellä, joka oli sidottu tiukasti aukon ympärille.

Amma: "Käy lattialle, poikani. Ota hieman höyryä, ja sen jälkeen tunnet olosi paremmaksi."

Lattialle laitettiin olkimatto ja Amma auttoi Srikumarin istumaan sängyllään. Hän piti Srikumaria kädestä kiinni ja auttoi häntä laskeutumaan matolle. Srikumar peitettiin paksulla lakanalla.

Amma: "Poikani, murra nyt astian kansi. Höyrytä itseäsi kunnes hikoilet oikein kunnolla, niin kuume lähtee."

Muutamat oppilaat, jotka olivat saapuneet Amman darshaniin, tulivat majaan kuultuaan, että hän oli siellä.

Amma: "Sri mon (poikani Sri) on kärsinyt kuumeesta pari päivää. Amma ajatteli antaa hänelle höyryhoitoa. Milloin te lapset tulitte?"

Nainen: "Hetki sitten, mutta vasta nyt meille selvisi, että Amma istuukin täällä."

Amma poisti peitteen Srikumarin päältä, hän oli hikoillut riittävästi. Amma auttoi hänet takaisin sänkyyn ja makuulle. Hän puhui oppilaille ja muutaman alkutervehdyksen jälkeen keskustelu kääntyi vakavampiin asioihin.

Todellinen ja väärä vedanta

Oppilas: "Amma, tässä eräänä päivänä minun ystäväni vieraili luonani. Hän on rakastunut ystävänsä vaimoon. Puhuessaan tästä hän sanoi: 'Kabirdas antoi vaimonsa, kun joku pyysi tätä häneltä. Eikö totta? Joten mitä väärää tässä voisi olla?'"

Amma: "Mutta eikö Kabirdas antanut vaimonsa onnellisena vasta kun joku oli sitä häneltä pyytänyt? Ei hän pettänyt ystäväänsä ja varastanut hänen vaimoaan. Kysyköön tämä ihminen, joka puhuu vedantasta, ystävältään, onko tämä valmis antamaan hänelle vaimonsa. Hän ei ehkä ole lähettyvillä enää kauan." Amma nauroi. "Kabir oli oikeudenmukainen ihminen. Hänelle *dharma* oli suurempi asia kuin hänen vaimonsa tai hän itse. Siksi hän ei epäröinyt. Hänen tapanaan oli antaa mitä hyvänsä häneltä pyydettiin. Hän ei luopunut dharmastaan, ei vaikka joku pyysi häneltä hänen vaimoaan. Mutta hänen vaimollaan oli oma dharmansa. Vaimo, joka todella on omistautunut miehelleen, ei edes katso toisen miehen kasvoja. Ravana ryösti Sitan. Hän yritti vietellä tätä monin eri tavoin, mutta Sita ei horjunut. Hän ajatteli vain Ramaa. Hän päätti, ettei antautuisi toiselle miehelle, vaikka se tarkoittaisi hänen omaa kuolemaansa. Sellainen on vaimon dharma.

Kabirissa näemme vapautuneen olennon. Hän oli luopunut kokonaan 'minä' ja 'minun' -käsityksestä. Kaikki oli hänelle Itseä tai Jumalaa. Tällainen asenne henkisellä ihmisellä pitäisi olla. Hänen pitäisi nähdä kaikki Jumalana, joten hän ei tunne raivoa tai vihaa ketään kohtaan, hänelle kaikki on pelkkää ylistystä. Toisesta näkökulmasta katsottuna mikään ei ole erillinen Itsestä, toista ihmistä ei ole. Poista raja kahden pellon väliltä ja jäljelle jää vain yksi pelto. Näemme Itsemme kaikessa. Aivan kuten oikea käsi sitoo vasemman käden haavan, näemme toisen ihmisen surun omanamme ja tulemme hänen avukseen."

Yksi brahmachareista oli menossa Ernakulamiin muutamaksi päiväksi ostoksille. Hän otti sateenvarjon majasta. Siinä ei ollut kädensijaa ja sen kangas oli hieman repeytynyt, joten hän laittoi sen takaisin. Oven takana roikkui uusi sateenvarjo. Brahmachari otti sen sijaan sen. Hän kumarsi Ammalle ja lähti majasta, valmiina aloittamaan matkansa. Amma kutsui hänet takaisin. Hän otti uuden sateenvarjon häneltä ja pyysi häntä ottamaan vanhan, jota oli tutkaillut. Brahmachari teki näin epäröimättä ja lähti. Kaikki tilannetta seuraavat olivat hämmentyneitä. Kun Ammalta kysyttiin tästä, hän sanoi: "Hän ei tahtonut vanhaa sateenvarjoa, vaan ainoastaan uuden. Brahmacharin mieli ei saisi joutua ulkonaisen loiston ansaan. Elämme ashramissa vapautuaksemme ulkoisista ylellisyyksistä."

Muutamia hetkiä myöhemmin Amma pyysi jotakuta kutsumaan brahmacharin takaisin. Hän otti vanhan sateenvarjon ja antoi hänelle uuden. Brahmachari kumarsi Ammalle jälleen ja nousi sitten seisomaan.

Amma: "Poikani, henkisen etsijän ei pitäisi kulkea ulkoisen kauneuden perässä. Se on katoavaa. Se tuhoaa hänet. Hänen pitäisi katsoa sisäistä kauneutta, joka on ikuista. Se saa hänet kasvamaan. Vain jos hän luopuu kokonaan ulkoisista houkutuksista, voi hän kehittyä. Amma antaa sinulle uuden sateenvarjon takaisin, koska hän näkee sinussa antautumisen asenteen, joka sallii sinun hyväksyvän hyvän ja huonon yhtäläisesti. Sinä valitsit paremman sateenvarjon saadaksesi osaksesi toisten hyväksynnän. Eikö? Älä tunne houkutusta toisten ylistystä kohtaan. Jos odotat saavasi toisten hyväksynnästä todistuksen, et saa todistusta Jumalalta. Me tarvitsemme Jumalan todistuksen. Saadaksesi sen sinun täytyy vetää mielesi ulkoisesta ja kääntää se sisäänpäin. Sinun täytyy etsiä ja löytää se mikä on sisälläsi.

Huomioin lasteni elämän jokaisen olemuspuolen. Katson jopa pienimpiä asioita. Kuka muu kuin Amma korjaa lasteni jopa kaikkein pienimmät virheet? Mutta teidän huomionne ei pitäisi olla ulkoisessa loistossa. Teidän mielenne pitäisi keskittyä Jumalaan."

Kun Amma kiinnittää tarkan huomionsa lastensa elämän jopa näennäisesti merkityksettömiinkin asioihin, miksi heidän tulisi kiinnittää huomiota ulkoisiin asioihin? Tällainen oli Amman asenne tuohon kysymykseen.

Amman bhakti bhava

Amma: "Amman ääni on hävinnyt kahden kolmen matkapäivän aikana. Lepoa ei ollut. Nyt on vaikea laulaa bhajaneita. Ammalla ei ole ollut näin vaikeaa milloinkaan näinä vuosina. Mitä hyötyä on kielestä, jos ei voi laulaa bhajaneita?"

Brahmachari: "Sinä otit itsellesi niiden ihmisten prarabdhan, jotka tulivat luoksesi Eloorissa, Amma. Se sai tämän aikaan. Monia sairaita tuli sinne, eivätkä he olleet enää samoja ihmisiä kun lähtivät sieltä. He lähtivät hymy huulillaan."

Amma: "Jos minun kipuni on seurausta heidän prarabdhastaan, jos kärsin nyt jotakin sellaista mikä heidän oli määrä kärsiä, en ole onneton. Silloinhan joku toinen on parantunut. Mutta siitä huolimatta en voi viettää päivääkään toistamatta Jumalan nimeä."

Amma alkoi yhtäkkiä itkeä, kyyneleet valuivat hänen kasvojaan pitkin. Hän ilmensi yhtäkkiä oppilasta, joka sydän kipua täynnä suri kyvyttömyyttään laulaa Jumalan nimeä. Ympäristö, joka kylpi auringonlaskun karmiininpunaisessa värisävyssä, tuntui heijastelevan hänen mielentilaansa. Amman korkein antaumus lisäsi hänen kasvojensa loistoa, nyyhkytys vaimeni vähitellen. Amma vaipui *samadhiin*, joka kesti tunnin ajan.

Kaikki läsnäolijat olivat näin saaneet Ammalta opetuksen, kuinka kutsua ja itkeä Jumalaa. Vähän ajan kuluttua siitä, kun hän oli palannut samadhista normaaliin tietoisuudentilaan, Amma lähti kalariin ja liittyi laulamaan bhajaneita.

Kannante Kalocha

Kuulen Kannan askeleet,
tänä hopeisen kuunvalon yönä.
Kuulen hänen huilunsa sulosointuja,
ja minun mieleni sulautuu
kultaiseen uneen.

Oi talven tuoksu,
hopeisen kuunvalon kukinto!
Minun mieleni tanssii autuaallisesti
tuossa hunajaisen suloisessa hymyssä!

Oi Kanna,
minulla on lukemattomia tarinoita kerrottavanani.
Kanna, pyydän, älä lähde!
Jää kylpemään
minun mieleni autuaalliseen järveen!

Kun Amma palasi huoneeseensa, eräs brahmachareista odotti häntä. Hänen silmänsä olivat turvonneet ja kasvot muuttuneet.
Amma: "Mitä on tapahtunut, poikani?"
Brahmachari: "Tämä alkoi aamulla, kasvoni turpoavat."
Amma: "Ei ole mitään pelättävää. Turpoaminen johtuu siitä, että pölyä on joutunut silmiisi."
Amma pyysi brahmacharinia tuomaan ruusuvettä. Kun hän toi sitä, Amma kehotti brahmacharia asettumaan makuulle lattialle. Amma antoi hänelle tyynyn pään alle, mutta hän epäröi laskea päätään siihen.
Amma: "Todellinen kunnioitus Ammaa kohtaan ei ole siinä, että kieltäydyt käyttämästä tavaroita sen takia, että ne kuuluvat hänelle. Amma ei näe asiaa siten. Merkki kunnioituksesta on tottelevaisuudessasi häntä kohtaan."

Amma laittoi vastahankaisen brahmacharin pään tyynylle ja kaatoi ruusuvettä hänen silmiinsä. Amma kehotti häntä makaaman hetken hiljaa.

Perjantai 8. marraskuuta 1985

Brahma muhurta

Aamutähti nousi. Kun brahmacharit heräilivät, valot alkoivat loistaa heidän lehtimajojensa rakosista. Amma käveli jokaisen majan ohi taskulamppu kädessään tarkistaakseen, olivatko hänen lapsensa heränneet. Suurin osa brahmachareista oli jo ottanut kylpynsä ja pian vediset mantrat kaikuivat ilmassa. Yhdessä majassa ei näkynyt valoa, joten Amma valaisi taskulampulla sisälle. Brahmachari oli syvässä unessa. Amma vetäisi lakanaa, joka peitti hänet. Brahmachari kääntyi toiselle kyljelleen, veti lakanaa päälleen ja peitti itsensä jälleen. Amma nautti tilanteesta. Hän nykäisi lakanaa uudelleen. Brahmachari työnsi hänen kättään pois ja kääriytyi lakanaan. Amma haki hieman vettä kuppiin ja lähestyi poikaansa uudelleen pirskotellen vettä tämän naamalle.

Brahmachari hyppäsi pystyyn ja katsoi ympärilleen ärsyyntyneenä, kuka oli keskeyttänyt hänen aamu-unensa. Hänen edessään oli kaksi läpitunkevaa silmää. Puoliunessakaan häneltä ei mennyt hetkeäkään tuon valkoisiin puetun hahmon tunnistamiseen. Hän nousi ylös vapisten. Kun Amma näki, että hän oli hereillä, hymy kaikkosi hänen kasvoiltaan. Hän omaksui nyt vakavan ilmeen.

Amma: "*Archanan* aikana jumalat tulevat tänne. Makaatko täällä saadaksesi heidän kirouksen osaksesi? Jos et edes kykene nousemaan aamulla ylös, miksi tulet ashramiin asumaan? Miksi et menisi, etsisi itsellesi jotakuta tyttöä ja eläisi onnellisesti? Kun lapset sitten itkevät yöt ja päivät, voit laulaa heille ja nukuttaa heitä olkapäätäsi vasten. Vain siten sinunlaisesi ihmiset oppivat."

Amma ei ollut valmis lopettamaan sanatulvaansa: "Kuinka monta päivää siitä on, kun viimeksi osallistuit archanaan? Brahmachari sanoi änkyttäen: "Kaksi päivää." Hän ei kyennyt kohottamaan päätään ja katsomaan Ammaa.

"Sinun pitäisi hävetä sanoessasi tuon. Jopa Achamma, joka on yli 70-vuotias, herää puoli viideltä."

Brahmacharit, jotka palailivat tässä vaiheessa archanasta, näkivät nyt pilkahduksen Amman Kali-olemuksesta. He kumarsivat Amman edessä. Kun Amma tuli ulos majasta, hänen mielentilansa muuttui täydellisesti. Hän ilmensi nyt kasvoillaan miellyttävää, hymyilevää ja hyväntahtoista olemustaan. Hän istuutui brahmacharilastensa kanssa darshanmajan edustalle. Minne oli kadonnut muutamia sekunteja sitten ilmennyt hurja mielentila? Hetkessä hänen lootuskasvonsa kukkivat lempeän rakkaudellisessa hymyssä.

Amma: "Kysyin häneltä, miksi hän oleskelee täällä, jos hän ei voi noudattaa ashramin sääntöjä ja harjoittaa sadhanaa. Sen täytyi satuttaa häntä. Amma tuntee kipua, kun hänen täytyy sättiä lapsiaan, mutta Amman nuhteet poistavat epäpuhtaudet teistä paremmin kuin hänen rakkautensa. Jos Amma osoittaa vain rakkautta, ette katso lainkaan sisällenne. Amman nuhteet eivät ole mitään muuta kuin hänen rakkauttaan teitä kohtaan. Se on hänen myötätuntoaan. Se on todellista rakkautta, lapseni. Saatatte masentua, kun Amma moittii teitä, mutta hän tekee niin heikentääkseen teidän vasanoitanne ja herättääkseen todellisen Itsenne. Vasanoita ei ole mahdollista poistaa ilman pientä kipua.

Kuvanveistäjä poistaa kivenpalasia taltallaan, ei siksi että hän olisi vihainen kivelle, vaan tuodakseen esille sen todellisen muodon, joka on sisällä. Seppä kuumentaa metallia ja takoo sitten sitä voidakseen siten antaa sille halutun muodon. Samalla tavoin, jotta tulehtunut märkäpesäke parantuisi, sitä pitää puristaa niin että mätä saadaan ulos. Toisinaan lääkäri viiltää paiseen auki. Vierestä katselevat saattavat ajatella, että lääkäri on julma. Mutta jos lääkäri säälistä potilasta kohtaan laittaa vain jotakin lääkettä siihen, eikä satuta potilasta avaamalla märkäpaisetta, se ei parane. Samaan tapaan gurun moitteet ja kuritus saattavat tuottaa opetuslapselle kipua, mutta hänen tavoitteenaan on vain poistaa opetuslapsensa vasanat.

Lapseni, kun lehmä syö nuoria kookostaimia, ei hyödytä sanoa sille pehmeästi: 'Älä syö sitä, rakkaani.' Mutta jos huudat lehmälle: 'Hoo! Mene pois!', niin lehmä lopettaa kasvin syömisen ja menee tiehensä. Amman sanojen on saatava aikaan teissä haluttu muutos. Siksi Amma omaksuu niin vakavan mielentilan."

Kukapa muu ashramin asukkaita rakastaisi ja moittisi kuin Amma, joka käyttäisi jopa ruokokeppiä ja antaisi heidän maistaa sitä, mikäli tarpeen olisi?

Amma oli hetken vaiti ja jatkoi sitten: "Lapseni, jos olette allapäin, Amma lopettaa teidän torumisenne. Amma haluaa nähdä teidät onnellisina. Hän ei halua satuttaa teitä."

Kuultuaan nämä sanat brahmacharien sydämet sulivat. Joka kerran kun Amma otti heidät koulutukseensa, heidän rakkautensa häneen vain syveni entisestään, ja heidän siteensä häneen tuli entistä voimakkaammaksi.

Amma nousi ylös ja käveli ruokahuoneeseen. Hän jatkoi puhumista brahmachareille, jotka seurasivat häntä varjon lailla.

Amma: "Amma ei puhu tälläisella vakavalla sävyllä aikoakseen loukata teitä. Tämä antaa teille mahdollisuuden nähdä kuinka voimakas teidän siteenne Ammaan on. Vain ne kehittyvät, jotka ovat valmiita jäämään, siitäkin huolimatta että heitä lyödään ja heidät tapetaan[31]. Brahmacharin pitää kantaa koko maailmaa

---

[31] Amma puhuu tässä kuvaannollisessa mielessä. Mestari tappaa oppilaan vasanat, kielteiset ominaisuudet ja lopulta hän tappaa tämän egon.

olkapäillään, joten hän ei saa antaa pienten asioiden heikentää itseään. Amma todella ravistelee lapsiaan. Ne, jotka haluavat vain itseoivalluksen jäävät, muut lähtevät."

Kyllä, onnekkaita ovat he, jotka pysyvät hänen jalkojensa juuressa, silloinkin kun myötätuntoinen Devi näyttää hurjan muotonsa.

Amma muistelee vanhoja aikoja

Iltabhajanit olivat parhaillaan meneillään kalarissa. Jo useita päiviä Ottoor oli toivonut saavansa viettää aikaa Amman kanssa. Nyt hän käveli hitaasti Amman huoneeseen. Hän tuli hyvin onnelliseksi nähdessään Amman. Amma otti häntä kädestä kiinni laittaakseen hänet istumaan vierelleen. Ottoor kumarsi hänelle ja laittoi päänsä hänen syliinsä leväten siinä kuin pieni vauva. Amma hyväili hänen päätään rakkaudella. Ottoorin veljenpoika Narayanan ja yksi brahmachareista olivat myös huoneessa.

Nostaen päätään Amman sylistä Ottoor sanoi: "Brahmacharit tulevat ja kertovat minulle tarinoita vanhoilta ajoilta. Minua kaduttaa vain se, etten ollut tarpeeksi onnekas nähdäkseni nuo asiat omin silmin. Amma, minulle riittäisi, jos saisin kuulla sinun muistelevan noita tarinoita. He kertoivat, että perheesi sitoi sinut kiinni ja hakkasi sinua. Kun kuulin tuosta, pieni Ambadi Kanna[32] tuli mieleeni. Miksi he löivät sinua?"

Amma nauroi ja alkoi muistella: "Tuohon aikaan Amman tapana oli viedä ruokaa tässä lähettyvillä asuville köyhille, silloinkin kun hänen täytyi varastaa ruokaa kotoaan. Siksi he löivät häntä. Amma meni eri taloihin keräämään *tapiokan* kuoria ja *kadia* (riisivettä) ruokkiakseen lehmiä. Suurimmassa osassa taloista ihmiset näkivät nälkää, ja Amman kävi heitä sääliksi. Kun

---

[32] *Ambadi Kanna* on yksi Krishnan lempinimistä.

kukaan ei ollut näkemässä, hän laittoi kotonaan keitettyä riisiä kattilaan. Teeskennellen lähtevänsä hakemaan kadia hän veikin riisin nälkää näkeville naapureille. Joissakin perheissä isoäideille ei annettu saippuaa tai muita välttämättömyyksiä, niinpä Amma toi heille saippuaa kotoaan. Hän myös pesi heidän vaatteensa."

Ottoor: "Oi, heidän oli täytynyt kerätä paljon ansioita, kun saattoivat osallistua Amman liiloihin!"

Amma: "Amma teki kaikkea tällaista, mutta myöhemmin hän tunsi voimakasta takertumattomuutta kaikkea kohtaan. Hän ei tahtonut kenenkään tulevan lähelleen ja estävän meditoimistaan. Hän tunsi vastenmielisyyttä kaikkea kohtaan. Hän ei voinut sietää edes luontoäitiä. Hän vihasi omaa kehoaan, niinpä hän puri ja haavoitti sitä. Hän jopa repi omia hiuksiaan. Vasta myöhemmin hän muisti tehneensä tuollaisia asioita itselleen."

Ottoor (hämmästyneenä): "Näkivätkö vanhempasi tämän kaiken?"

Amma: "Kun Amman isä näki hänet itkemässä kovaäänisesti, hän tuli ja nosti Amman ylös ja piti häntä olkapäätään vasten. Hän ei ymmärtänyt, miksi Amma teki tällaisia asioita tai itki. Eräänä päivänä Amma sanoi hänelle: 'Vie minut johonkin syrjäiseen paikkaan. Vie minut Himalajalle!', Ja hän alkoi itkeä. Amma oli silloin hyvin nuori. Hänen isänsä laittoi hänet olkaansa vasten saadakseen hänet lopettamaan itkun ja sanoi: 'Vien sinut sinne pian. Nukuhan nyt, lapseni!'"

Yhtäkkiä Amma vaipui samadhiin. Hänen kätensä olivat paikoillaan, lukittuina mystiseen *mudraan*. Vain bhajanien suloinen rytmi ja harmoniumin ääni rikkoivat hiljaisuuden.

Amba Mata Jaganmata

Jumalallinen Äiti, maailmankaikkeuden äiti,
äideistä rohkein,
totuuden ja jumalallisen rakkauden antaja!

Oi Sinä, joka itse olet maailmankaikkeus,
joka olet itse rohkeus,
totuus ja jumalallinen rakkaus!

Kun bhajan saavutti huipennuksensa, brahmacharit olivat täysin uppoutuneet laulamiseen unohtaen kaiken muun. Amma oleili edelleen samadhissa. Hiljalleen laulu päättyi. Musiikki-instrumentit vaikenivat, samalla kun harmoniumia viriteltiin jo seuraavaan kirtaniin. Amma palasi hiljalleen ylevöittyneestä tietoisuudentilastaan ja omaksui tavallisen olotilansa. Keskustelu jatkui:
Ottoor: "Minkä ikäinen olit tuolloin?"
Amma: "Seitsemän tai kahdeksan. Amman isä piti häntä olkapäätään vasten ja käveli ympäriinsä. Eikö hän ollutkin luvannut viedä Amman Himalajalle? Amma uskoi häneen täydellisesti, niin kuin kuka hyvänsä lapsi uskoo, ja hän nukahti tämän olkapäätä vasten. Kun hän heräsi, hän alkoi itkeä uudelleen nähdessään, ettei isä ollutkaan vienyt häntä Himalajalle. Tuohon aikaan isäni joutui kestämään monenlaisia vaikeuksia. Amma meditoi, istui pihalla yöaikaan nukkumatta. Myös isä valvoi vartioiden Ammaa. Hän pelkäsi jättää tytärtään yksin yöllä.

Amman tapana oli kerätä oksia vuohien syöttämiseksi. Suuri puu taipui veden ylle. Hän kiipesi puuhun ja istui siellä. Yhtäkkiä hänestä tuntui, että hän oli Krishna, ja hän istui siellä jalkojaan heilutellen. Spontaanisti hän ryhtyi ääntelemään, kuin hänellä olisi ollut huilu. Kun hän katkoi oksia puusta ja pudotteli niitä maahan, toiset tytöt keräsivät niitä, ja Amma kuvitteli heidän olevan *gopeja*. Tällaiset ajatukset tulivat luonnostaan hänen mieleensä. Hän ihmetteli, oliko hän tullut hulluksi.

Koska hänen perheensä ei halunnut hänen kulkevan toisten seurassa, Amma meni yleensä yksin hakemaan vettä. Eräänä päivänä hän kiipesi yhtäkkiä banyanpuuhun ja makasi oksalla niin kuin Vishnu-jumala joka makaa Ananta-käärmeen[33] päällä. Oksa oli hyvin ohut, mutta se ei katkennut. Tuo puu on yhä merenrannassa."

Ottoor: "Sinä kiipesit puuhun ja makasit ohuella oksalla?"

Amma: "Niin. Aivan niin kuin Vishnu, minä lepäsin Anantan päällä. Ne, jotka näkivät tämän, sanoivat asioita kuten, että Amman kehossa näkyi erilaisia värejä. Amma ei tiedä. Kenties tuo oli heidän uskoaan. Amma ei voi edes ajatella tuota maailmaa nyt."

Ottoor: "Haluaisin kuulla tarinan siitä, kuinka Amma muutti veden *panchamritamiksi*[34]."

Amma: "Äiti laittoi heidät, jotka eivät uskoneet häneen, tekemään tuon itse. Hän ei itse koskettanut mitään.

Tuohon aikaan oli monia ihmisiä, jotka eivät uskoneet Ammaan. Se oli siihen aikaan, kun *bhavadarshan* oli juuri alkanut. Amma pyysi muutamia ihmisiä, jotka vastustivat häntä, tuomaan vettä, niinpä he toivat vettä kannussa, ja hän pyysi heitä kuvittelemaan, että vesi muuttuisi. Juuri sillä hetkellä kun he pitivät kannua käsissään, vesi muuttui *panchamritamiksi*."

Bhajanit loppuivat kalarissa. Rauhan mantrat soivat kaikkialla:

Om purnamadah purnamidam
purnat purnamudachyate
purnasya purnam adaaya
purnam evavashishyate
Om shanti shanti shantihi
Om shri gurubhyo namaha
Harihi Om!

---

[33] *Ananta*-käärme, jonka päällä Vishnu lepää, symboloi aikaa.

[34] *Panchamritam* on uskonnollisissa tilaisuuksissa käytettävä uhriruoka, vanukas, joka tehdään maidosta, puhdistetusta voista, sokerista, banaanista ja kuivatuista hedelmistä.

Tämä on kokonainen, tuo on kokonainen,
kokonaisuudesta syntyy kokonainen,
kun kokonaisuudesta poistetaan kokonaisuus,
kokonaisuus jää jäljelle.
Jumalallista rauhaa rauhaa rauhaa!
Tervehdys guruille!
Kunnioitus Jumalalle!

Hetkisen aikaa oli hiljaista. Sitten *aratin* kello alkoi soida. Narayanan auttoi Ottooria nousemaan, ja he kävelivät yhdessä kalariin katsomaan aratia. Brahmachari käveli takaisin huoneeseensa ihmetyksen ja kiitollisuuden tunteen vallassa saatuaan todistaa tilaisuutta, jossa toisaalta rakkaudellinen antaumus ja toisaalta syvä äidillinen rakkaus oppilasta kohtaan olivat yhdistyneet niin kauniilla tavalla.

Sanasto

Achyuta: 'Tuhoutumaton', Ikuinen'. Yksi Vishnun nimistä.

Adharma: Epäoikeudenmukaisuus, synti, vastakkainen jumalalliselle harmonialle.

Advaita: Ei-kaksinaisuus, ykseys. Filosofia, joka opettaa, että korkein todellisuus on 'yksi ja jakamaton'. Ykseysfilosofia.

Ahimsa: Väkivallattomuus, vahingoittamattomuus. Pidättyminen vahingoittamasta yhtäkään elävää olentoa ajatuksin, sanoin tai teoin.

Ambika: 'Äiti'. Jumalallinen Äiti.

Ammachi: Kunnioitettu Äiti.

Annaprasana: Lapsen syöttäminen ensi kertaa kiinteällä ravinnolla.

Annapurna: Jumalallisen Äidin olemuspuoli, joka antaa olennoille ravinnon.

Arati: Rituaali, jossa temppelissä liikutetaan palavaa kamferia Jumalan kuvan tai pyhän henkilön edessä pujan (jumalanpalveluksen) päätteeksi. Kamferin palaessa mitään ei jää jäljelle, mikä on vertauskuva egon päättymisestä. Samoin käy egon, joka palaa henkisissä harjoituksissa, ilman että siitä jäisi mitään jäljelle.

Archana: 'Uhraus jumalanpalveluksena'. Jumalanpalveluksen muoto, resitaatioharjoitus, jossa toistetaan 108 tai 1000 Jumalan nimeä yhdellä kertaa. Resitaatioharjoitus, jossa toistetaan ensin 108 ja sitten 1000 mantraa Jumalallisen Äidin ylistykseksi. Amman ashramin päivä alkaa tällä harjoituksella. Manasa Pujassa toistetaan näitä mantroja samalla kun uhrataan kukan terälehtiä Jumalan tai gurun jaloille.

Asana: Pieni matto, jolla oppilas istuu meditaation aikana. Myös jooga-asento.

Ashram: 'Kilvoittelun paikka'. Paikka, missä henkiset etsijät ja oppilaat elävät tai vierailevat eläkseen henkistä elämää ja harjoittaakseen sadhanaa. Se on yleensä samalla koti henkiselle opettajalle, pyhimykselle tai askeetille, joka ohjaa oppilaita.

Atman: Todellinen Itse. Todellinen olemuksemme. Sanatana Dharman keskeisiä opetuksia on, että emme ole fyysinen keho, tunteet, mieli, äly tai persoonallisuus. Olemme ikuinen, puhdas Itse.

AUM/OM: Pyhä sointu. Alkuääni tai värähtely, joka edustaa Brahmania (absoluuttia) tai koko luomakuntaa. AUM on perusmantra, joka yleensä aloittaa aina muut mantrat.

Avadhuta: Itse-oivalluksen saavuttanut sielu, joka näkee kaiken läpäisevän ykseyden ja joka on ylittänyt yhteiskunnalliset sovinnaisuudet.

Avataara: 'Alaslaskeutunut'. Jumalan ilmentymä. Jumalan ilmentymän tarkoituksena on suojella hyviä, tuhota pahaa, palauttaa oikeudenmukaisuus maailmaan ja ohjata ihmiskunta takaisin kohti henkistä päämäärää. On hyvin harvinaista, että inkarnaatio on täysi ilmentymä (purna-avataara).

Ayitham: Malayalaminkielinen sana 'ayitham' (sanskritin kielen 'asuddham' sanasta) viittaa käsitykseen, että korkean kastin jäsen likaantuu, jos alemman kastin jäsen lähestyy tai koskee häntä.

Ayurveda: 'Elämän tiede'. Antiikin Intian kokonaisvaltainen lääketiede ja terveydenhoitomenetelmä. Ayurvediset lääkkeet valmistetaan yleensä lääkeyrteistä ja kasveista.

Bhagavad-Gita: 'Jumalan laulu'. Bhagavad = Jumalan, Herran, Gita = laulu tarkoittaen erityisesti neuvoa ja ohjetta. Opetukset, jotka Krishna antoi Arjunalle Kurukshetran taistelutantereella ennen Mahabharatan sodan alkamista. Kyse on käytännöllisistä ohjeista päivittäistä elämää varten sisältäen vedisen viisauden ytimen. Bhagavad-Gita on osa Mahabharata-eeposta.

Bhagavan: Siunattu Herra, Jumala. Vedisen kirjallisuuden, Vedangan, mukaan Bhagavan on hän, joka tuhoaa jälleensyntymisen ja lahjoittaa ykseyden korkeimman hengen kanssa.

Bhagavata: Katso: Srimad Bhagavatam.

Bhajan: Antaumukselliset laulut. Henkiset laulut.

Bhakti: Antaumus, antaumuksellinen rakkaus.

Bhaktijooga: Jumalallisen rakkauden jooga; menetelmä yhtyä Jumalaan epäitsekkään rakkauden ja antaumuksen avulla.

Bhasma: Pyhä tuhka

Bhava: Mielentila.

Bhavadarshan: Erityinen oppilaiden vastaanotto, jonka aikana Amma omaksuu jumalallisen mielentilan; siinä vaiheessa kun kirjan tapahtumat sattuivat, Amma omaksui Krishnan ja Devin, Jumalallisen Äidin jumalalliset tietoisuudentilat ja ilmensi niitä oppilailleen halatessaan heitä.

Brahman: Absoluuttinen todellisuus, kokonaisuus, korkein olento, joka pitää kaiken sisällään ja läpäisee kaiken. Yksi ja näkymätön.

Brahma muhurta: Kirjaimellisesti 'Jumalan hetki', kello kolmen ja kuuden välillä aamuyöstä, ennen auringonnousua, jolloin henkinen ilmapiiri on kaikkein otollisin henkisiä harjoituksia ajatellen.

Brahma Sutrat: Pyhimys Badayaranan (Veda Vyasan) aforismit, jotka kertovat vedantasta, ykseysfilosofiasta.

Bhava: Jumalallinen olomuoto tai mielentila.

Bhiksha: Almut

Bijakshara: Mantran juuritavu

Chammadi: Kookoksesta valmistettu maustekastike.

Chandala: Kastiton.

Chechi: Vanhempi sisar. On lämminhenkisempää kutsua jotakuta Chechiksi kuin nimellä. (Malayalamin kieltä)

Dakshayani: Jumalallisen Äidin, Parvatin, nimi.

Darshan: Jumalan tai pyhän henkilön tapaaminen tai kohtaaminen näyssä.

Devi: 'Säteilevä'. Jumalallinen Äiti. Jumalan feminiininen olemus, joka luo näkyväisen maailmankaikkeuden.

Devi-bhava: 'Jumalallisen Äidin mielentila'. Tila, jonka aikana Amma paljastaa ykseytensä Jumalallisen Äidin kanssa.

Dhara: Nesteen jatkuva virta. Tätä käsitettä käytetään usein merkitsemään hoitomuotoa, jossa kaadetaan nestemäistä lääkettä jatkuvana virtana potilaan ylle. Se tarkoittaa myös jumalan kuvan seremoniallista kylvettämistä.

Dharma: 'Se mikä ylläpitää maailmankaikkeutta'. Dharmalla on monia merkityksiä, kuten jumalallinen laki, olemassaolon laki, se mikä on harmoniassa jumalallisen kanssa, oikeudenmukaisuus, uskonto, velvollisuus, oikeanlainen käytös, oikeus, hyvyys, totuus ja oikea elämäntapa. Dharma merkitsee uskonnon sisäisiä periaatteita.

Dhyana: Meditaatio, kontemplaatio, hiljentyminen.

Diksha: Vihkimys.

Dosha: Riisijauheesta valmistettu pannukakku.

Durga: Shaktin, Jumalallisen Äidin, olemuspuoli. Durga kuvataan usein ratsastamassa leijonalla, käsissään erilaisia aseita. Hän on pahan tuhoaja ja hyvän suojelija. Hän tuhoaa lastensa halut ja kielteiset ominaisuudet (vasanat) ja paljastaa siten korkeimman Itsen.

Dwaraka: Kaupunkisaari, missä Krishna asui ja hoiti kuninkaallisia velvollisuuksiaan. Sen jälkeen, kun Krishna jätti kehonsa, Dwaraka jäi valtameren alle. Arkeologit ovat joitakin aikoja sitten löytäneet Gujaratista kaupungin rauniot, joiden uskotaan olleen Dwaraka.

Ekagrata: Mielen yksihuippuisuus, keskittyneisyys, johon pyritään meditaatiossa ja muissa henkisissä harjoituksissa.

Gayatri: Vedojen tärkein mantra, joka liittyy Savita-jumalattareen, auringon elävöittävään voimaan. Kun nuori saa upanayanan, pyhän langan, hänen tulee toistaa tätä mantraa. Gayatri-jumalatar.

Gita: Laulu. Bhagavad-Gitan lyhennetty nimi.

Gopala: 'Lehmipoika'. Yksi Krishnan nimistä.

Gopi: Gopit olivat lehmityttöjä ja karjakkoja, jotka asuivat Vrindavanissa. He olivat Krishnan läheisimpiä oppilaita, jotka tunnettiin heidän bhaktistaan, antaumuksellisesta rakkaudestaan Krishnaa kohtaan. He ilmentävät voimallisinta rakkautta Jumalaa kohtaan.

Grihastashrami: Hän, joka on omistautunut elämään henkistä elämää perheellisenä.

Guna: Alkuperäinen luonto (prakriti) koostuu kolmesta gunasta, perusenergiasta tai olemuspuolesta, jotka läpäisevät kaiken olemassaolevan: sattva (hyvyys, puhtaus, rauhallisuus), rajas (aktiivisuus, intohimoisuus) ja tamas (pimeys, laiskuus, tietämättömyys). Nämä kolme gunaa, luonnonvoimaa, toimivat ja reagoivat toisiinsa. Ilmiömaailma on koostunut näiden kolmen voiman erilaisista koostumuksista.

Guru: 'Hän joka poistaa tietämättömyyden pimeyden'. Henkinen mestari, opas. Gu on pimeys ja ru on valo. Guru on näin hän, joka johdattaa oppilaan pimeydestä valoon.

Gurukula: Ashram, jossa on elävä guru, jossa opetuslapset asuvat ja opiskelevat gurun johdolla. Myös entisaikojen koulutusjärjestelmä Intiassa. Gurukula, mestarin ohjauksessa toimiva koulu, joka toimi antiikin Intiassa. Amma pyrkii uudistamaan tämän perinteen ylläpitämissään oppilaitoksissa.

Guruvayoor: Pyhiinvaelluskohde Keralassa, lähellä Trissuria, missä sijaitsee kuuluisa Krishna-temppeli.

Haimavati: Yksi Jumalallisen Äidin, Parvatin, nimistä.

Hathajooga: Harjoitusmenetelmä, joka pitää sisällään kehon ja mielen harjoituksia, jotka on kehitetty menneinä aikoina Intiassa. Sen tarkoituksena on saada keho ja elinvoimat toimimaan täydellisinä käyttövälineinä, jotta ihminen voisi saavuttaa itseoivalluksen.

Homa: Uhrituli.

Hridayasunya: Sydämetön.

Hridayesha: Sydämen Herra.

Japa: Mantran toistaminen, Jumalan nimen rukoileminen.

Jarasandha: Magadhan voimakas kuningas, joka taisteli Krishnan kanssa 18 kertaa ja jonka Bhima lopulta tappoi.

Jivatman: Yksilösielu.

Jnana: Henkinen tai jumalallinen tieto. Todellinen tieto on suoraa kokemista, vapaana mielen, älyn ja aistien rajoituksista. Se saavutetaan henkisillä harjoituksilla ja Jumalan tai gurun armosta.

Jooga: 'Yhdistyä' tai sulautua Jumalaan. Sarja menetelmiä, joiden avulla on mahdollista saavuttaa ykseys jumalallisen kanssa. Polku joka johtaa Itseoivallukseen eli Jumaloivallukseen.

Joogi: Hän joka on vakiintunut joogan harjoittamiseen tai joka on vakiintunut ykseyden tilaan korkeimman tietoisuuden kanssa.

Kali: 'Tumma'. Jumalallisen Äidin olemuspuoli. Egon näkökulmasta hän voi vaikuttaa pelottavalta. Hän tuhoaa egon, hävittää oppilaan tietämättömyyden ja vapauttaa hänet siten harhan vallasta. Hän tuhoaa egon ja auttaa meitä muuttumaan äärettömän myötätuntonsa tähden. Kalilla on monia hahmoja, hyväntahtoisessa muodossa hänet tunnetaan Bhadra Kalina. Oppilas tietää, että hänen ankaran ulkomuotonsa taustalla on rakastava Äiti, joka suojelee lapsiaan ja lahjoittaa heille armosta vapautuksen.

Kamandalu: Kattila, jossa on kädensija ja taivutettu nokka, jota munkit käyttävät kerätessään vettä ja ruokaa.

Kamsa: Krishnan demoninen setä, jonka hän tappoi.

Kanji: Riisivelli tai riisivesi.

Kanna: 'Hän jolla on kauniit silmät'. Krishnan kutsumanimi lapsena. Krishnan lapsuudesta on olemassa monia tarinoita ja toisinaan häntä palvotaan jumalallisena lapsena.

Kapha: Katso: vata, pitta, kapha.

Karma: Toimi, teko, toiminnan seurausvaikutus.

Karmajooga: 'Sulautuminen tekojen avulla'. Henkinen polku, joka koostuu takertumattomista, epäitsekkäistä palvelutöistä ja jossa omien tekojen hedelmät uhrataan Jumalalle.

Karmajoogi: Hän, joka seuraa epäitsekkäiden tekojen polkua.

Kartyayani: Jumalallisen Äidin, Parvatin, nimi.

Kauravat: Dritharasthran ja Gandharin sata poikaa. Kauravat olivat Pandavien vihollisia, joita vastaan he taistelivat Mahabharatan sodassa.

Kindi: Perinteinen pronssinen tai kuparinen, nokallinen astia, jota käytetään jumalanpalveluksen yhteydessä.

Kirtan: Hymni, henkinen laulu.

Krishna: 'Hän, joka vetää meitä puoleensa' tai 'Tummaihoinen'. Vishnun tärkein inkarnaatio. Hän syntyi kuninkaalliseen perheeseen, mutta kasvoi kasvattivanhempien kanssa ja eli nuorena karjapojan elämää Vrindavanissa, missä hänen seuralaisensa gopat (lehmipojat) ja gopit (lehmitytöt) rakastivat ja palvoivat häntä. Krishnasta tuli Dwarakan hallitsija. Hän oli serkkujensa, Pandavien, ystävä ja neuvonantaja, erityisesti Arjunan, jolle hän antoi opetuksensa Bhagavad-Gitassa.

Krishna-bhava: Juhla, jonka aikana Amma paljasti ykseytensä Krishnan kanssa.

Kumkum: Sahramia, jota käytetään otsamerkkinä.

Kshatriya: Sotilaskasti, jonka jäsenet toimivat yleensä myös maansa johtajina.

Kshetra: Temppeli, kenttä, keho.

Kundaliini: 'Käärmevoima'. Henkinen energia, joka lepää niin kuin kerällä oleva käärme selkärannan alimmassa pisteessä. Henkisten harjoitusten avulla se lähtee nousemaan sushumna-nadia, selkärangassa kulkevaa hienonhienoa hermorataa pitkin, ylöspäin lävistäen matkallaan chakrat (energiakeskukset). Kun kundaliini nousee chakra chakralta ylöspäin, henkinen oppi-las alkaa kokea toinen toistaan hienompia tietoisuudentiloja. Lopulta kundaliini saavuttaa korkeimman chakran päälaella (sahasrara-lootuksen), mikä johtaa vapautukseen.

Lakshya bodha: Jatkuva tietoisuus ja pyrkimys korkeimpaan pää-määrään.

Lalita Sahasranama: Jumalallisen Äidin, Lalitambikan, tuhat nimeä eli mantraa, jotka toistetaan archanassa.

Liila: 'Jumalallinen leikki'. Jumalan teot, jotka ovat vapaita ja jotka voivat olla luonnonlakien yläpuolella.

Mahatma: 'Suuri sielu'. Kun Amma käyttää sanaa 'mahatma', hän tarkoittaa sillä Itse-oivalluksen saavuttanutta sielua.

Mahasamadhi: Kun Itse-oivalluksen saavuttanut sielu kuolee, sitä kutsutaan mahasamadhiksi, 'suureksi samadhiksi'.

Mala: Rukousnauha, joka on yleensä valmistettu rudrakshan-siemenistä, santelipuusta tai tulasi-puusta.

Malayalam: Kieli, jota puhutaan Keralassa. Se on Amman äidinkieli.

Manasa Puja: Kirjaimellisesti 'jumalanpalvelusta mielessä'; antau-muksellisen luonteensa johdosta tämä sanskiritinkielinen ter-mi on käännetty tässä 'jumalanpalvelus sydämessä'.

Mantra: Pyhä sana tai rukous, jota toistetaan kaiken aikaa. Tämä herättää nukkuvan henkisen voiman ja auttaa saavuttamaan jumalallisen päämäärän. Mantra on voimallisin, jos se saadaan henkiseltä opettajalta vihkimyksen aikana.

Mataji: 'Kunnioitettu Äiti'. Ji-loppu tarkoittaa kunnioitettua.

Maya: 'Illuusio'. Jumalallinen voima tai verho, jonka avulla Jumala luomisen jumalallisessa leikissään peittää itsensä antaen vaikutelman monesta ja luoden siten illuusion erillisyydestä. Kun maya peittoaa todellisuuden, se petkuttaa meitä saaden meidät uskomaan, että täydellinen onni olisi löydettävissä ulkopuoleltamme.

Mookambika: Jumalallinen Äiti, sellaisena kuin häntä palvotaan kuuluisassa Devi-temppelissä Kalloorissa, Etelä-Intiassa.

Mukti: Vapautus. Kärsimyksen ja tietämättömyyden päättyminen.

Muladhara: Alin seitsemästä chakrasta, joka sijaitsee selkärangan juuressa.

Mudra: Pyhä käsiasento, joka edustaa henkisiä totuuksia.

Nanda: Krishnan kasvatti-isä.

Narayana: Nara = tieto, vesi. 'Hän, joka on vakiintunut korkeimpaan tietoon'. 'Hän, joka lepää kausaalisissa vesissä'. Vishnun nimi.

Nasyam: Puhdistava ayurvedinen hoito, johon liittyy nenän puhdistaminen lääkeöljyllä.

Ojas: Seksuaalienergia, joka on muunnettu hienoksi elinvoimaksi henkisten harjoitusten avulla.

Om Namah Shivayah: Panchakshara-mantra (mantra, joka koostuu viidestä eri kirjaimesta), joka tarkoittaa ' Tervehdys Shivalle, Hyvän tuojalle' myös joogien 'Jumalan Shivan nimeen'.

Pada-puja: Jumalan, gurun tai pyhimysten jalkojen palvominen. Siinä missä jalat kannattelevat kehoa, siinä guru-prinsiippi kannattelee korkeinta totuutta. Gurun olemus lepää totuudessa, jota hänen jalkansa vertauskuvallisesti ilmentävät.

Pandavat: Kuningas Pandun viisi poikaa, jotka ovat Mahabharata-eepoksen sankareita ja samalla Krishnan oppilaita.

Paramatman: Korkein tietoisuus, henki, Brahman, absoluutti, Jumala.

Paramatman: Korkein sielu; Brahman.

Parvati: 'Vuoren tytär'. Shivan jumalallisen puolison nimi. Jumalallisen Äidin nimi.

Payasam: Makea riisivanukas, jota tarjotaan usein myös prasadina jumalanpalveluksen jälkeen.

Peetham: Pyhä istuin, jolla guru istuu.

Pitta: Katso: Vata, pitta, kapha.

Pradakshina: Jumalanpalveluksen muoto, jossa kierretään kellon suuntaisesti pyhä paikka, temppeli, vuori tai pyhimys.

Praradbha: 'Velvollisuudet, taakka'. Aiemmin tässä elämässä tai aiemmassa elämässä tehtyjen tekojen hedelmä, joka ilmenee tässä elämässä (prarabdha-karmana).

Prasad: Pyhä uhrilahja, joka jaetaan osallistujille pujan jälkeen. Mitä hyvänsä mahatma antaa siunauksensa osoituksena, niin sitä pidetään prasadina.

Prema: Korkein rakkaus. Pyyteetön rakkaus.

Prema-bhakti: Korkein antaumuksellinen rakkaus.

Puja: Ritualistinen jumalanpalvelus.

Purnam: Täysi, täydellinen.

Radha: Yksi Krishnan oppilaista, gopeista, lehmitytöistä. Hän oli gopeista lähimpänä Krishnaa, sillä hänen rakkautensa edusti korkeinta ja puhtainta rakkautta Jumalaa kohtaan. Golokassa, Krishnan taivaallisessa asuinpaikassa, Radha on Krishnan taivaallinen puoliso.

Rajas: Toimeliaisuus, intohimoisuus. Yksi kolmesta gunasta, luonnonvoimasta.

Rama: 'Ilon antaja'. Ramayana-eepoksen jumalallinen sankari. Hän oli Vishnun inkarnaatio ja häntä pidetään hyveellisyyden esikuvana.

Ramayana: 'Raman elämä'. Yksi Intian suurimmista eeppisistä runoelmista, joka kuvaa Raman elämää. Sen on kirjoittanut pyhimys Valmiki. Rama oli Vishnun inkarnaatio. Suuri osa tätä eeposta kuvaa sitä, miten demonikuningas Ravana ryösti Sitan, Raman vaimon ja vei hänet Sri Lankaan ja miten Rama pelasti hänet oppilaidensa kanssa.

Rasam: Keitto, joka on valmistettu tamarindista, suolasta, chilistä, sipulista ja mausteista.

Ravana: Sri Lankan demonikuningas, Ramayana-eepoksen roisto. Hän edustaa egon demonia.

Rishikesh: Pyhä kaupunki, joka kirjaimellisesti tarkoittaa 'tietäjien kaupunkia, joka sijaitsee Gangesin varrella Pohjois-Intiassa. Paikkaa pidetään joogien maailman pääkaupunkina.

Rudraksha: Rudraksha-puun siemenet, joilla on sekä lääkinnällisiä että henkisiä voimia, jotka liitetään Shiva-jumalaan.

Sadhaka: Henkinen oppilas, joka harjoittaa sadhanaa saavuttaakseen itseoivalluksen.

Sadhana: Henkinen itsekuri ja henkiset harjoitukset, kuten meditaatio, rukous, japa, pyhien kirjojen lukeminen ja paastoaminen.

Sahasrara: 'Tuhat terälehtinen (lootus)'. Korkein chakra, joka sijaitsee päälaella, missä kundaliini yhdistyy Shivan kanssa. Sitä kuvaa lootuksenkukka, jossa on tuhat terälehteä.

Samadhi: Sam = yhdessä, Adhi = Herra. Ykseys Jumalan kanssa. Syvä, yksihuippuinen keskittymisen tila, jossa kaikki ajatukset vaimenevat, mieli hiljenee täydelliseen hiljaisuuteen, jossa puhdas tietoisuus ilmenee ja kokija pitäytyy Itsen (atmanin) tilassa.

Sambar: Kastike, joka on tehty vihanneksista ja mausteista.

Samsara: Moninaisuuden maailma, syntymisen, kuoleman ja uudelleensyntymisen kehä. Kärsimyksen maailma.

Samskara: Tällä sanalla on kaksi merkitystä: Kulttuuri ja toisaalta yksilön mieleen tallentuneiden kokemusten kokonaisuus (aikaisemmista elämistä), joka vaikuttaa hänen elämäänsä ihmisenä – hänen luonteeseensa, toimintaansa ja mielentilaansa.

Sanatana Dharma: 'Ikuinen elämäntapa'. Hindulaisuuden alkuperäinen nimi.

Sandhya: Auringonnousu, keskipäivä tai auringonlasku – yleensä auringonlasku.

Sankalpa: Luova, ehyt päätös, joka toteutuu. Tavallisen ihmisen sankalpa ei aina tuota toivottua tulosta, mutta Itse-oivalluksen saavuttaneen olennon sankalpa tuottaa toivotun tuloksen.

Sanjaasi: Munkki tai nunna, joka on vannonut muodollisen luopumisen valan. Sanjaasi pitää perinteisesti okranvärisiä vaatteita, mikä kuvastaa kaiken riippuvuuden polttamista pois.

Satguru: Oivalluksen savuttanut henkinen opettaja. Sat = totuus.

Satsang: Sat: totuus, oleminen, sanga = yhdessä oleminen. Viisaiden ja hyveellisten seurassa oleminen. Pyhimyksen tai oppineen pitämä henkinen luento. Henkisten kirjojen lukeminen.

Shakti: Voima, energia. Shakti on myös Universaalin Äidin nimi, Brahmanin dynaaminen olemuspuoli. Shiva ja Shakti edustavat samalla maskuliinista ja feminiinistä olemuspuolta universumissa ja yksilössä.

Shastri: Uskonnollinen, henkinen oppinut.

Shiva: Korkeimman olennon muoto, personifikaatio. Maskuliininen olemuspuoli, Brahmanin liikkumaton olemuspuoli. Yksi kolmesta jumalasta (Brahman ja Vishnun lisäksi), joka liittyy maailmankaikkeuden tuhoamiseen, sen tuhoamiseen mikä ei ole todellinen.

Shraddha: Sanskritin kielessä shraddha tarkoittaa uskoa, joka perustuu viisauteen ja kokemukseen, kun taas sama termi malayalamin kielessä tarkoittaa työlleen omistautumista ja tarkkaavaisuutta kaikissa toimissa. Amma käyttää tätä termiä usein jälkimmäisessä merkityksessä.

Sri tai Shree: 'Säteilevä, pyhä, kunnioitettu'. Kunnioitusta osoittava etuliite.

Sri Ramakrishna Paramahansa: Tunnettu Kalkutassa asunut valaistunut mestari. Maailmanmainetta niittäneen Swami Vivekanandan guru.

Shridhara: 'Hän, joka pitää Lakshmia'. Yksi Vishnun nimistä.

Srimad Bhagavatam: Yksi 18 Puranasta, joka käsittelee Vishnun inkarnaatioita, erityisesti Krishnan elämää. Se korostaa bhaktia, antaumuksellisen rakkauden, merkitystä.

Tamas: Pimeys, velttous, apatia, tietämättömyys. Tamas on yksi kolmesta gunasta, luonnonvoimasta.

Tandava: Shivan autuaallinen tanssi, erityisesti iltaruskon aikaan.

Tapas: 'Kuumuus'. Itsekuri, itsekuriharjoitukset, itsensä uhraaminen, henkiset harjoitukset, jotka polttavat mielen epäpuhtaudet pois.

Tapasvi: Hän, joka harjoittaa tapasia, henkisiä itsekuriharjoituksia.

Tenga: Kookos malayalamin kielellä.

Tirtham: Pyhä vesi.

Tyaga: Luopuminen.

Upanayana: Perinteinen seremonia, jonka aikana ylempään kastiin kuuluvien vanhempien syntyneelle lapselle annetaan pyhä nauha ja vihitään hänet pyhään opiskeluun.

Upanishadit: 'Istua Mestarin jalkojen juuressa'. 'Se mikä tuhoaa tietämättömyyden'. Vedojen neljäs, viimeinen osa, joka käsittelee vedantaa, ykseysfilosofiaa.

Vada: Linssistä leivottu maukas, paistettu pannukakku.

Vairagya: Takertumattomuus, luopuminen.

Vanaprastha: Elämänkaaren erakkovaihe. Antiikin Intian perinteen mukaan elämänvaiheita oli neljä. Ensimmäisessä vaiheessa lapsi lähetetään gurukulaan, jossa hän elää brahmacharin elämänvaihetta. Sitten hän avioituu ja elää perheellisen elämää omistautuen samalla henkisyydelle (grihasthashrami). Kun aviopuolisoiden lapset ovat tarpeeksi vanhoja pitääkseen huolta itsestään, vanhemmat vetäytyvät erakkomajaan tai ashramiin, missä he elävät puhtaasti henkistä elämää tehden henkisiä harjoituksia. Elämänsä neljännessä vaiheessa he luopuvat maailmasta kokonaan ja elävät sanjaasin elämää.

Varna: Pääkasti. Neljä pääkastia ovat brahmiinit, kshatriyat, vaishyat ja sudrat.

Vasana: Vas = eläminen, jäljelle jäävä. Vasanat ovat piilossa olevia ominaisuuksia tai hienosyisiä mielen haluja, jotka ilmenevät toimina ja tekoina. Kielteiset ominaisuudet.

Vata, pitta, kapha: Ikivanhan ayurvedisen lääketieteen mukaan on olemassa kolme erilaista elämänvoimaa tai biologista ominaislaatua, jotka vastaavat ilman, tulen ja veden elementtejä. Nämä kolme elementtiä määrittävät kasvumme ja rappeutumisemme laadun ja ne ovat samalla määrääviä tekijöitä sairastumisessamme. Jonkin elementin johtava asema määrittää psykofyysisen ominaislaatumme.

Veda: 'Tieto'. Hindulaisuuden ikiaikainen, pyhä kirjoitus. Sanskritinkielinen kokoelma pyhiä tekstejä, jotka on jaettu neljään osaan: Rig-, Yajur-, Sama- ja Atharva-Vedaksi. Ne ovat maailman vanhimpia kirjoituksia. Vedojen katsotaan ilmentävän suoraan korkeinta totuutta, jonka Jumala on antanut risheille, tietäjille.

Vedanta: 'Tiedon loppu, korkein tieto'. Vedojen päätösosa, joka kertoo Upanishadien filosofiasta, lopullisesta totuudesta, joka ilmaistaan sanomalla: 'Yksi ilman toista' – moninaisuuden läpäisee yksi tietoisuus.

Veena: Intialainen kielisoitin, joka liittyy Jumalalliseen Äitiin. Oppimisen jumalatar Saraswati kuvataan soittamassa veenaa. (lausutaan viina)

Vrindavan: Paikka, missä historiallinen Krishna eli nuorena paimenpoikana.

Vyasa: Pyhimys, joka jakoi Vedat neljään osaan. Hän kirjoitti myös 18 Puranaa (eeposta), kuten Mahabharatan, mutta myös sellaisia filosofisia teoksia kuten Brahma Sutrat.

Yaga: Vedinen uhritoimitus.

Yama ja niyama: Joogan eettiset ohjeet sen suhteen, mitä tulee tehdä ja mitä jättää tekemättä.

Yasoda: Krishnan kasvattiäiti.

www.ingramcontent.com/pod-product-compliance
Lightning Source LLC
LaVergne TN
LVHW051544080426
835510LV00020B/2844